劳动开创未来：
新时代高校劳动教育典型案例评析

张　晶◎等著

合肥工業大學出版社

序　　言

“生产劳动同智育和体育相结合，它不仅是提高社会生产的一种方法，而且是造就全面发展的人的唯一方法。”长期以来，我国高度重视劳动教育，将其作为贯彻马克思教劳结合思想的重要体现。党的十八大以来，习近平总书记立足新时代历史方位，对劳动和劳动教育作出重要论述。在全国教育大会上，习近平总书记首次提出把劳动教育纳入培养社会主义建设者和接班人的总体要求之中。2020 年 3 月，中共中央国务院印发《关于全面加强新时代大中小学劳动教育的意见》（以下简称《意见》）指出，劳动教育是国民教育体系的重要内容，具有树德、增智、强体、育美的综合育人价值。同年 7 月，教育部发布《大中小学劳动教育指导纲要（试行）》（以下简称（纲要》）针对劳动教育是什么、教什么、怎么教等问题加强了专业指导。《意见》和《纲要》的相继颁布，为学校开展劳动教育提供了重要遵循。

发挥劳动教育的综合育人功能，可以使学生树立正确的劳动观念、具有必备的劳动能力、培育积极的劳动精神、养成良好的劳动习惯和品质，从而促进学生德智体美劳全面发展。劳动者素质的提高有利于我国加速推动产业结构升级转型，积极应对经济社会专业化、新颖化、多样化的发展趋势，使我国从“制造大国”转变为“科技创新大国”；有利于贯彻党的二十大精神，凸显“教育、科技、人才是全面建设社会主义现代化国家的基础性、战略性支撑”。

为全面贯彻党的教育方针，各地高校积极开设内容丰富、形式多样的劳动教育课程。本书针对新时代国内外劳动教育案例进行了全方位的研究，主要包括三个部分。第一部分集合国内高校劳动教育典型案例和经验，从高校劳动教育课程建设、特色实践、管理体制机制建设及教育体系建设等方面介绍高校开展新时代劳动教育的典型经验，为其他高校做好劳动教育工作提供有益借鉴。第二部分遴选了俄罗斯、德国、芬兰、美国、日本、古巴和英国七个具有代表性的国家为研究对象，对各国劳动教育模式、课程体系建设及管理体制机制建设等方面进行深入分析，以期为我国劳动教育的研究与实践提供参考。第三部分挖掘中国传统文化中的劳动教育思想资源，力图古为今用，为新时代的劳动教育探索经验启示。

新时期劳动教育实践体系的构建是一个非常重要的时代课题。本书旨在梳理总结与深入探析高校大学生劳动教育典型经验，学习交流国内外高校劳动教育的实践模式与经验收获，为高校及劳动教育工作者提供有益参考。以期在此基础上，积极探索具有中国特色的劳动教育模式，为中国特色社会主义教育事业的高质量发展添砖加瓦、赋能护航。

本书中创作期间得到了我国劳动哲学的开拓者和引领者——上海师范大学何云峰教授的专业指导，案例整理和校对得到了浙江师范大学“大学生劳动教育工作室”成员姬隆慧、孙欣炎、姚浩杰、汪珊珊、何其烨、朱涵、韩云娇、陈奕欣、杨欣雨、王弘毅、陆奕陶等的帮助，也得到了合肥工业大学出版社的大力支持，在此一并表示衷心感谢。书中存在的不成熟、不完善之处，恳请各位专家学者、广大教育工作者批评指正。

作者

2023 年 9 月

目　　录

第一部分

国内高校劳动教育典型案例和经验

一、新时代高校劳动教育课程建设篇

“劳动教育课程建设”是劳动教育与高校学生生活息息相关的一项工作，是落实新时代劳动教育使命、推进大中小学劳动素养教育的必需之举，在中央和地方重要文件中被多次提及。

中共中央国务院《关于全面加强新时代大中小学劳动教育的意见》（以下简称《意见》）指出：全面构建体现时代特征的劳动教育体系要“设置劳动教育课程。整体优化学校课程设置，将劳动教育纳入中小学国家课程方案和职业院校、普通高等学校人才培养方案，形成具有综合性、实践性、开放性、针对性的劳动教育课程体系”①。劳动教育课程是全面构建体现时代特征的劳动教育体系的关键一环，也是劳动教育的重要载体。构建劳动教育体系必须明确劳动教育的总体目标，把握劳动教育的基本内涵。在新时代新形势下，如何一以贯之地落实劳动教育总体目标，如何在把握劳动教育的基本内涵后，在课程构建中融合劳动精神、劳模精神、工匠精神和学校特色，提升劳动教育课程的“附加值”，是劳动教育课程体系建设中面临的难题与堵点。

《意见》与《大中小学劳动教育指导纲要（试行）》（以下简称《纲要》）对于劳动教育课程指标均提出了明确要求。其中，《意见》在《纲要》基础上进行了扩充与完善，指出：“根据各学段特点，在大中小学设立劳动教育必修课程，系统加强劳动教育。中小学劳动教育课每周不少于1课时，学校要对学生每天课外校外劳动时间作出规定。职业院校以实习实训课为主要载体开展劳动教育，其中劳动精神、劳模精神、工匠精神专题教

① 中共中央国务院关于全面加强新时代大中小学劳动教育的意见［N］．人民日报，2020-03-27（001）．

劳动的艰辛，更加理解感恩的深刻含义，更加懂得珍惜劳动成果，这将是人生中非常重要的一课，也将是大学生涯宝贵的记忆。”

后勤处（集团）副处长（副总经理）丁勇、基础工程训练中心（机电总厂）副厂长吕翔、校园管理科科长钱宇平代表课程教学团队对各教学点第一课进行实地调研指导。在调研中，丁勇指出，未来要将劳动教育常态化、长效化，融入校园生活、校园文化，让劳动真正成为立德树人的一门必修课。

经验启示

江苏大学深入了解《纲要》内容，准确把握社会主义建设者和接班人的劳动精神面貌、劳动价值取向和劳动技能水平的培养要求；贯彻落实《意见》要求，有目的、有计划地组织学生参加日常生活劳动、生产劳动和服务性劳动，引导学生动手实践、出力流汗，培养学生形成正确的劳动价值观和良好的劳动品质。具有以下三点经验启示：

发挥学校主导作用，保质保量完成课程建设任务。《中共江苏省委江苏省人民政府关于全面加强新时代大中小学劳动教育的实施意见》提出：劳动教育课程建设工作的实施要“落实学校的主导作用，学校要切实承担劳动教育主体责任，明确实施机构和人员，统筹优化课程设置，开齐开足劳动教育课程”①。江苏大学充分落实《意见》《纲要》要求，严格按照32学时的规定开设课程，并在理论课和实践课两方面都保证了质量与创新。作为新时代劳动教育建设的第一关口，课程建设起着基础性的作用，因此劳动教育课程的质和量都必须达标，在这一过程不能顾此失彼，不得挤占其他课程与实践的时间，也不得为了完成任务而用已有的课程牵强附会，滥竽充数。

加强生产性、服务性劳动课程建设，在创造价值的同时加深对劳动的认识。《意见》中提出：“根据教育目标，针对不同学段、类型学生特点，以日常生活劳动、生产劳动和服务性劳动为主要内容开展劳动教育。”② 高等学校的学生“创造性地解决实际问题，使学生增强诚实劳动意识，积累

① 中共江苏省委江苏省人民政府．中共江苏省委江苏省人民政府关于全面加强新时代大中小学劳动教育的实施意见［EB/OL］．［2020－07－07］．http：//www. moe. gov. cn/srcsite/A26/jcj_kcjcgh/202007/t20200715_ 472808. html.

② 中共江苏省委江苏省人民政府．中共江苏省委江苏省人民政府关于全面加强新时代大中小学劳动教育的实施意见［EB/OL］．［2020－07－07］．http：//www. moe. gov. cn/srcsite/A26/jcj_kcjcgh/202007/t20200715_ 472808. html.

职业经验，提升就业创业能力，树立正确择业观，具有到艰苦地区和行业工作的奋斗精神，懂得空谈误国、实干兴邦的深刻道理；注重培育公共服务意识，使学生具有面对重大疫情、灾害等危机主动作为的奉献精神”①。江苏大学开设校园秩序管理与维护、公寓保洁消毒与值班、校园绿化维护、食堂劳动教育、场馆保洁实践等劳动教育课程，让同学们在劳动中体验后勤工作的严谨与规范，体验劳动的艰辛与成就，感受到劳动成果的来之不易。生产性劳动和服务性劳动是最基础的两种劳动形式，也是劳动精神的最初载体，开设生产性、服务性劳动课程有利于学生在最朴实的劳动中体悟劳动的不易，将正确的劳动观念与积极的劳动精神内化于心。

合理分配课程时间，将理论性课程与实践性课程相结合。《纲要》提出：劳动教育必修课“课程内容应加强马克思主义劳动观教育，普及与学生职业发展密切相关的通用劳动科学知识，并经历必要的实践体验”②。在理论教学方面要把握劳动教育任务的特点，抓住关键环节，选择适宜的劳动教育方式，“加强讲解说明。围绕劳动为什么、是什么问题，有重点地进行讲解，让学生懂得劳动的意义和价值。加强劳动观念、劳动纪律、劳动相关法律法规的正面引导，指明轻视劳动特别是轻视普通劳动的危害，让学生明辨是非”③。在实践教学方面要加强“项目实践。围绕劳动能力的培养，让学生完成真实、综合任务，经历完整劳动过程”④。江苏大学合理分配课程时间，其中劳动理论部占 8 学时，劳动实践部占 24 学时，将部分理论寓于实践中，详略得当。劳动理论主要讲授劳动价值观、劳动素养、劳模精神、劳动安全、相关法律法规和政策等内容，以期培育学生形成积极向上的劳动精神；劳动实践主要进行生产性劳动和服务性劳动，将理论讲解、操作示范与劳动实践相结合，融知识性、实践性、趣味性于一体，利用有限的学时实现劳动课程教育效益的最大化，真正做到理论与实际相结合，培育有思想、有精神、重实干、有能力的新时代青年。

---

① 中共中央国务院关于全面加强新时代大中小学劳动教育的意见［N］. 人民日报，2020-03-27（001）.

② 中华人民共和国教育部. 大中小学劳动教育指导纲要（试行）［EB/OL］.［2020-07-07］. http://www.moe.gov.cn/srcsite/A26/jcj_kcjcgh/202007/t20200715_472808.html.

③ 中华人民共和国教育部. 大中小学劳动教育指导纲要（试行）［EB/OL］.［2020-07-07］. http://www.moe.gov.cn/srcsite/A26/jcj_kcjcgh/202007/t20200715_472808.html.

④ 中华人民共和国教育部. 大中小学劳动教育指导纲要（试行）［EB/OL］.［2020-07-07］. http://www.moe.gov.cn/srcsite/A26/jcj_kcjcgh/202007/t20200715_472808.html.

案例二：兰州大学开设“多层次”劳动教育课程

兰州大学后勤保障部所承担的劳动教育课程分为“基础劳动课程”“固定时间劳动课”“应急劳动课”和“兴趣养成课”。

“基础劳动课程”以校内劳动为主，以学院或班级为单位集体组织开展，旨在增强学生的劳动情感、培养学生的劳动精神。“固定时间劳动课”以楼宇保洁、卫生清洁、杂草清理、绿植养护、校园绿化、环境净化亮化为主。“应急劳动课”面向全体学生，以降雪天气等安排的道路清扫或大扫除为主，由后勤保障部、教务处根据天气等情况组织，学时纳入基础劳动课统一计算。基础劳动课程每学期安排 1 ~2 次，每次 1 ~3 学时，完成 1 学期的基础劳动课程记 0. 5 学分，学生选修 2 次，修满 1 学分即视为合格。劳动课安排在每周周末或周四下午，或其他课余时间进行，根据实际工作量需要，合理控制人数，通过小班组织，提高学生主动参与劳动的积极性，提升劳动教育质量。同时，学生需在“超星”学习平台完成线上理论学习任务，提交学习报告，最终课程安排以教务系统课表排课情况为准。“兴趣养成课”以特色课程的兴趣拓展和养成为主，旨在提升学生的生活技能和劳动获得感，每学期统一开展 2 次，每次 2 课时，学时纳入基础劳动课统一计算。后勤保障部逐步开设园艺班、中餐烹饪（面点、家常菜等）班、西点烘焙班、救生班等，统一发布招收信息，有兴趣爱好和特长的学生进行报名，面试合格后统一安排。

在课程设立前，兰州大学制定教学大纲、设计课程内容，开发线上教学资源，推进课程规范化、标准化；课程资源要梳理各类劳动每个步骤、环节，注重示范引导，强化规范意识，引导学生从最基本的程序学起，关注细节，避免随意，强调质量。

在授课过程中，各部门劳动课的考核评价要以教学大纲为依据，综合过程性评价与结果性评价，健全完善学生劳动课的评价标准、程序和方法，避免形式主义；质量监督办公室负责对各类劳动课的教学质量、教学效果进行检查和督促。课程实施时，要先进行讲解说明，围绕劳动是什么、为什么劳动等原理性问题进行讲解，让学生懂得劳动的意义与价值（通过视频或 PPT 方式上传线上资源，由学生自学）；围绕实践操作的基本原理、程序、工具使用、劳动安全等，让学生掌握劳动知识技能。

课程结束后，要鼓励学生总结、交流，分享劳动体验和收获；要将课程的反思与具体的劳动改进结合起来，使学生在劳动中有所收获；要充分发挥学生的主观能动性，引导学生从整体角度构思劳动实践，综合运用自身专业知识和技术不断优化劳动实践。

兰州大学教务处协同后勤保障部组织开展本科生基础劳动课程，落实劳动教育学分及课时要求。同时，开放部分兴趣劳动课程，组织本科生报名参加。各教学单位结合各本科专业年级特点，进一步完善本单位《"生产劳动"课程专业实施细则》，明确本科生要参加的具体劳动事项和时间，并纳入本科生日常教育管理。各研究生培养单位结合各学科培养方案开展各类劳动实践活动，包括研究生教学实践、医疗实践、社会实践、社会调查、创新创业、科技开发、实习见习和志愿服务等。

经验启示

兰州大学深入研究《意见》与《纲要》等重要文件，综合地方政府指导性文件开展劳动教育课程建设，既充分参考《纲要》内容加强服务性劳动实践课程建设，又遵从《意见》指导，以集体劳动促进劳动精神的培育。具有以下三点经验启示：

重视集体劳动的价值，加强分工合作，培育劳动感情。《纲要》提出：劳动教育"具有突出的社会性，必须加强学校教育与社会生活、生产实践的直接联系，发挥劳动在个人与社会之间的纽带作用，引导学生认识社会，增强社会责任感；同时注重让学生学会分工合作，体会社会主义社会平等、和谐的新型劳动关系"①。兰州大学开设基础劳动课程，以学院或班级为单位集体组织开展，使学生在集体劳动中体会劳动的不易与合作的可贵，在增强学生的劳动情感、培养学生的劳动精神的同时加深学生之间的情感，强化集体劳动荣誉感、获得感，为将来的劳动分工与合作打下坚实基础。

拒绝单一化，建设多元化的劳动教育课程体系。《意见》提出："整体优化学校课程设置，将劳动教育纳入中小学国家课程方案和职业院校、普

① 中华人民共和国教育部．大中小学劳动教育指导纲要（试行）［EB/OL］．［2020-07-07］．http：//www. moe. gov. cn/srcsite/A26/jcj_ kcjcgh/202007/t20200715_ 472808. html.

通高等学校人才培养方案，形成具有综合性、实践性、开放性、针对性的劳动教育课程体系。”① 使学生具有必备的劳动能力，掌握基本的劳动知识和技能，正确使用常见的劳动工具，增强体力、智力和创造力，具备完成一定劳动任务所需要的设计、操作能力及团队合作能力。兰州大学创新性地开设“多层次”的劳动教育课程，以固定时间劳动课保证日常劳动；以应急劳动课应对突发状况，培养相关能力；以兴趣养成课增强劳动教育的趣味性，促进个性发展，形成了较为全面的劳动教育课程体系，值得借鉴。

充分尊重个性，实现劳动教育“差异化”。《纲要》提出：劳动教育要“发挥主体作用，激发创新创造。关注学生劳动过程中的体验和感悟，引导学生感受劳动的艰辛和收获的快乐，增强获得感、成就感、荣誉感。鼓励学生在学习和借鉴他人丰富经验、技艺的基础上，尝试新方法、探索新技术，打破僵化思维方式，推陈出新”②。劳动教育课程建设切忌僵化死板，固定课程外的个性化课程是其中一个活跃性因素。兰州大学开设兴趣养成课，以特色课程的兴趣拓展和养成为主，学生自主报名参加，满足不同学生的个性需求，在培养兴趣的同时提升学生的生活技能和劳动获得感，形成正向反馈，实现劳动教育的自觉化。

案例三：武汉科技大学开设“公益劳动”必修课程

武汉科技大学依托“公益劳动”课程开展劳动教育，充实劳动教育内容，构建课程内容丰富、模式多样、机制健全的劳动教育体系，形成富有特色的校园劳动文化氛围。

武汉科技大学将“公益劳动”设置为必修课程，面向全体本科生开设，课程 1 学分，分为理论教学与实践教学两部分内容，其中理论教学 2 学时，实践教学不少于 30 学时。“公益劳动”课程教学由学生工作处负责组织和制定

---

① 中共中央国务院关于全面加强新时代大中小学劳动教育的意见［N］．人民日报，2020-03-27（001）．

② 中华人民共和国教育部．大中小学劳动教育指导纲要（试行）［EB/OL］．［2020-07-07］．http：//www. moe. gov. cn/srcsite/A26/jcj_ kcjcgh/202007/t20200715_ 472808. html.

课程教学大纲。各学院按照课程教学大纲组织实施，以学生行政班级为基本单位开展教学，任课教师由辅导员担任，教学活动按 8 个学期分散进行。

理论教学主要围绕劳动精神、劳模精神、工匠精神、劳动组织、劳动安全和劳动法规等内容，开展理论教育，解读并帮助学生树立正确的马克思主义劳动观，教导学生热爱并尊重劳动事业，珍惜来之不易的劳动成果，自觉遵守劳动安全法规等。

实践教学主要内容

（1）卫生责任区域化劳动实践。以学院为主导，由辅导员指导大一新生定期开展劳动教育责任区劳动实践，负责劳动教育责任区的环境卫生清洁工作。

（2）学生社区网格化劳动实践。以学生居住宿舍区为学生社区，实行网格化管理，劳动内容包括网格内卫生清洁、垃圾分类、安全巡逻、宿舍卫生检查、学生安全教育宣讲等。

（3）学院定制个性化劳动实践。以学院为主导，立足学院特色和学生发展需求，打造具有学院特色的“公益劳动超市”，设计开展丰富多彩的劳动实践活动。学院可开展日常生活劳动教育实践，开展公益服务性劳动实践，也可围绕专业特色，积极打造“专业+劳动实践”“创新创业+劳动实践”模式，开展专业生产劳动教育实践。

在课程考核方面，任课教师以学生的劳动实践类型、次数、时间作为基本考核指标，重点关注学生在现实的劳动教育活动中的表现。“公益劳动”课程成绩按等级评分，由学生所在学院负责“公益劳动”课程成绩管理，课程教学完成后学生可在本科教学综合管理系统登录查询成绩。确实因身体原因无法参加劳动教育实践者，经所在学院同意，并在规定的劳动时间内完成力所能及的劳动任务，可取得“公益劳动”课程成绩。劳动态度不积极、劳动表现差或“公益劳动”课程不及格者在各类评优评先及评奖活动中实行一票否决制。

在保障措施方面，各学院成立劳动教育工作小组，细化责任分工，确保各项工作统一有序、扎实有效地开展；各学院不断完善劳动教育实践基地建设，丰富劳动教育器材，保障劳动教育有序实施；学生工作处严格按照课程教师队伍选聘与考核机制，选聘专业性强、实践经验丰富的社会技术人员、劳动模范担任“公益劳动”课程特聘教师。

能于一体的综合大楼，极大程度地满足了相关学科教学实习、科研试验的基本场地需求，也为开设劳育类课程带来了可能。“农事劳动实践”吸引了92位学生参加课程学习，有文有质，有农有工。同学们纷纷表示，该课程设计合理，课程内容丰富，通过亲历割水稻、打稻谷、用农具、配基质、测含量、打药水、辨害虫、播菜种、修树枝、裁管子、装设备等一系列农事劳动操作，进一步熟悉掌握劳动技能，更好地理解课堂传授的农业知识，继而乐意向其他同学推荐选修农业试验站组织开展的“农事劳动实践”。同时，很多同学对进一步丰富课程内容、创新课程实践方式等提出了很多宝贵的意见和建议。

经验启示

浙江大学既落实《纲要》要求，将劳动教育同农业生产结合起来，让学生体验完整的劳动过程，又遵循《意见》指导，拓展实践场所，充分利用校内已有农业设施，建立校内劳育课程实践平台。具有以下三点经验启示：

盘活校内已有设施，因地制宜开展劳动教育课程实践。《意见》提出：“坚持因地制宜，根据各地区和学校实际，结合当地在自然、经济、文化等方面条件，充分挖掘行业企业、职业院校等可利用资源，宜工则工、宜农则农，采取多种方式开展劳动教育，避免‘一刀切’。”① 浙江大学在构建“劳动教育”课程体系的过程中盘活校内标准农田、温网室、桃园、梨园等多类型的试验场所，因地制宜设计了理论与实践结合、科学与实用并举、农业与艺术融合的劳动教育课程——“农事劳动实践”。并非所有院校都有如此完备的配套设施，但大部分的院校都会存在闲置场地，比如荒地、许久未开的实验室、教室等，条件好的也会拥有相当数量的相关基础设施，这些平台应当被充分利用起来，为构建更加完备的劳动教育课程体系提供条件。

推动劳动教育课程下沉，以最朴素的农业生产劳动促进劳动教育进一步深化。生产劳动教育主要是通过参加工农业生产，使人亲身经历物质财富的创造过程，并从简单劳动、原始劳动逐步走向复杂劳动、创造性劳动，

① 中共中央国务院关于全面加强新时代大中小学劳动教育的意见［N］. 人民日报，2020-03-27（001）.

在此过程中学会并掌握相关工具的使用方法与技术原理，用心感受劳动的价值，增强产品质量意识，培育工匠精神，体会生产劳动价值和文化。浙江大学开设“农事劳动实践”课程，让学生亲历春耕、夏耘、秋收、冬藏农事全过程，在传承千古的农业生产中感受与过去世代的联结，使灼热的劳动血脉跨越时光，流淌入新一代劳动者的躯体中。农事劳动作为人类社会最初的劳动，蕴含着最淳朴、最本质的劳动精神，对学生的身心都有着强大的洗礼作用。

创新劳动教育课程建设，推动多学科交叉融合。《意见》提出：“整体优化学校课程设置，将劳动教育纳入中小学国家课程方案和职业院校、普通高等学校人才培养方案，形成具有综合性、实践性、开放性、针对性的劳动教育课程体系。”① 浙江大学开设“农事劳动实践”课程，通过全新构建多学科交叉融合的农事劳动实践课程，让劳动教育成为大学教育新常态。劳动教育不能只停留在体力消耗层面，更要上升到精神层面，除了让学生感受劳动的不易，更重要的是让学生在劳动教育的过程中将自身的各方面知识运用于实践中，促进学科知识的融会贯通，因此高校在构建劳动教育课程体系的过程中必须将各学科的知识融入其中，在课程教学的过程中推动多学科知识交叉运用。

案例五：北京大学创建“探索性劳动课程体系”

根据中共中央、教育部和北京市关于劳动教育工作的相关要求，北京大学于2021年7月和11月分别出台《北京大学关于全面加强新时代劳动教育的实施方案（试行）》和《北京大学本科劳动教育教学实施方案》，自2021级本科生起，劳动教育纳入各专业培养方案必修要求，且在本科阶段劳动教育学时累计不少于32学时。经过两轮申报和两轮评审，于2021年12月2日确定首批劳动教育课程目录，共70门课程，包括1门理论课程和69门专业劳动教育课程，其中就包括考古文博学院的“田野考古实习”课程。

① 中共中央国务院关于全面加强新时代大中小学劳动教育的意见［N］．人民日报，2020-03-27（001）．

20 世纪 50 年代至今，北京大学考古文博学院开设的“田野考古实习”课程已延续了 60 多年。作为必修课，这项课程通过探索性的劳动教育传承学科使命，要求学生连续 4 个月开展野外实习，通过体力劳动与脑力劳动的结合，引导青年学生热爱劳动、享受劳动。

田野考古是将动手动脑与学科前沿紧密结合的纽带。通过将基础教学与重大科研相结合，使学生能够在进行田野考古的探索性劳动过程中直面前沿现象、参与重大学术课题。学术研究与人才培养的良好互动循环在西周都邑周原遗址、秦人都城雍城遗址等考古实习基地中已然形成。

北京大学考古学科将创建层次丰富、内涵多元的实验实践类探索性劳动课程体系作为培养拔尖创新人才的起点。在野外冶金考古暑期实践中，北京大学考古文博学院党委书记陈建立欣喜地看到，学生在解决考古学研究重点、难点和前沿问题的过程中不仅提高了自身系统的专业能力，同时在集体意识培养、团队凝聚力建设和国情教育等方面也有所收获。

经验启示

北京大学既完成了《意见》和《纲要》对劳动教育课程建设的基本规划，开足课程，又在延续学院传统的基础上进行创新，在继续开设“田野考古实习”课程的基础上融入新时代劳动教育，使同学们在专业劳动中提升自我的劳动认知。具有以下三点经验启示：

依托院校已有劳动教育课程，在传统底蕴的基础上进行改造。《纲要》提出：“普通高等学校要将劳动教育纳入专业人才培养方案，明确主要依托的课程，可在已有课程中专设劳动教育模块，也可专门开设劳动专题教育必修课。”① 北京大学考古文博学院将“田野考古实习”课程项目以探索性劳动教育传承学科使命的课程实践已经延续了 60 多年，并使其在新时代大力发展劳动教育背景下焕发着日益夺目的光彩。一方面，延续多年的劳动教育课程本身就蕴含着传承数代的宝贵劳动精神，能够增强新时代劳动教育的人文底蕴；另一方面，新时代劳动教育自身所蕴含的活力也能使传统的课程焕发新生机。

改变课程教授场所，扎根课程前线阵地。《意见》提出：“充分挖掘行

① 中华人民共和国教育部．大中小学劳动教育指导纲要（试行）［EB/OL］．［2020-07-07］．http：//www. moe. gov. cn/srcsite/A26/jcj_ kcjcgh/202007/t20200715_ 472808. html.

业企业、职业院校等可利用资源，宜工则工、宜农则农，采取多种方式开展劳动教育。”① 北京大学考古文博学院“田野考古实习”课程以西周都邑周原遗址、秦人都城雍城遗址、特大史前中心聚落石家河遗址为课程教学点，摆脱传统教学依托学校场所的不足，将学生置于学科前沿阵地，将所学的学科基础知识与学科重大项目相结合，将劳动教育真正落到实处，让学生切实感受到了现实场景下的劳动，以此促进劳动精神的培养与劳动意识的提高。

适度延长课程实践，加深学生劳动印象。劳动是一种长久而又持续的活动，劳动教育也需要通过长时间的实践教育才能让学生真正体悟劳动的意义，培养积极的劳动态度。北京大学考古文博学院开展为期四个月的“田野考古实习”课程，充分保证了劳动教育时间，学生得以全身心投入劳动实践中，提高了自身系统的专业能力和集体意识，并在学生心中烙下了难以磨灭的印记。各高校应适当延长劳动教育课程时间，为学生提供较长期的、沉浸式的受教育平台，同时也要量力而为，切不可为了追求课程的时长而侵占自由时间。

案例六：南京医科大学开设“后勤生活课堂”实践课程

南京医科大学结合学校新时代劳动教育实施办法，开设“新时代大学生劳动教育”理论课，规定劳动教育为培养方案中的必修课程，共计 32 学时（8 学时理论，24 学时实践）。学生必须修满规定学分方可毕业。成绩评定采用二级制（合格、不合格），本次理论授课总成绩 = 20% 课件学习 + 30% 习题作业 +50% 期末考试，总成绩达 60 分及以上者为合格，否则为不合格。

在劳动教育实践探索方面，南京医科大学后勤服务中心联合教务处开设了“后勤生活课堂”公共选修课，该选修课由“厨艺大讲堂”“生活小课堂”两部分组成，总计 30 课时。南京医科大学后勤服务中心聂莉老师指

① 中共中央国务院关于全面加强新时代大中小学劳动教育的意见［N］. 人民日报，2020-03-27（001）.

出，该选修课的理论学习涵盖后勤体系介绍、烹饪技术、内务整理、艺术插花、手工缝补等方面，学生可自主选择时间段参加实验课程。“厨艺大讲堂”包括课前预习、现场演示、学生实操、教师点评四个步骤，学校饮食服务中心提供场地、灶具、食材，由餐厅厨师进行教学。在“生活小课堂”中，物管阿姨将手把手教学生学习收纳整理、手工缝补等。打造妙趣“生活课堂”，使育人工作更有深度。公共卫生学院营养学教授带领医学生在校园内寻识野菜、学做营养餐，开展“寻味春天”劳动体验活动，在识春、品春中感受大自然，体验劳动的乐趣，并忆苦思甜，珍惜来之不易的“盘中餐”；资产经营公司开设“生活课堂”选修课，内容涵盖烹饪、内务、插花、手工缝补等。活动采用线上线下联动模式，服务学生 5300 余人，开展育人活动 37 项，提高了学生的生活与学习能力。

以精准定位推进劳育创新。依托“药苑风华”开设劳动教育实践课程，学校药用植物园规划面积约 3500 平方米，用于种植木本和草本类药用植物，兼具科研应用和观赏价值，是学校学生的专业实践基地和劳动教育基地。资产经营公司劳育实践基地通过构建后勤育人劳动教育体系、温情“食·宿”文化、妙趣生活实践课堂、特色后勤品牌服务四个方面，进一步挖掘党史学习教育与劳动教育典型素材，为劳动教育思政工作品牌提供了创新平台和载体，推动劳动教育在创新中焕发生机。

经验启示

南京医科大学深入学习《意见》内容，把握时代特征，以线上线下联动的方式打造具有自身特色的劳动教育课程；坚持《纲要》总体目标，发挥劳动育人作用，开设具有专业特色、接地气的课程。具有以下三点经验启示：

赓续我党精神血脉，焕发院校党建新活力。《纲要》提出：“劳动教育是新时代党对教育的新要求。”① 高校想搞好劳动教育就必须从中国共产党这个中国劳动教育的“提出者”身上找寻出路。南京医科大学以党史学习谋划劳育课堂，学校辅导员党史学习教育，宣讲团围绕南泥湾精神，开设青梦微讲堂，讲述历史上不同时期中国共产党在劳动实践中创造辉煌的故

① 中华人民共和国教育部．大中小学劳动教育指导纲要（试行）［EB/OL］．［2020-07-07］．http：//www.moe.gov.cn/srcsite/A26/jcj_ kcjcgh/202007/t20200715_ 472808.html.

事，激发学生对劳动者的尊敬和对劳动的热爱，帮助师生感悟先辈力量，在党史教育中立雄心、铸英魂。中国共产党是我国最具影响力和带动力的队伍，兴起于劳动人民，一直以来都是劳动人民的一部分，劳动也早已在党的精神上留下了深深的烙印。以党建引领劳动教育能够为高校劳动教育课程建设提供正确的方向保证，注入强大动力。

注重基本劳动能力培育，开设日常劳动教育课程。《纲要》提出：日常生活劳动是劳动教育的主要内容之一，“日常生活劳动教育立足个人生活事务处理，结合开展新时代校园爱国卫生运动，注重生活能力和良好卫生习惯培养，树立自立自强意识”①。南京医科大学开设了公共选修课“后勤生活课堂”，包括“厨艺大讲堂”和“生活小课堂”，摆脱学术的教育风格，打造更基本、更贴近现实、满足现实生活基本需要的劳动教育课程，帮助学生掌握日常基本劳动技能，提高学生自立自强的意识和能力。

强化综合实施，整合多方资源，助力课程建设。《意见》提出：“强化综合实施。加强政府统筹，拓宽劳动教育途径，整合家庭、学校、社会各方面力量。家庭劳动教育要日常化、学校劳动教育要规范化、社会劳动教育要多样化，形成协同育人格局。”② 南京医科大学打造妙趣“生活课堂”，公共卫生学院营养学教授带领医学生在校内开展“寻味春天”劳动课程体验活动；资产经营公司开设“生活课堂”选修课。南京医科大学在充分利用校内劳动资源的基础上联动资产经营公司这一社会力量，实现课程开设主体多元化、开设场景多样化，在更加广阔的课程平台上提高了学生的生活与学习能力。

案例七：安徽师范大学开展“以劳增智”课程提升行动

安徽师范大学构建“1+5”特色劳动教育新体系。坚持“国民表率、社会英才”的人才培养目标，秉承“特色、开放、创新”的办学理念，围绕

① 中华人民共和国教育部．大中小学劳动教育指导纲要（试行）[EB/OL]．[2020-07-07]．http：//www.moe.gov.cn/srcsite/A26/jcj_kcjcgh/202007/t20200715_472808.html.

② 中共中央国务院关于全面加强新时代大中小学劳动教育的意见［N］．人民日报，2020-03-27（001）．

人才培养方案，全面实施“以劳培德”公益服务行动、“以劳增智”课程提升行动、“以劳强体”身心锻炼行动、“以劳育美”文化引领行动、“以劳促创”创新创业行动五大行动，建构五位一体的劳动育人体系。创建“三位一体”协同育人新格局，构建知识、能力、人格三位一体的劳动教育教学体系，创新劳动课程设置，提高学生学习劳动知识的兴趣，培养学生能够胜任专业工作的实践能力、较强的创新创业能力以及在劳动实践中发现新问题和创造性解决问题的能力。引导学生养成良好的劳动习惯，培养学生热爱劳动、尊重劳动者、珍惜劳动成果的情感和勤俭、奋斗、创新、奉献的劳动精神。

在“以劳增智”课程提升行动中，安徽师范大学打造本科劳动教育课程体系，在人才培养方案中设置“实践教育模块”，开设“劳动实践课”必修课程（1 学分），由学校集中统一组织学生开展集体性服务和劳动，推动学生劳动习惯养成和劳动技能培育。推动“劳动与职业社会学”“劳动与社会保障法学”“劳动经济学”等系列劳动课程的录播和建设。推进马克思主义劳动观教育进思政课堂、进思政教材。举办劳动经典研读活动。加强校内外资源整合，结合专业实习见习等教学活动，充分利用社会实践基地、实习就业基地、学校实习实训室、虚拟仿真实验室等资源开展劳动活动。同时，学校结合专业实际，每学年安排一定学时的生产劳动实践。比如，外国语学院认真按照学校要求修订人才培养方案，在人才培养方案中设置“实践教育模块”，开设“劳动实践课”必修课程。每年新生入学后，在学校统一安排下，辅导员带领学生开展为期一周的劳动课程。修剪草坪、道路清洁、拔草除污……同学们化身为不同的劳动者，体验不同的劳动内容。一周的劳动课程，让同学们于无形中增强了维护校园环境的责任感和使命感。

为推动劳动教育课程计划的实施，2022 年 4 月 10 日，学生社团文化节暨劳动教育课程宣传推介活动在花津、赭山两个校区同时举行。全校师生严格按照线上预约、分时限流的疫情防控要求，通过“线下参与+云端互动”的方式开展劳动教育课程宣传与体验活动，充分发挥学生社团育人功能，让学生社团成为开展劳动教育活动的新载体。学校将劳动教育寓于社团特色活动中，让同学们在动手实践中体验劳动的乐趣和价值，满足了疫情期间学生们的精神文化需求。

经验启示

安徽师范大学尊重《意见》《纲要》中对于劳动教育基本理念的要求，强化劳动观念，弘扬劳动精神，引导学生朝着勤俭、奋斗、创新、奉献的方向发展；结合新冠肺炎疫情反复的社会现状，采取“线下参与+云端互动”的方式开展劳动教育课程体验与宣传工作。具有以下三点经验启示：

以“入学劳动教育”为开头，巩固学生劳动意识。《意见》提出“学校要切实承担劳动教育主体责任”①，发挥劳动教育育人作用。安徽师范大学外国语学院开设“劳动实践课”必修课程，新生入学后，在学校统一安排下，辅导员将带领同学开展为期一周的劳动课程。相比于高中，大学的劳动更加强调自律，开展入学劳动教育有利于巩固和增强学生的自律意识与劳动意识，提升对学校的认同感，实现大学的第一步蜕变，培养学生对校园的感情。

依托校园大型活动开展劳动教育课程宣传体验，发挥校内组织育人作用。《纲要》提出：“学校要将劳动习惯、劳动品质的养成教育融入校园文化建设之中。”② 安徽师范大学举办学生社团文化节暨劳动教育课程宣传活动，学生社团围绕“社采纷呈耀青春 以劳筑梦新征程”的活动主题开展劳动教育课程宣传与体验活动，不仅将劳动融入社团中，促进了校园文化建设，更是借助校园文化建设这一吸引学生的机会，将劳动教育课程推广出去，实现了双向互利。将劳动教育下放社团更是创新之举，在充分发挥学生社团育人作用的同时利用学生的创新思维为劳动教育课程赋能，促进课程更新迭代。

推动劳动教育课程录播课建设，减轻排课压力。《意见》提出：“体现时代特征。适应科技发展和产业变革，针对劳动新形态，注重新兴技术支撑和社会服务新变化。”③ 安徽师范大学推动“劳动与职业社会学”“劳动与社会保障法学”“劳动经济学”等系列劳动课程的录播，为学生提供更加灵活

---

① 中共中央国务院关于全面加强新时代大中小学劳动教育的意见［N］. 人民日报，2020-03-27（001）.

② 中华人民共和国教育部. 大中小学劳动教育指导纲要（试行）［EB/OL］.［2020-07-07］. http://www.moe.gov.cn/srcsite/A26/jcj_kcjcgh/202007/t20200715_472808.html.

③ 中共中央国务院关于全面加强新时代大中小学劳动教育的意见［N］. 人民日报，2020-03-27（001）.

的劳动教育。理论课程开展的形式已与过去大不相同，线上教学有着线下课所不具备的优势，它能够有效协调教育主体和客体的时间安排，避免因突发事件或工作繁忙而出现的缺课现象，保证了理论课教学的稳定进行。

案例八：四川大学构建“两条主线、三大先导课、五大模块、百门核心课”的劳动教育课程集群

四川大学本科人才培养方案中设置实践教学比例：文科类专业实践教学占总学分/学时不低于20%，理工医类专业实践教学比例占总学分/学时比例不低于25%。实践教学包含课程设计、专业实验、实习实训、社会实践、毕业论文（设计）等生产劳动和服务性劳动课程以及各类创新创业教育活动，以通过生产实践提高学生发现问题和创造性解决问题的能力，赋予他们的劳动成果以更多的价值。

四川大学每年开展约2000门次各类实验、实习、实践课程，累计选课约8万人次。“创意与创新管理”入选首批国家级社会实践一流课程，“结核分歧杆菌实验室检测的虚拟仿真项目”等6门课程入选首批国家级虚拟仿真实验教学一流课程。校企联合开设“城乡融合发展与绿色创新实践”等8门社会实践课程。“工程训练”系列课程是实践性的公共基础课，面向18个学院、58个文理工医类专业开设，课程以机械制造工艺的基本知识为核心，以实践教学为主，学生独立操作训练，通过实习、实验和创新实践，加强对学生基础知识和综合实践能力的培养和转化。课程围绕“劳动渗入训练，思政融入实践”的核心理念，通过基础训练和多学科交叉融合的训练项目，将劳动精神、知识、能力培养贯穿于全过程，实现价值品格的塑造与知识能力培养的统一。

依托“思想道德修养与法律基础”课程，四川大学在“遵守道德规范，锤炼道德品格”“传承中华传统美德”“恪守职业道德”等内容中进行劳动观教育，覆盖大一年级本科生。在思政课中设置实践学分5学分，在充分进行理论知识学习的基础上，开展动手实践，使学生接受锻炼、磨炼意志，做到知行统一。在“形势与政策”课程中专门设置2学时的马克思主义劳动观教育专题，围绕马克思主义劳动观的基本内涵和现实意义等方面内容，让学生认识“快乐体面的劳动、公平正义的劳动、自由创造的劳动”，引导

学生树立辛勤劳动、诚实劳动、创造性劳动的理念，鼓励学生探讨劳动的当代价值，在深入思考中继承发扬劳动精神、劳模精神。

从 2021 级起，四川大学将 32 学时劳动教育实践评价合格作为毕业要求之一。依托形势与政策课教师队伍，结合劳动教育的理论知识，由辅导员组织相应班级学生开展劳动教育实践活动，每学期不少于 4 学时，本科阶段不少于 32 学时，由辅导员给出该课程合格或不合格的评价。

四川大学构建了“两条主线、三大先导课、五大模块、百门核心课”的通识教育新体系。专家领衔组建跨学科教学团队，开展原典阅读、深度研讨、实践体验活动，致力于打造 100 门有川大特色、有中国温度、有社会影响力的通识教育核心课程。首批通识教育核心课程中“天工开物：智造工程的技艺与文化”“智人的觉醒：生命科学与人类命运”等理论结合实践的课程已持续开设 3 学期。第二批通识教育核心课程中“创造性思维：创新、创造与创业”等着重创新实践、创业实战的课程，已于 2021—2022 年秋季学期正式开课。通识教育核心课程已启动配套教材“一课一书”编写计划，从多个维度培养学生学科视野和思维方式，训练深度思考和独立研究能力。

在通识模块课程建设中，四川大学还将与后勤部门协作，利用学校的“开心农场”等劳动基地，联合相关教学单位，基于课程内容设计劳动实践环节，打造更加“接地气”的劳动课程。

经验启示

四川大学贯彻《意见》要求结合学科专业特点，对文理科学生的劳动实践课程教学提出不同要求；落实《纲要》要求，继承优良传统，发扬传统美德，将美德融入劳动教育课程。具有以下三点经验启示：

引新考旧，在进行马克思主义劳动观教育的同时为课程注入传统美德。《意见》提出：“通过劳动教育，使学生能够理解和形成马克思主义劳动观，牢固树立劳动最光荣、劳动最崇高、劳动最伟大、劳动最美丽的观念；体会劳动创造美好生活，体认劳动不分贵贱，热爱劳动，尊重普通劳动者，培养勤俭、奋斗、创新、奉献的劳动精神；具备满足生存发展需要的基本劳动能力，形成良好劳动习惯。”① 中国素有尊重劳动、歌颂劳动的美德，

① 中共中央国务院关于全面加强新时代大中小学劳动教育的意见［N］. 人民日报，2020-03-27（001）. http：//jw. cq. gov. cn/zwxx_ 209/bmdt/qxxx/202005/t20200522_ 7471474. html.

“劳动最光荣”的口号更是广为流传，中国关于劳动的传统美德与马克思主义劳动观不谋而合，更有着自身的特色，值得广大高校深入挖掘。四川大学依托“思想道德修养与法律基础”课程，将劳动教育融入“遵守道德规范，锤炼道德品格”“传承中华传统美德”“恪守职业道德”等内容中，鼓励学生探讨劳动的当代价值，实现古今中外劳动观念的融会贯通，为劳动教育课程增添中国温度。

实验为先，分批实践，逐步推进劳动教育课程建设。《纲要》提出：“强化质量意识，注重引导学生关注细节，每个步骤、环节都要精准到位。”① 劳动教育课程建设是一个庞大而又复杂的工程，每一步都要集思广益，审慎定度，唯实唯稳，切不可为了图一时之效而乱了全局阵脚。四川大学由专家领衔组建跨学科教学团队，开展原典阅读、深度研讨、实践体验活动，首批推出三门通识教育核心课程，试行三学期后取得良好效果并推出第二批着重创新实践、创业实战的劳动教育课程，稳扎稳打，切实推进，为实现百门核心课的目标奠定坚实基础，给劳动教育课程体系建设开了个好头。

推动“一课一书”，鼓励有能力的高校自主编写劳动教育相关教材资料。各院校有着自身的特殊情况，课程也各有特色，唯有院校自己根据自身的特色和课程状况编写的教材资料才是最合适且具有创新性的。四川大学通识教育核心课程已启动配套教材“一课一书”编写计划，从多个维度培养学生多学科视野和思维方式，训练深度思考和独立研究能力，充分发挥高校自身的能动性。

案例九：浙江财经大学打造“劳动+”创新课堂

2021 年 9 月份，浙江财经大学首开劳动教育课程，成为浙江省内第一所开设劳动教育必修课的高校。目前，该课程已列入学校人才培养方案和教学计划。浙江财经大学专门邀请了校外专业人士来为老师们培训，经过 4 次课程设计研讨会、2 次学生论证会、6 次集体备课、2 次技能培训会，老师们真正走进劳动教育课的课堂。学校还有 4 位辅导员化身成为“劳动技

① 中华人民共和国教育部．大中小学劳动教育指导纲要（试行）［EB/OL］．［2020-07-07］．http：//www. moe. gov. cn/srcsite/A26/jcj_ kcjcgh/202007/t20200715_ 472808. html.

能指导老师”，分别负责篆刻、陶艺、插花和医疗救护这 4 个特别的课程。为进一步推进“大学生劳动教育”课程建设，丰富课程思政教育教学内容，充实和稳定任课教师队伍，学校还遴选了辅导员担任“大学生劳动教育”公共必修课教师。

深化“劳动+”课堂创新，丰富多彩。劳动走进课堂，学生们可以在理论学习中了解到劳动精神、工匠精神、劳模精神，课堂的教学内容从日常卫生、洗衣收纳到园艺设计、社会志愿服务，应有尽有。此外，老师们还通过视频讲解、现场互动等方式展开了具有学校特色的“三支一扶”“大学生村官”等相关知识的教学。经济学院 2021 级学生张雪婷说：“劳动教育课具有综合性和开放性，让我树立了马克思主义劳动观，理论与实践相结合的教学方式也让我的综合素养有了很大提升。”

“劳动+”多部门协同建设，在学校的劳育课堂上，不仅有授课教师，还有后勤部门的员工，各专业的知识也被融合在劳动教育中，形成了以劳育课为基础，多部门协同推进的“浙财”特色劳动教育新局面。

经验启示

本案例内容契合《纲要》与《意见》的要求，一方面落实《纲要》要求，率先开设劳动教育必修课，将劳动教育纳入人才培养全过程，丰富、拓展劳动教育实施途径；另一方面把握《意见》精神，坚持劳动教育基本原则，把握育人导向，遵循教育规律，使劳动教育课程贴近实际生活，体现时代特征。具有以下三点经验启示：

摆脱“本本主义”弊端，推动劳动教育具体化，助力学生综合素质发展。《浙江省大中小学劳动教育实施指南》提出：高校劳动教育要聚焦劳动素养，“立足亲身实践。适应新时代要求，把握劳动教育的根本特征，注重亲历劳动过程，运用所学知识解决实际问题”①。劳动教育是一个复杂的过程，只靠机械的背诵远不能获得劳动素养，培养劳动精神，唯有依托实践性的课程才能让学生在劳动过程中真正将积极的劳动精神内化于心，深刻领会“幸福是奋斗出来的”的含义。在课程设置方面，浙江财经大学采用“新增型”的课程建设方式，开设篆刻、陶艺、插花和医疗救护等实践性课

① 浙江省教育厅．浙江省大中小学劳动教育实施指南［EB/OL］．［2020-01-20］．http：//jyt. zj. gov. cn/art/2022/1/20/art_ 1532974_ 58924599. html.

程，培养学生多方面的劳动技能，严格遵守“把握育人导向”和“遵循教育规律”的基本原则，注重手脑并用，强化实践体验，着力提升学生综合素质；劳动教育进课堂采用“依托型”的课程建设方式，使同学们在原有理论课程的基础上了解到劳动精神、工匠精神、劳模精神，符合《意见》的教育要求。摆脱“本本主义”的同时又没有脱离“本本”，做到理论与实践相结合、抽象与具体相结合，提升了学生的劳动素养和知识素养，助力学生全面发展。

立足时代特征，结合学校特色，推动“互联网+劳动教育”深入发展。《浙江省大中小学劳动教育实施指南》提出：劳动教育要“注重守正创新。在充分发挥传统劳动、工艺项目育人功能的同时，紧跟科技发展和产业变革，创新劳动教育内容、途径和方式。倡导开展‘线上线下’互动、夯实‘互联网+’基础，增强劳动教育的时代性”①。身在信息化的时代，网络早已与我们的生活密不可分，高校应当深入探索互联网及相关程序的应用，积极探寻“互联网+劳动教育”这一新领域，促进劳动教育提质提效。浙江财经大学充分利用网络这一新兴的教育渠道，为劳动教育赋能，通过视频讲解、现场互动等方式展开了具有学校特色的“三支一扶”“大学生村官”等相关知识的教学，线上线下双管齐下，为师生搭建起双向沟通的桥梁，使得劳动教育的思想深入人心，不仅充分展现了本校特色，还体现了时代特征，更符合新冠肺炎疫情波折起伏的社会现状。由此可见，切实有效的网络劳动教育绝不是一股脑将课程堆砌在网络上就能完成的，劳动教育要想吸引学生，就要增强学生的归属感，将学校特色和校园文化融入其中，为其注入本校的文化基因，打造“网红”劳动教育课程，使学生自愿参与到其中。

加强多部门协同，整合资源助力劳动教育课程建设。《浙江省大中小学劳动教育实施指南》提出：“学校要建立健全劳动教育组织实施的工作机制，明确主管校领导，合理设置机构，明晰职责，负责规划设计、组织协调、资源整合、师资培训、过程管理、总结评价等，提高运行效率。协调组织，整合资源，提高运行效率。”② 劳动教育不同于传统的课堂教学，单

① 浙江省教育厅．浙江省大中小学劳动教育实施指南［EB/OL］．［2020-01-20］．http：//jyt. zj. gov. cn/art/2022/1/20/art_ 1532974_ 58924599. html.

② 浙江省教育厅．浙江省大中小学劳动教育实施指南［EB/OL］．［2020-01-20］．http：//jyt. zj. gov. cn/art/2022/1/20/art_ 1532974_ 58924599. html.

靠各校已有的教学组织是远远不够的，必须加强校内部门的合作，将后勤管理部门、保卫处、学生处等部门一并纳入课程建设的队伍中来，充分发挥各部门的专长，为课程建设贡献自己的智慧和力量，为学生提供更全面、更专业、更科学的劳动教育；除校内资源外，各高校也应充分重视校外社会资源，积极联络可提供帮助的社会组织、社会团体、企事业单位，搭建多元实践平台，为劳动教育课程建设提供更多的可能，促进课程建设的创新。

案例十：西北工业大学制订劳动教育“依托课程”计划

西北工业大学针对本硕博不同学生群体，整体优化学校劳动教育课程设置，将劳动教育纳入学校人才培养方案，致力于探索形成综合性、实践性、开放性、针对性的劳动教育课程体系。

西北工业大学教务处负责指导学院明确并落实本科生的不少于 32 学时的劳动教育依托课程，指导各学院将劳动教育依托课程纳入各大类/专业本科人才培养方案，对本科生劳动教育课程质量开展监测及反馈督导。研究生院负责落实研究生的劳动教育不少于 16 学时的依托课程，制订课程计划，指导各学院将劳动教育依托课程纳入研究生培养方案，对研究生劳动教育课程质量实施监测及反馈督导。工程实践训练中心围绕工程实训实习、创新创业训练展开劳动教育课程建设，将严谨规范、责任担当、职业道德、协作精神、安全规则、劳动素养等核心元素通过实践教学知行合一、潜移默化传递给学生。体育部着力推进学校体育工作，提升学生身心健康水平，将体育运动锻炼的基本理论知识、运动风险预防和处置的基本方法、体育赛事的组织报名编排等纳入劳动教育范畴，通过体育助教的理论学习和实践，培养体育助教的劳动意识和精神，在服务同学体育锻炼中，提高自身综合素质。党委学生工作部、团委依托综合素质教育平台，为学生提供丰富多彩的劳动教育课程，纳入素质拓展课程体系。结合理工科、人文社科等不同学科、专业特点，积极推动创新创业、志愿服务、社会实践、青年马克思主义者培养工程等课程有机融入劳动教育内容。在积极推进劳动教育实施过程中借助新时代“课程思政”教学改革的发展，在课程思政中有意识地植入劳动精神。

西北工业大学通过园区生活课引导学生掌握劳动技能，养成科学劳动习惯。依托厨艺提升、共享单车摆放、园区卫生片区划分等品牌活动，开展专项技能和劳动素质拓展课程，与学校相关部门沟通，提供提升生活技能的实践岗位与场地，帮助同学有针对性地学会专项生活技能，让学生的劳动自立意识在个人生活自理过程中不断强化，养成良好的集体生活习惯，提升公共服务意识和劳动服务精神。

在课程建设的保障方面，西北工业大学引入"互联网+"思维，给劳动教育赋予更多的创造性内涵，打造劳动教育的数字化和数据化课程资源，融入多元教育元素，指向综合素质提升，构建网格化管理新生态，加强新时代劳动教育的信息化建设，推动劳动教育与信息技术的融合创新。

经验启示

西北工业大学既遵照《意见》和《纲要》要求按时按质完成了对本科生劳动教育课程的安排，又创新了本科生劳动教育，使得研究生劳动教育与本科生区分开来。具有以下三点经验启示：

将劳动教育课程建设同创新创业与实习实训等方面联系起来，切忌打造孤立的劳动教育课程。《意见》提出："高校设置劳动教育课程要整体优化学校课程设置，将劳动教育纳入中小学国家课程方案和职业院校、普通高等学校人才培养，形成具有综合性、实践性、开放性、针对性的劳动教育课程体系。"① 劳动涉及现实生活的各个领域，离开了劳动什么事也办不成，综合性不仅是课程所涉及的劳动技能及理论的综合性，更是劳动教育整个体系综合性的延伸，因此综合性的劳动教育课程必须与创新创业、实习实训甚至志愿服务等结合起来，从而实现劳动教育的泛化。西北工业大学工程实践训练中心围绕工程实训实习、创新创业训练展开劳动教育课程建设，将严谨规范、责任担当、职业道德、协作精神、安全规则、劳动素养等核心元素通过实践教学知行合一、潜移默化传递给学生，实现了课程的多方面结合。

重视体育锻炼，为劳动教育提供良好的身体素质支撑。要把劳动教育纳入人才培养全过程，与德育、智育、体育、美育相融合。劳动活动的正

---

① 中共中央国务院关于全面加强新时代大中小学劳动教育的意见［N］. 人民日报，2020-03-27（001）.

常开展离不开健康的身体，劳动教育课程的进行也需要健体课程的辅助。西北工业大学体育部推进学校体育工作，提升学生身心健康水平，将体育运动锻炼的基本理论知识、运动风险预防和处置的基本方法、体育赛事的组织报名编排等纳入劳动教育范畴，通过体育助教的理论学习和实践，培养体育助教的劳动意识和精神。

劳动教育课程与思政教育相结合，实现劳育与思政教育的双向渗透。《意见》提出：劳动教育要“以习近平新时代中国特色社会主义思想为指导”①。思想政治教育是劳动教育有效进行的重要一环，离开了思政教育，劳育便成了缺乏思想指引的空壳，离开了劳育，思政教育就如同空中楼阁，落不到实处。西北工业大学在积极推进劳动教育实施过程中借助新时代“课程思政”教学改革的发展，将思想政治教育融入各类课程教学过程，在课程思政中有意识地植入劳动精神，实现了劳育与思政教育的双向渗透。

案例十一：江西师范大学开设混合教育模式的劳动教育概论课程

为了认真落实《意见》《纲要》《中共江西省委江西省人民政府关于全面加强新时代大中小学劳动教育的实施意见》等有关文件精神，江西师范大学在第一时间迅速行动起来，集中各个院系、各个领域的专家，成功开设采用线上线下混合教育模式的劳动教育概论课程（劳动教育课程的理论部分）。经过课程建设团队的共同努力，完成了劳动教育概论课程全部 62 讲内容的视频录制（总计时长 800 分钟左右）。同时劳动教育概论课程团队，在开展线下劳动教学实践的基础上，认真编写了《劳动教育概论》教材（2021 年 9 月由高等教育出版社正式出版）。该教材围绕劳动观教育、劳动精神教育、劳动法制教育、劳动心理教育、劳动技能教育五个方面，分八章进行系统论述。本课程的线上内容，均来自《劳动教育概论》教材内容，并在适应线上教育的规律和特点的基础上进行了适当编辑，坚持问题导向，将每一章节的内容分解成若干个关键问题，针对问题进行聚焦讲解，

① 中共中央国务院关于全面加强新时代大中小学劳动教育的意见［N］．人民日报，2020-03-27（001）．

打造了授课视频+慕课教材的教学模式。

江西师范大学劳动教育概论课程坚持以习近平新时代中国特色社会主义思想为指导，全面贯彻党的教育方针，围绕立德树人的根本任务，充分体现马克思主义教育观、劳动观，着力培育和践行社会主义核心价值观，始终把握育人导向、严格遵循教育规律、力求体现时代特征。在大学生中弘扬劳动精神，教育引导大学生崇尚劳动、尊重劳动，懂得劳动最光荣、劳动最崇高、劳动最伟大、劳动最美丽的观念，推动大学生辛勤劳动、诚实劳动、创造性劳动。

经验启示

江西师范大学既落实《意见》和《纲要》精神，在全校教职工的共同努力下研究出采用线上线下混合教育模式的劳动教育概论课程，又开展“劳动教育大课”，充分调动教师与学生两方面的积极性。具有以下三点经验启示：

重视师生共同参与，丰富受教育主体。《中共江西省委江西省人民政府关于全面加强新时代大中小学劳动教育的实施意见》提出：“把推进劳动教育作为落实立德树人根本任务的重要载体，积极开展全省学校劳动教育研讨、主题宣讲、主题班会等系列教育活动，积极拓展‘互联网+劳动教育’等学生乐于接受的新型网络媒介平台，持续提升全省师生群体、家长和社会的认识水平。”① 江西师范大学全校师生线上线下同上一堂劳动教育大课，各学院党委副书记、辅导员及全体学生通过腾讯会议直播方式同步参加线上学习，不再传统地将教师和学生摆在“教”和“学”两个位置，而是让师生共同参与到受教育的过程中，为后续的课程教授提供相同的思想背景，以共同感悟促进后续教学的有效进行。

以现实生活为出发点，增强劳动教育课程的人文情怀，引起共鸣。《意见》提出：“注重培育公共服务意识，使学生具有面对重大疫情、灾害等危机主动作为的奉献精神。”② 但对于比较缺乏实践经验的学生群体来说，理

---

① 江西省教育厅．中共江西省委江西省人民政府关于全面加强新时代大中小学劳动教育的实施意见［EB/OL］．［2022－05－10］．http：//jyt. jiangxi. gov. cn/art/2022/5/10/art_68922_3952411. html.

② 中共中央国务院关于全面加强新时代大中小学劳动教育的意见［N］．人民日报，2020－03－27（001）．

论教学若真的只停留在理论部分，那就只能是空中楼阁，必须以贴近学生的事件为连接点，才能引起学生共鸣，让劳动教育真正深入人心。在江西师范大学的劳动教育大课中，沈夏珠博士结合自己社区志愿服务经历，从个人努力、社区自治、全市奋战、全国驰援、党的领导五个方面阐述劳动的可贵与必要，情真意切，深入人心。

重视课后集体反思讨论，加深课程印象。《纲要》提出：劳动教育要重视反思交流，“加深对有关思想理论、法规政策的理解，实现理论学习和实践锻炼的统一”①。劳动教育中要反思交流的不只是理论与实践经验，更重要的是对自身角色所肩负的责任与使命的反思，但单独的个人往往难以在一堂课程过后进行深入的反思，而江西师范大学为深化同学们对授课内容的认识，各学院结合劳动教育工作安排，课后分别组织师生学习、交流、讨论，为师生提供了畅所欲言的平台，以群体的力量带动个体的反思，深入理解劳动背后的意义以及劳动与自身使命、责任之间的内在关系。

案例十二：中国矿业大学（北京）构建特色化、融入式劳动教育课程体系

中国矿业大学（北京）深入贯彻习近平总书记关于教育的重要讲话精神，全面落实《意见》《纲要》以及《北京市关于全面加强新时代大中小学劳动教育的实施意见》等文件的精神，通过“劳动教育通识课程体系建设”“将劳动教育融于思想政治理论课和通识教育课、专业课教学”两方面的做法，着力打造全方位的劳动教育课程。

在推进劳动教育通识课程体系建设方面，中国矿业大学（北京）采取多元共建的思路，完善通识课程体系建设。

在顶层设计方面，中国矿业大学（北京）将劳动教育纳入本科人才培养方案，开设2学分、32学时的劳动通识教育必修课，打造6学时“理论教学”和26学时“劳动实践”的“劳动教育与实践”通识必修课程，强化马克思主义劳动观教育，普及通用劳动科学知识，使学生形成正确的劳动

① 中华人民共和国教育部．大中小学劳动教育指导纲要（试行）［EB/OL］．［2020-07-07］．http：//www.moe.gov.cn/srcsite/A26/jcj_kcjcgh/202007/t20200715_472808.html.

观念。

在智力支持方面，中国矿业大学（北京）组建了由校领导牵头的劳动教育“理论教学”课程建设与教学团队，强化了教师集体备课制度，严格把控教学质量关。

在课程打造方面，首先，中国矿业大学（北京）以多样化的课程满足学生劳动教育的个体需求，开设木工技艺、劳动与绿化、劳动与厨艺、非遗手工艺与劳动创新、女红技艺训练与创新等劳动教育特色实践课程；其次，将“教育信息化”与劳动教育相结合，升级打造劳动教育慕课，已有2000余人完成了在线学习。最后，学校通过购买服务、建设基地的方式，将劳动教育精品在线开放课程纳入通识教育选修课程，丰富了劳动教育的课程资源。依托学校矿业文明研究中心、乡村振兴研究中心、课程思政教学研究中心等，学校开发、建设能源工业劳动教育特色素材库和案例库，培育能源特色劳动教育课程。

在劳动教育融入课程教学方面。中国矿业大学（北京）突出精神引领劳动教育价值导向。在思想政治理论课、通识教育课中，强化马克思主义劳动观教育，大力弘扬劳动精神、劳模精神、工匠精神；在大学生就业指导、职业生涯规划、创业基础课等通识教育课程中，开展劳动观和就业择业观教育、劳动相关法律法规与政策教育，引导学生积极面对就业和创新创业中的各种挑战；在专业课教学中，将劳动教育与校史校情、矿业文明史教育相融合，引导学生体会矿业人艰苦奋斗的创业精神和迎难而上的拼搏精神。在专业实践基本技能教学的基础上，加强职业技能和技术实践教育，培养学生踏实严谨、吃苦耐劳、追求卓越、乐于奉献的工匠精神和劳模精神。学校发挥真实场景、情境建构和知识迁移等对专业教学的辅助作用，以促进学生知识整合、迁移等高阶思维和能力的培养。

经验启示

“劳动教育通识课程体系建设”作为劳动教育的树干，树干只有健康粗壮，才能“开枝散叶”——更好地将劳动教育辐射到其他类型的课程中。中国矿业大学（北京）强化劳动教育通识课程主干，以劳动精神辐射其他课程，将劳动教育课程建设落细、落实。本案例内容契合《纲要》与《意见》的要求，采用四种课程建设方式，既落实《纲要》要求——开设劳动教育通识必修课，创新性地开设劳动教育通识选修课程，又把握《意见》

精神——将劳动教育融入思想政治理论课、通识教育课和专业课。具有以下三点经验与启示：

将理论教学和劳动实践结合，全面打造劳动教育通识课程体系。《纲要》明确指出："普通高等学校要将劳动教育纳入专业人才培养方案，明确主要依托的课程，可在已有课程中专设劳动教育模块，也可专门开设劳动专题教育必修课，本科阶段不少于32学时。"① 32个学时要求，不仅仅需要有劳动理论学习、劳动精神的熏陶，更需要包含亲身体验劳动教育的过程。中国矿业大学（北京）设置"劳动教育与实践"通识必修课程，其中包括6学时"理论教学"和26学时"劳动实践"，坚持理论与实践相统一。在劳动教育实践课程方面，通过开设非遗手工艺与劳动创新、女红技艺训练与创新等5门劳动教育特色实践课程培养学生的劳动实践能力，满足学生对劳动教育多样化的课程需求。实践是检验真理的唯一标准，劳动教育要以引导学生动手实践为主要方式，让学生在学习和掌握理论的同时，积极利用学校提供的实践条件，探究劳动的意义，学生不仅具备了丰富的理论知识，还拥有了先进的实践经验。学校的劳动教育要实现理论与实践二者的有机结合。

开设开放在线课程，推动"互联网+劳动教育"深入发展。慕课，即大规模开放在线课程，是"互联网+教育"的产物，是新近涌现出来的一种在线课程开发模式。中国矿业大学（北京）开设非遗手工艺与劳动创新、女红技艺训练与创新等5门劳动教育特色实践课程，并升级打造为劳动教育慕课，引进劳动教育精品在线开放课程，立足时代特征，探索在线课程的实践路径。精品在线开放课程让学习者打破了时间和空间的限制，学生可随时随地按照自己的学习需要和学习状况来自主地安排学习。利用互联网这一媒介，学生可以实现劳动教育课程资源的共享。课程里的教学课件、课程录像、教学视频或微课等促进了师资队伍建设与分工合作，劳动教育专职教师提供数字支持和电子学档，视频资源更生动，也更方便开展劳动教育的课程学习，让学生更好地领悟劳动的意义与价值，强化劳动观念。

课程结合学校特色，引导学生体会劳动精神。学校教育特色是学校办学个性、办学历史的生动体现，劳动教育课程与学校特色相融，能够为学

① 中华人民共和国教育部．大中小学劳动教育指导纲要（试行）［EB/OL］．［2020-07-07］．http：//www.moe.gov.cn/srcsite/A26/jcj_kcjcgh/202007/t20200715_472808.html.

生带来一份独有的亲近感。百年学府，矿学之源，中国矿业大学（北京）是致力于建设能源资源特色的世界一流大学，具有采矿工程专业、矿物加工工程专业等特色专业，以学校矿业文明研究中心为依托，学校开发、建设能源工业劳动教育特色素材库和案例库，开设能源特色劳动教育课程。在学科导论等课程中融入校史校情、矿业文明史教育，引导学生体会矿业人艰苦奋斗的创业精神和迎难而上的拼搏精神。中国矿业大学的劳动教育课程与学校特色相结合，突破和超越了劳动教育的传统内容，增加了学生对劳动知识和技能的学习兴趣，为其他学校提供了有益启示。中国矿业大学（北京）努力打造劳动教育特色，对于提高学校的劳动教育品位、提升劳动教育质量具有重大的现实意义。

案例十三：西南大学推进劳动教育课程“四个体系”建设

西南大学认真学习贯彻习近平总书记关于教育的重要论述和全国教育大会精神，深入落实党中央、国务院关于全面加强新时代大中小学劳动教育的重要决策部署，将劳动教育融入人才培养的目标、课程、教学和教材。

西南大学依靠“目标体系”“课程体系”“教学体系”“指导体系”四大体系推进新时代大学生劳动教育课程建设，努力培养德智体美劳全面发展的社会主义建设者和接班人。具体体系建设内容如下：

1. 完善目标体系，落实劳动育人

劳动教育的课程构建需要有明确的目标导向。西南大学出台的《西南大学关于修订2022版本科人才培养方案的指导意见》明确提出“以劳塑人，构建‘劳动观念、劳动知识、劳动实践、劳动技能、创造性劳动实践’五个维度的劳动教育评价体系”① 的要求，明确了“在专业必修课中明确劳动教育依托的课程，原则上不少于8学时”② 的相关指标，将“以劳塑人”贯穿各专业培养目标中。在毕业条件上，文件对劳动能力、劳动素质的培

① 西南大学．西南大学关于修订2022版本科人才培养方案的指导意见［EB/OL］．［2022-03-14］．http：//xxgk. swu. edu. cn/info/1092/3351. htm.

② 西南大学．西南大学关于修订2022版本科人才培养方案的指导意见［EB/OL］．［2022-03-14］．http：//xxgk. swu. edu. cn/info/1092/3351. htm.

育要求进行了界定，进一步推进了五育并举和实现人的全面发展的进程。

2. 完善课程体系，强化内容供给

西南大学在课程体系中设置“劳动教育与社会实践”必修课，并对课程设置进行了系统性的优化，建立“通识教育必修课+专业实践必修课+综合实践必修课+劳动教育特色选修课”四位一体的劳动教育课程群。

在通识教育必修课程上，西南大学将“习近平新时代中国特色社会主义思想概论”“马克思主义基本原理概论”“大学生创业基础”等课程作为马克思主义劳动观教育的重点依托；在专业实践必修课程上，每个专业的学生自选1～2门包含实践教学的课程作为专业性劳动技能培养的重点依托课程；在综合实践必修课程上，西南大学将学生毕业前集中性专业综合实习作为劳动实践的重点依托课程，以提高学生综合性劳动实践能力；在劳动教育特色选修课上，学校根据不同学科的特点开设15门劳动教育选修课程，进一步增强课程的实践性和针对性，调动学生的学习积极性。

此外，西南大学还根据地域特点在本科生中开展“蚕丝文化”课程教学，举办“蚕丝文化节”“蚕桑科普月”“非遗进校园”等品牌文化活动和社会实践活动，建立荣昌非物质文化遗产研发中心等基地，把劳动教育课程与非遗保护结合起来。2022年5月，西南大学利用馆校共建教学科研实践基地——重庆巴渝农耕文化陈列馆开展了西南大学第一届劳动周系列活动。巴渝农耕文化陈列馆负责人带领大家一起诵读已故老馆长刘映升先生创作的第一首馆藏农具“犁”的乡土诗歌，并为参观者讲解农具及其使用方法。这些活动将劳动教育与巴渝农耕“开耕节”等非物质文化遗产相融合，以中华传统农耕文化中的劳动精神来滋养莘莘学子。

3. 完善教学体系，优化综合评价

西南大学以课程教学大纲修订为抓手，将劳动教育融入相关课程的培养目标、课程内容、教学方法、综合评价等教学环节，健全涵盖劳动价值观教育、劳动知识学习、劳动技能训练的劳动教育内容体系。西南大学修订综合性专业实习手册，将劳动实践、劳动观念等纳入学生实习实践内容。此外，西南大学还制定并印发《全日制本科生劳动素养评价办法》，将综合评定的学生劳动素养成绩纳入“劳动教育与社会实践”课程成绩，进一步明确劳动教育内容和评价要求，推动劳动教育落地落实。

4. 完善指导体系，提升课程质量

西南大学发挥学校劳动教育研究院作用，对劳动教育教学研究成果进行凝练总结并积极推广。学校通过组织相关专家编订《新时代劳动教育指导手册》，明确了劳动教育的重点任务和具体要求；组织修订实践类课程实习、实验指导书，更新劳动实践教学内容和要求。在总结劳动教育工作经验和教学研究的基础上，西南大学编写并出版《新时代高校劳动教育指导手册》，手册为新时代高校实施和开展劳动教育提供参考。

经验启示

西南大学以“四个体系”进行劳动教育的课程建构，该体系重点关注劳动教育课程实施的“前中后”三个环节，使得劳动教育目标得以达成，劳动教育课程得以生动，劳动教育评价体系的构建得以公平公正。本案例既落实《纲要》要求，在课程体系中设置“劳动教育与社会实践”必修课，探索劳动教育课程建设的现实路径；又传达《意见》精神，形成具有综合性、实践性、开放性、针对性的劳动教育课程体系，推动劳动教育课程建设落细落实，具有以下经验与启示：

引领劳动教育课程建设“学本位”，调动学生的积极性和主动性。教学过程是双边活动过程。在教学活动中存在着“双主体”，在教师的“教”中，教师是主体，学生是客体，知识是媒体；在学生的“学”中，学生是主体，知识是客体，教师是媒体。教育的目标是培养德智体美劳全面发展的人，因此要把教育重心放在学生身上，着力提高和发展学生的主体性。西南大学新建15门劳动教育选修课程，进一步增强课程的实践性和针对性，调动学生的积极性和主动性，克服了学生学习积极性不足的弊端。如果课程不以学生为主体，不调动学生的积极性和主动性，劳动教育就不能真正落实，学生的劳动素养就不能真正提高。“没有兴趣就没有学习”，西南大学的劳动教育课程建设尊重学生的主体地位，调动学生的学习积极性，让学生真正地成为课堂的主人，是劳动教育课程建设的创新之举。

凸显劳动教育研究院作用，加深劳动教育教学研究成果印记。《意见》指出要“加强劳动教育科学研究，宣传推广劳动教育典型经验”①，重视宣传引导的作用。在劳动教育教学中，教师要教好，学生要学好，学校更要宣传好、引导好。对劳动教育教学研究成果进行宣传推广，可以最大程度上发

① 中共中央国务院关于全面加强新时代大中小学劳动教育的意见［N］．人民日报，2020-03-27（001）．

挥研究成果的价值。虽然《纲要》对宣传引导的作用非常重视，但许多院校并没有注意到这一点，在这一方面缺乏实践经验。西南大学发挥学校劳动教育研究院作用，凝练总结并积极推广劳动教育教学研究成果，对本校的研究成果进行嘉奖，既有利于保持劳动教育教学研究的积极性，又给其他学校树立典型，提供整体性了解和经验，促进其他学校比学赶超，从而推动劳动教育教学研究成果落地生根开花，使得劳动教育教学研究思想深入人心。

凝练特色文化基因，传承特色劳动技艺。西南大学落实《北碚区加强特色劳动教育培育学生劳动素养》指出的“深入挖掘‘天府矿工馒头、翡翠王烧白’等20个本地非遗特色项目，邀请非遗传承人进校传授非遗劳动技艺，实现非遗‘活态传承’”① 的要求。西南大学在本科生中开展“蚕丝文化”课程教学，举办“非遗进校园”的活动，将荣昌陶器的工艺和精美的艺术品展示给广大师生，展示糖画、捏面人、葫芦烙画、蜀绣等传统艺术品的制作过程，让师生感受非遗魅力。西南大学打造劳动教育课程建设的文化特色，在看与学中传承了劳动技艺和非遗文化，给其他院校提供了一条独特的思路。

案例十四：西安电子科技大学建立“规定项目+自选项目”劳动教育课程体系

西安电子科技大学深入学习贯彻落实全国教育大会精神，紧密结合学校教育教学和学生生活实际，抓体系建设，抓课程建设，抓实践教育，将劳动教育贯穿人才培养的整个过程，用劳动实现立德树人、启智增慧、强身健体以及审美观的形成，突出劳动教育的全方位育人价值，推动德智体美劳“五育融合”。

扎实开展“规定项目”，制定《西安电子科技大学劳动教育工作实施方案》，明确劳动教育主要内容、组织原则、工作要求。修订完善本科生培养方案，将劳动教育“理论1学分+实践1学分”纳入必修学分体系。遵循学生成长规律，将劳动体验、劳动实践融入学生日常的学习生活，贯穿人才培养全程，以“四个相结合”为促进，扎实推进劳动教育的全覆盖。按照

① 北碚区加强特色劳动教育培育学生劳动素养［EB/OL］.［2020－05－22］. http://jw.cq.gov.cn/zwxx_209/bmdt/qxxx/202005/t20200522_7471474.html.

不同年级劳动教育目标，形成本科一年级“理论学习与正确劳动观塑造相结合”、二年级“品牌活动与劳动积极性培育相结合”、三年级“专业实习与劳动能力提升相结合”、四年级“就业创业与劳动实践创新相结合”的西电特色劳育体系。

扎实开展“规定项目”，建立“第一课堂必修课和第二课堂选修课”有机衔接、互为补充的劳育理论学习课程体系。设立“劳动教育”必修课，通过线上线下的授课方式实现理论教学全覆盖。西安电子科技大学依托书院开设“食光小厨”“网络维护保障”“常用电器及设备简易维修”等选修课，丰富劳动技能培训内容；组织开展“劳模进书院”“工匠面对面”等教育活动，使学生能够进一步接触和体会劳模精神和大国工匠的别样风采；充分利用“学在西电”网络教学平台资源，采取“慕课”、翻转课堂、微课堂等方式，创新劳动教育课堂教学。学校在全国率先组织编写了体现时代要求，符合育人规律，彰显西电特色的《新时代大学生劳动教育》教材，包括马克思主义劳动观教育、职业素养教育、劳动实践教育、劳动安全保护以及劳动法律法规等五大类十四章，共计25万余字，为开展大学生劳动实践提供系统指导。

扎实开展“规定项目”，建立劳动教育卫生责任区，每周组织学生开展清洁活动。定期组织宿舍卫生评比，创建“环境卫生好、安全纪律好、学习风气好、人际关系好”的“四好”文明宿舍。

创新“自选项目”，制定劳动教育实践“自选菜单”，涵盖日常生活劳动、生产实习劳动、劳动服务体验等三大类105项劳动实践项目，由学生按照个人偏好和需求选择劳动内容。

经验启示

西安电子科技大学贯彻《意见》《纲要》的指示，建立“规定项目+自选项目”的劳动教育课程体系，在“规定项目”托底的基础上引导学生达到《纲要》要求的“塑造自己”的教育目标。具有以下经验和启示：

保障“规定项目”高质量。劳动教育的“规定项目”有着较强的科学性和系统性，是学校对学生的硬要求、必答卷，必须接得稳、答得准，不缺位、不遗漏，高质量完成，要年年抓落实、年年出成果、年年看成效，像“钉钉子”一样驰而不息、久久为功。西安电子科技大学建立“第一课堂必修课和第二课堂选修课”的有机衔接、互为补充的劳育理论学习课程体系，设立“劳动教育”必修课，将其纳入必修学分体系。此外，学校积极引导学生培养日常劳动习惯，建立劳动教育卫生责任区，每周组织学生开展清洁活动，定期组织宿舍进行卫生评比，创建“四好”文明宿舍，在环境卫生、安全纪律、学习风气、人际关系等方面严格要求，确保学生掌握基本的劳动素养和劳动技能。

开展“规定项目”有层次。《意见》提出要从教育目标出发，依据学生各自的特点围绕三种类型的劳动进行教育。结合产业新业态、劳动新形态，注意与新型服务型劳动相关的内容。① 西安电子科技大学按照不同年级劳动教育的目标传授不同的劳动教育内容，形成了西电特色劳育体系，使劳动教育更具层次性。

做亮“自选项目”有特色。《意见》要求科学合理设计课内外劳动项目，活动形式可灵活多样，激起学生劳动的内在需求与动力。② 劳动教育的“自选项目”针对性较强，学生只有摸透本身实际，吃准具体要求，明晰发展定位，才能锤炼出富有个人特色的劳动技能，形成“滚雪球”效应，在未来劳动力市场和人才市场中脱颖而出。

“规定自选结合”有规划。中共陕西省委、陕西省人民政府印发的《关于全面加强新时代大中小学劳动教育的若干措施》指出，以三种类型的劳动（日常生活劳动、生产劳动和服务性劳动）为主要内容，加强劳动教育整体设计，着力建设综合性、实践性、开放性、针对性的劳动教育课程体系。③ 西安电子科技大学立足劳动教育顶层设计的高度，将“规定项目”和“自选项目”相结合，实现共性与个性的融合，打造出高质量又有特色的劳动教育体系。如果单有“规定项目”，则劳动教育平面化、单一化，所有学生习得的都是同样的劳动知识和劳动技能，无法使学生在未来的就业当中从人群中脱颖而出。如果单有“自选项目”，学生的基本劳动素养得不到有效保障，那么在此基础上的个性发展也就成为空中楼阁、海市蜃楼，缺少真正的实效性。唯有做好顶层设计，将“规定项目”和“自选项目”相结合才能更好地实现人自由全面发展的终极目标。

---

① 中共中央国务院关于全面加强新时代大中小学劳动教育的意见［N］. 人民日报，2020-03-27（001）.

② 中共中央国务院关于全面加强新时代大中小学劳动教育的意见［N］. 人民日报，2020-03-27（001）.

③ 中共陕西省委　陕西省人民政府. 关于全面加强新时代大中小劳动教育的若干措施［EB/OL］.［2021-03-30］. http：//www.shaanxi.gov.cn/xw/sxyw/202103/t20210330_ 2158162.html.

二、新时代高校劳动教育特色实践篇

劳动教育既是马克思主义劳动观的重要内容，也是习近平新时代中国特色社会主义思想的重要组成部分。新时代劳动教育是加强学生实践能力的重要途径，通过实践引导其树立正确的三观，注重学生在实践过程中综合素质的提高和行为习惯的养成，引导学生在实践中发挥主观能动性，在实践中发现问题、解决问题，这对于当代大学生融入社会、提升综合素质有着相当重要的作用。

在高校开展富有特色的劳动教育实践应当将劳动教育与专业学科结合。建设新时代高校劳动教育需要积极推进劳动教育体系与原有的专业学科体系的深度融合，实现产教融合，革新高校与行业骨干企业、高新企业、中小微企业的协同模式，创新思维培养人才。例如，对于思想政治教育专业，有专家就指出："强化马克思主义劳动观教育，是新时代劳动教育和思想政治教育结合的理论依据。"① "劳动教育与思想政治教育在理论基础、培育目标、教育内容、价值追求等层面彼此渗透、互为补充、同向同行，具有极强的契合性，这是二者有机融合的内在依据。"② 在思想政治理论课中突出劳动教育，开展形式多样的劳动实践活动，建立完善的保障劳动教育有效落实的体制机制，这对劳动教育和思想政治教育有机融合有十分重要的作用。

从实践到理论，再从理论到实践，如此反复，是学习的自然过程。教

① 马喜宁．新时代劳动教育与高校思想政治教育有机融合的路径探析［J］．中国劳动关系学院学报，2020，34（6）：58.

② 马喜宁．新时代劳动教育与高校思想政治教育有机融合的路径探析［J］．中国劳动关系学院学报，2020，34（6）：58.

育不能只停留在理论层面，要想真正育人，必须依靠实践。除了与专业学科结合以外，开展新时代劳动教育还应当将劳动教育与社会实践、志愿服务、创新创业等进行有机结合。

社会实践与志愿服务是当代高校学生都需要参与的重要环节。当代高校应当注重学生在社会实践与志愿服务过程中专业知识的检验和道德品行的培养，提高学生独立应对和解决各种问题的能力，在社会实践中将理论知识逐渐转化为见识和本领。通过志愿服务加深对社会的认知，亲身体验社会中的人和事，这对于当代大学生磨炼自身技能、增强社会责任感有着相当重要的作用。

创新创业教育与劳动教育在结构上具有内在关联性，即教育目标上的互利性、教育内容上的关联性、方式方法上的共通性和师资队伍上的互借性。《纲要》明确指出："在学科专业中有机渗透劳动教育。普通高等学校要将劳动教育有机纳入专业教育、创新创业教育。""职业院校、普通高等学校劳动教育中，学生生产劳动和服务性劳动可以通过专业实习、实训、创新创业等实践环节完成。"① 自《纲要》实施以来，各高校作为劳动教育的实践主体，积极融合创新创业教育和劳动教育，形成了具有特色的经验，即通过设计"互惠式"教育目标、设置"呼应式"课程体系、训练"贯通性"实践体验、建设"一体化"师资队伍，找准劳动教育与创新创业教育的契合点，助推劳动教育扬帆起航。

《2022 年中国大学生就业报告》显示，当前的就业形势日益严峻，高校学生存在着择业就业困难、劳动意识淡薄、创新创业能力薄弱以及职业发展迷茫等问题，甚至有很大一部分学生面临着"毕业即失业"的窘迫情况。劳动教育必然要发挥其作用帮助学生解决问题。《意见》对新时代劳动教育做了顶层设计和全面部署，"面对真实的生活世界和职业世界"的劳动教育，不仅让高校学生在磨炼中强化责任担当，切实地感悟"劳动最光荣"，还助力高校学生尽早进行完整合理的职业规划。劳动教育融入职业生涯教育及就业指导具有很强的现实必要性和可行性。劳动教育本身对于学生的德智体美劳全面发展具有很强的支持作用，同时它还有利于高校学生更早地接触社会层面的职业实践，为职业规划的实现奠定基础。总的来说，劳

---

① 中华人民共和国教育部．大中小学劳动教育指导纲要（试行）［EB/OL］．［2020-07-07］．http：//www. moe. gov. cn/srcsite/A26/jcj_ kcjcgh/202007/t20200715_ 472808. html.

动教育不仅可以提升学生对自己专业和未来职业的了解程度，更能够提升高校学生的就业创业能力。学生明确了未来的就业方向，可以及时作出相应的调整，劳动教育对于解决近年就业难问题有着巨大作用。

现今许多高校已经响应国家号召，开设了劳动教育课程，但是存在着课程模式形式化、课程精神空壳化以及课程内容知识化等明显问题。劳动实践与专业教育之间并未形成有效的互动模式，仅仅停留于表层，与《纲要》中提出的建设要求在细节上还存在较大差距。劳动教育与社会实践和志愿服务的融合具有独特的优越性，但是仍然存在实践与理论脱节、组织和平台欠缺、理念认识不足等需要解决的问题，上海财经大学设立“千村调查日”“企业开放日”，贵州大学开展园林劳动实践活动等实践为解决问题提供了可行性方案。劳动教育融入职业生涯教育及就业指导存在意识缺失、职业规划不务实和职业生涯规划之间形成的协同效应不显著等问题，北方民族大学将劳动教育与创新创业教育有机结合，探索劳动教育与职业规划相结合的育人模式，为解决问题提供可行性方案。本篇章将分析多个典型案例，通过对扬州大学、上海财经大学、贵州大学、北方民族大学等高校开展劳动教育的特色实践的解读，挖掘其背后所蕴含的经验启示。

案例一：扬州大学开展“花海课堂”劳动思政课

2021 年暑假，受疫情影响，扬州大学的后勤员工无法进校，校园内不少地方杂草丛生。该校打卡景点“花海”本是开学季一道亮丽的风景，如今却成了半米深的“草海”，这一幕深深刺痛了学校师生。为加强在校学生劳动教育，维护美丽的校园环境，2021 年 9 月初，扬子津校区的 11 个学院和相关部门共招募了 400 余名师生志愿者，志愿者主动承担 10000 平方米花田的整修工作。扬州大学在广阔的田野里开设了一堂生动的“劳动思政课”。

早在 2019 年，扬州大学就开设“后勤课堂”，通过小班授课、实践教学等形式，设置农技实训、家电维修、烹饪制作等课程。同时，在校内打造近 10 个劳动教育基地，建立自选和必修、自励与他励、劳育和思政相衔接的“三全育人”体系。

以此次“花海课堂”为例，锄刀、铁锹、花剪等不少工具都是“后勤课堂”上的常备“教具”。参加劳作的师生都是闻讯后自发赶来，在一同参与田间劳作时，师生们从学校封闭管理谈到校园疫情防控，从社会治理谈到“四个自信”。劳动与思政、知识与技能、汗水与笑声在“花海课堂”深度交织。

“花海课堂”是学校推动劳动教育融入思政工作大格局的缩影。扬州大学充分发挥后勤资源和平台的优势，探索“生活即学校”“生活即教育”“在劳力上劳心”的劳育思政创新，实现了“田间沟头搭讲台，锅碗瓢盆育新人”的生动局面。思想政治教育不仅传播知识，更进行价值引领。学生德智体美劳全面发展，核心和根本在于立德树人。劳动教育不单是狭义上的技能培训或简单的社会生产，还是对劳动意识、创新精神和实践能力的培育，将“成才”和“成人”串联起来。为此，扬州大学在开展劳动实践的过程中，坚持凸显劳动思想、劳动价值、劳动观念等综合素养的培养，构建以劳立德、以劳强智、以劳育美的劳育生态，坚持从“立德树人”的高度谋篇布局。

经验启示

本案例内容契合《纲要》与《意见》的要求，既通过“花海课堂”推动劳动教育融入思政工作大格局，探索劳动教育不同的实现形式，又开设“后勤课堂”，建立“三全育人”体系，推动劳动教育与思想政治教育科学融合，具有以下经验与启示：

创新“三全育人”理念，推动劳育和思政相衔接。“三全育人”即全员育人，全程育人，全方位育人。思想是行动的先导，创新是发展的源泉。2020 年 3 月《意见》发布，劳动教育被纳入高校人才培养体系。新形势下的新任务给每个领导班子提出了新的更高的要求。扬州大学克服以往因循守旧、按部就班的保守心态，破除传统思想，善于用全局的眼光、创新的思维去审视发展中的事物。扬州大学开拓创新“三全育人”理念，建立自选和必修、自励与他励、劳育和思政相衔接的“三全育人”体系，创造性地推动劳动教育与思想政治教育相结合，与时俱进。扬州大学不断解放思想，树立创新理念，顺应潮流，抓住机遇，赢得主动，推进劳动教育事业不断发展。

劳动与思政、知识与技能深度交织。扬州大学学生在“花海课堂”不仅一起参与到花田的维护中去，还从社会治理谈到“四个自信”，在劳动实践的过程中增进对国家战略布局的深度了解，在掌握劳动技能的过程中积累知识，做到了“做中学”。扬州大学坚持社会主义办学方向，全面落实立德树人的根本任务，深入挖掘蕴含在劳动实践活动中的思想政治教育元素，探索其承载的思想政治教育功能，按照价值引领、技能达成、知识传授的思路，把思想政治教育工作贯穿劳动实践全过程，推进全方位育人，培养德智体美劳全面发展的社会主义接班人。

从“立德树人”的高度谋篇布局。《意见》指出：“以习近平新时代中国特色社会主义思想为指导，全面贯彻党的教育方针，落实全国教育大会精神，坚持立德树人。”① 立人先立德，树人先树品。立德树人不仅是思想政治教育的根本任务，也是劳动教育的目标。扬州大学坚持从“立德树人”的高度谋篇布局，“花海课堂”在劳动实践的同时，培养了学生的劳动素养，是以劳立德的成功实践，落实了思想政治教育中立德树人的根本任务。

案例二：山东交通学院打造“大思政”格局下“劳动教育+”育人模式

为深入贯彻落实《意见》和《纲要》精神，落实立德树人的根本任务，促进学生德智体美劳全面发展，山东交通学院积极响应，在“大思政”育人格局下，抓好劳动教育第一课堂主渠道作用的同时，进一步挖掘劳动的育人功能，立足学校特色，在劳动教育第一课堂之外探索出了第二课堂“劳动教育+”的创新育人模式。

山东交通学院着力挖掘每个专业劳动教育的元素和内容，将交通专业、汽车专业中蕴含的劳动伦理、劳动精神外化，将本专业劳动伦理精神渗透到专业课程理论知识中，借助实习实训等手工作业，强化劳动知识与专业技能的融合提升，促进劳动情感的建立与培养，深入探索专业劳育教学体系，营造浓厚的专业劳育氛围，切实提升人才培养质量。

---

① 中共中央国务院关于全面加强新时代大中小学劳动教育的意见［N］. 人民日报，2020-03-27（001）.

“民生在勤，勤则不匮。”[①] 劳动教育是劳动发挥其育人功能的现实途径。山东交通学院不断完善“劳动教育+”育人模式，充分结合专业培养目标和学院特色，拓展学生专业学习实践能力，教育、引导学生真正理解劳动内涵和劳动价值，帮助学生树立正确的劳动观，形成良好的劳动品质，切实将高校劳动育人工作融入思政教育工作中，逐步完善“大思政”格局，培养德智体美劳全面发展的社会主义接班人。[②]

经验启示

山东交通学院通过构建“大思政”格局下的“劳动教育+”育人模式，积极地向学科专业中渗透劳动教育，深化生产与教育的有机联系，达到产教融合的理想状态，开拓了第二课堂，实现了整体体系的优化。这种体系性的改良为高校劳动教育的贯彻和实施提供了一个优秀的改进范例。经过综合分析可以得出以下三条经验启示：

精准匹配，强化劳动品质培养。山东交通学院立足“大思政”育人格局，结合不同专业的元素和内容，实现课程资源和培养需求的精准对接，将交通专业中的劳动伦理和劳动精神外化，使高校学生深刻理解自己作为本专业的学生在未来的劳动生涯中应当崇尚和遵守的一系列以工匠精神为代表的优秀劳动精神，有利于优秀劳动品质的培养与强化。

产教融合，促进理论实践结合。山东交通学院通过“劳动教育+专业教育”的模式，让学生在实习实训等手工作业中，学习运用本专业课程的理论知识，进一步加深学生对于专业课程的理解，提高学生的劳动能力。这种模式使学生得以将理论付诸实践，用实践来检验理论，从而实现对自我能力的检验和提升，促进了理论与实践的结合。

构建体系，营造浓厚劳育氛围。山东交通学院第一课堂与第二课堂双管齐下，实现了“大思政”整体格局和“劳动教育+”具体模式的和谐统一，集中多方优点，构建了完整有机的“劳动教育+专业教育”体系，为学生营造了浓厚的专业劳育氛围，让学生深切认识到“空谈误国，实干兴邦”的道理，为未来走上劳动岗位做好最基础的准备。

---

① 左丘明．左传［M］．湖南：岳麓书社出版社，1988：131.

② 山东交通学院．打造“大思政”格局下“劳动教育+”育人模式．［EB/OL］．［2021-12-24］．http：//www. dangjian. com/shouye/zhuanti/zhuantiku/wodesizhengke/jingyanzuofa/202112/t20211224_ 6273865. shtml.

山东交通学院为其他学校提供了一个优秀的示范案例，通过精准匹配、产教融合、营造氛围的方式，打造了“大思政”格局下“劳动教育+”育人模式。在劳动教育“大思政”这个第一课堂之外探索出了第二课堂“劳动教育+”的创新育人模式，做到了立足本校特色，找到了适合该校学生的劳动教育新方式。

案例三：西南石油大学以学科专业特色为劳动教育赋能

经过西南石油大学化学专业同学们的努力，学校梦溪湖的水体质量有了显著改善。这次改善校园水质的行动就是一堂生动的劳动教育课。西南石油大学2019级应用化学专业学生蒲俊强说：“在劳动实践的过程中充分运用自身专业知识，不仅提高了自己的专业技能，也使自己体会到劳动的价值。”

据了解，学校还与“三农”博物馆、省农科院共同打造“农耕课堂”，强化对学生农耕技能的培训。同时，学校开展了以“传承农耕文化、厚植劳育土壤”为主题的生产劳动示范点建设，通过组织学生开展水质检测、甲醛检测、校园PM2.5监测等劳动实践活动为劳动教育赋能。

此外，学校还与八家专业公司合作建立了劳动基地。在公司工程师和培训教师的指导下，学生们开展了现场工作，加强了对现代石化行业生产技术和管理系统识别技术的认可。这种劳动教育方式将为未来社会培养优秀的工程师人才。对此，委员会委员郑璇表示，他希望能够通过与专家紧密联系的专业实践活动构建一系列融合其专业特征的劳动教育和技能发展体系，这样不仅能够让学生对专业有更深的认识和理解，还可以增强学生在工作中的价值感。①

经验启示

西南石油大学通过一系列与专业紧密结合的劳动实践活动，形成了一套精准匹配专业特色和职业技能的课程体系。在学生对专业有基本的认知

① 西南石油大学．学科专业特色为劳动教育赋能．[EB/OL]．[2021-12-14]．https://www.swpu.edu.cn/news/info/2520/6563.htm.

和学习的基础上，学校提供给学生进一步加深专业理解的重要平台，在开设劳动课程的同时，积极推进专业教育和科研工作。由该案例可以总结出以下经验与启示：

结合专业特色，发挥劳动价值。西南石油大学组织开展梦溪湖水质检测劳动，这一举措结合了学校本身的专业特色，利用学生专业知识和专业能力实现美丽校园建设，将劳动教育课程融入校园内的实践劳动当中，让高校学生充分感受专业的实用性。

利用专业知识，赋能劳动教育。西南石油大学开展了以“传承农耕文化，厚植劳育土壤”为主题的生产劳动示范点建设，通过组织学生开展水质检测、甲醛检测、校园 PM2.5 监测等劳动实践活动为劳动教育赋能。这种方式能够整合相关的专业知识，丰富劳动教育的形式和内容，实现理论与实践的有机融合，从而达到劳动教育的目的。

结合劳动实践，培养专业能力。西南石油大学与八家专业对口企业搭建了劳动教育基地，使学生可以直接在一线车间进行现场劳动实践，在原本所学知识的基础上，进一步加深对石油化学工艺的认识，提升专业能力。学校将原本抽象的工业流程课直接搬到化工车间，在一定程度上也有利于提高学生的专业技能。

案例四：上海财经大学设立“千村调查日”“企业开放日”

上海财经大学认真贯彻全国教育大会精神，深入落实党中央、国务院关于全面加强新时代大中小学劳动教育的总体部署，立足学校实际，创新工作方法，着力打造体现时代要求、符合育人规律、彰显学校特色的劳动教育模式，提升学生劳动素养，努力培养德智体美劳全面发展的社会主义建设者和接班人。

上海财经大学设立“千村调查日”，让学生走进田间地头与农民一起辛勤劳作；设立包括校园绿化、寝室管理、食堂帮工等在内的勤工助学岗，让学生深入劳动一线与工人一起出力流汗；设立“企业开放日”，开展学生深入企业与工人一起创新实践的实习实训，培养学生的职业素养和奋斗精神；规范助教助管助研岗位设置，让学生走进教学科研管理一线与教师一起奋力耕耘；开设“帮扶类”“社区类”“会议类”“论坛类”“赛事类”五大志愿服务项目，制定劳动教育日历，广泛开展公益志愿服务活动。①

经验启示

本案例内容契合《纲要》与《意见》的相关要求，以全国教育大会精神为指引，因地制宜，打造出一条符合教育规律和学生特点的劳动教育道路，让学生深入实践一线，体会劳动的艰辛，着力于提升学生的劳动素养，帮助其树立正确的劳动价值观，具有如下经验与启示：

提高劳动资源利用率，充分开展劳动教育实践活动。《中共上海市委、上海市人民政府关于全面加强新时代大中小学劳动教育的实施意见》指出：“充分利用学校教室操场、食堂宿舍、环境绿化等资源，建设校内劳动实践场所”“充分整合农场林场、工厂企业、科研院所、城乡社区等资源，围绕建设‘五个中心’和强化‘四大功能’、打造‘四大品牌’，建设都市农业、先进制造、现代服务、文化创意等劳动实践基地，满足学生多样化、创新性劳动实践需求。”② 上海财经大学从实际出发，深入挖掘一切可利用的劳动教育相关资源，开展了多样全面的劳动教育实践活动，提升了劳动教育的育人效果，对于帮助学生们树立良好的劳动价值观起到了重要作用。

深入一线，推动劳动教育落“细”落“实”。《中共上海市委、上海市人民政府关于全面加强新时代大中小学劳动教育的实施意见》指出：“支持学校组织学生深入田间、工厂等，参加力所能及的生产劳动和服务性劳动，与普通劳动者一起经历劳动过程，体认劳动创造价值。”③ 上海财经大学推动学生们走进劳动一线，与农民、工人、教师等普通劳动者一起劳动，一起耕耘，一起收获，使学生们切实感受劳动的过程以及结果，深化其对劳动价值的理解，增强其奉献意识、服务意识、劳动意识，进而达到劳动教育的育人效果。

---

① 中华人民共和国教育部．上海财经大学打造劳动教育特色模式［EB/OL］．［2020-06-19］．http：//www.moe.gov.cn/jyb_xwfb/s6192/s133/s172/202006/t20200619_467042.html.

② 中共上海市委、上海市人民政府．中共上海市委、上海市人民政府关于全面加强新时代大中小学劳动教育的实施意见［EB/OL］．［2020-09-01］．http：//edu.sh.gov.cn/zcjd_qmjqxsd/20200901/3e97db5e32ce4380aa5010b58017c491.html.

③ 中共上海市委、上海市人民政府．中共上海市委、上海市人民政府关于全面加强新时代大中小学劳动教育的实施意见［EB/OL］．［2020-09-01］．http：//edu.sh.gov.cn/zcjd_qmjqxsd/20200901/3e97db5e32ce4380aa5010b58017c491.html.

创新劳动实践，加强劳动文化建设。《中共上海市委、上海市人民政府关于全面加强新时代大中小学劳动教育的实施意见》指出："大中小学要科学设计校内劳动项目，制定劳动公约、每日劳动常规任务单及学期劳动任务单，明确每周校内劳动实践时间，组织校园卫生保洁、绿化美化、图书整理等集体劳动，深入开展垃圾分类。"① 上海财经大学以校内外劳动文化资源为依托，创造性开设五大志愿服务项目，制定劳动教育日历，及时帮助学生们参与劳动教育实践活动，在学生集体中营造劳动伟大、劳动光荣的文化氛围，耳濡目染，让学生们在不知不觉中养成热爱劳动的美好品质。

案例五：贵州大学开展园林劳动实践活动

在全国劳动模范、贵州省"脱贫攻坚优秀共产党员"龙友华教授和其他 5 位农场老师的示范带领下，同学们分别进入葡萄园和柑橘园学习果树栽培知识，开展打顶掐尖和施肥松土等实操，并掌握小型挖掘机在田间地头的使用方法。通过近 4 小时的劳动，在老师们的讲解和示范下，同学们近距离感受到了学校教授和专家们对基层农村、对劳动的热爱，切实感受和体会到了劳动的伟大。

2022 年 5 月 29 日，贵州大学助力乡村振兴"十百千"劳动教育实践活动在修文县大木村"特色田园乡村 · 乡村振兴"示范试点开展，来自贵州大学农学院农业资源与环境、园艺、植物保护等专业的 360 余名师生参加了活动。

在大木村韭黄基地，师生们充分运用自身专业知识，协助当地群众开展除草堆肥、田间管理等服务工作。园艺 191 班舒伟表示："以前虽然在书本上学习到了很多农业知识，但这是第一次近距离下地实践，这次活动，让我从书本回归到了现实，将学习到的理论知识与当地的农业环境相结合，丰富了实践经历，也有利于今后更深入地学习。"理论与实践相结合，贵州大学让学生在进行劳动教育教学实践服务的同时深化课堂知识，增加实践

① 中共上海市委、上海市人民政府．中共上海市委、上海市人民政府关于全面加强新时代大中小学劳动教育的实施意见［EB/OL］．［2020-09-01］．http：//edu. sh. gov. cn/zcjd_ qmjqxsd/20200901/3e97db5e32ce4380aa5010b58017c491. html.

经验，为提升自身能力、服务地方做好充分准备。

农学院副院长张万萍表示，此次劳动教育教学实践服务活动，不仅可以让学生在实践中巩固课堂知识，还可以培养学生对于专业的热爱之情。她强调，“三农”工作任重道远，农科学生责无旁贷，希望学生们能将个人发展融入家乡建设中，将个人理想融入“三农”工作中，让青春之花绽放在祖国需要的地方。

2022 年，为更好地运用农科师生的专业知识，农学院通过发起“十百千”（十名技术村长进驻十个样板村，一百名专业教师服务贵州农业特色产业，一千名本硕博学生服务乡村振兴）的行动服务乡村振兴，修文县大木村则是重点服务的示范点之一。植保 191 班杨承情说：“我生于农村，长于农村，从小就经常跟随家人参与农业劳作。但与现在相比，因为有专业知识理论的指导和启发，我从以前的埋头苦干，到现在有方法、有系统地干。这都得益于贵州大学对我的培养，无论是农业生产、作物生长，还是病虫害防治，我都学到了很多。”他表示，作为一名新时代的大学生，在乡村振兴的时代背景下，希望能回到家乡，将学到的知识用于农业、用于农村、用于农民，为服务乡村振兴贡献力量。

在劳动教育教学实践服务中，实践是载体，服务是体现，目的在教育。校党委副书记骆长江指出，今后，贵州大学将深入贯彻落实党的教育方针，积极创新劳动实践形式，不断深化劳动内涵精神，上好这一门劳动教育教学实践服务课，引导青年学子树立正确的劳动服务价值观，将个人职业规划与国家未来发展紧密联系在一起，培养德智体美劳全面发展的社会主义建设者和接班人，让青年学子成为担当民族复兴重任的时代新人，为服务“三农”、服务乡村振兴贡献贵大力量。

经验启示

本案例内容契合《纲要》与《意见》的相关要求，在田间地头上好劳动教育课，引导学生们将理论与实践相结合，使其运用所学到的知识服务农业生产，深刻体悟劳动创造价值的内涵，从而更好地培育其劳动意识及劳动精神，使其树立劳动光荣、劳动伟大的价值观，使其成为自觉以民族复兴为己任的新时代优秀人才。该案例具有如下经验与启示：

知行合一，相辅相成，创新劳动教育教学模式。中共贵州省委办公厅、贵州省人民政府办公厅印发《关于全面加强新时代大中小学劳动教育的实施方案的通知》中指出，普通高校要根据学校本身的定位和特点，将大学生专业实习实践活动与劳动教育相结合，服务社会，不断推进劳动教育理论的创新。[①] 贵州大学深入贯彻党中央有关于劳动教育的指示，组织本校农学院相关专业学生深入田间地头开展劳动实践活动，让学生们运用所学专业知识协助当地农民群众进行农业生产，将理论与实践相结合，走出了一条符合自身特色的劳动教育道路，使学生们在深化劳动体验的同时巩固所学课堂知识，增强自身劳动意识，培养劳动精神。

融入时政热点和时代元素，凸显劳动教育时代特色。中共贵州省委办公厅、贵州省人民政府办公厅印发的《关于全面加强新时代大中小学劳动教育的实施方案》中指出普通高校和职校要基于本身的办学目标，根据乡村振兴、中国制造2025等国家重大战略以及积极发展现代服务业的需求，不断探索适合当前现状的劳动教育内容、形式和途径，充分利用学生的优势，以劳动互助和服务社会的形式设立一系列劳动教育品牌引领项目，以培养学生的劳动情感，提升学生的劳动能力。[②] 贵州大学助力乡村振兴"十百千"劳动教育实践活动在修文县大木村"特色田园乡村·乡村振兴"示范试点开展，充分调动本校农学院相关资源，使师生们发挥所长，深化实践体验，自觉将个人理想抱负融入国家乡村振兴战略当中。以服务"三农"的方式助力乡村振兴，不仅增强了学生对于劳动的热爱，使其树立正确劳动价值观，而且能够服务于国家重大战略的需要，为实现中华民族伟大复兴添砖加瓦。

从实际出发，强化劳动教育积极效果。中共贵州省委办公厅、贵州省人民政府办公厅印发《关于全面加强新时代大中小学劳动教育的实施方案》的通知中指出："积极创造条件，因地因校制宜，扎根本土，充分挖掘、运用所在区域自然、经济、文化等方面的资源，结合当地生产实际和社区建设需要，加强劳动实践教育场地或实践基地建设。"[③] 贵州大学结合当地自

---

① 中共贵州省委办公厅　贵州省人民政府办公厅．关于全面加强新时代大中小学劳动教育的实施方案的通知［EB/OL］．［2022－02－08］．http：//www. guizhou. gov. cn/zwgk/zcfg/swygwj/202202/t20220208_ 72478818. html.

② 中共贵州省委办公厅　贵州省人民政府办公厅．关于全面加强新时代大中小学劳动教育的实施方案的通知［EB/OL］．［2022－02－08］．http：//www. guizhou. gov. cn/zwgk/zcfg/swygwj/202202/t20220208_ 72478818. html.

③ 中共贵州省委办公厅　贵州省人民政府办公厅．关于全面加强新时代大中小学劳动教育的实施方案的通知［EB/OL］．［2022－02－08］．http：//www. guizhou. gov. cn/zwgk/zcfg/swygwj/202202/t20220208_ 72478818. html.

然资源以及农业生产的需要开展劳动实践活动，使学生们在下田劳动时能够切身参与进来，真实感受到劳动的艰辛与伟大，帮助其树立正确的劳动价值观，营造热爱劳动、劳动光荣的氛围，为劳动教育提质增效。

案例六：沈阳城市学院以劳动实践锻造学生核心素养

2014 年，位于辽宁省沈阳市的沈阳城市学院被广大网友称为“中国最美大学”，这是因为学生的细心护理营造了美观的校园环境。据媒体报道，学校大约一半的面积都是由学生们自主管理，学生每年需进行大概 10 万小时的公益劳动课。学生们认为在整个大学生活中令人印象最深刻的便是劳动课。这一课程对提升学生的核心素质有较大帮助。

劳动教育对于培养学生的社会责任感具有较大的帮助。沈阳城市学院重视对劳动和社会实践教育进行创新，致力于营造模拟社会的环境氛围，通过劳动教育增强学生的社会、公民、服务以及环境意识，利用公益劳动培养学生的道德品质，加强学生的生活技能运用能力，提升学生的沟通能力，培养学生的合作精神。

随着学生的社会责任感不断增强和公民意识的不断提高，近年来，该校有许多大学生和毕业生应征入伍并参加了西部服务计划、“三支一扶”等活动，500 多名学生自愿参与了献血活动。

在寒暑假期间进行社会实践活动是沈阳城市学院一贯的做法。这些实践活动包括志愿活动、专业实践、自主创业等，不断引领着学生在实践的过程中领略祖国的大好风光，走遍祖国的大好河山。多样化活动不仅使得学生掌握了知识和技能，同时也加强了学生对社会的适应能力，增强了学生的社会责任感，培养了学生的社会交往意识和公民意识。[①]

经验启示

沈阳城市学院积极结合《意见》与《纲要》，推进劳动教育与社会实践

① 中华人民共和国教育部．沈阳城市学院将劳动教育纳入人才培养方案，设置一学分劳动教育课程　安排公益劳动时间——用劳动锻造学生“核心素养”．［2022 - 06 - 05］http：//www. moe. gov. cn/jyb_ xrrfb/moe_ 2082/zl_ 2020_ zl19/202006/t20200605_ 462912. html.

及志愿服务的深度融合，创新了社会实践的形式，开展了一系列以劳动为主题或与劳动相关的社会实践，从这个案例中可以总结出如下经验与启示：

响应国家号召，参与志愿队伍。在沈阳城市学院不断推进劳动教育的过程中，该校学生服务国家、服务人民、服务社会的责任意识和公民意识不断增强。近年来，该校大批学生应征入伍并参加了西部服务计划、“三支一扶”、大学生村官计划等活动；500 多名学生自愿参与献血活动。他们积极响应了国家的号召，主动报名入伍服役，参与志愿队从而援助祖国的欠发达地区，在艰难的环境中进行社会实践，在磨砺中培养自己的劳动品质，提高核心素养。

创新实践形式，形成校园传统。沈阳城市学院创新社会实践形式，将以“社会调查、勤工俭学”为主题的社会实践活动打造为校园特色，并传承下去，这些活动在一代一代的传承中创新发展，不断地产生新的内容磨砺学生，促进其劳动素质的提升。

通过这一案例我们可以看出，沈阳城市学院不仅积极响应国家号召，而且在一系列实践活动的开展中形成了自己内部的文化，有效地将社会实践与劳动教育结合，形成了劳动教育体系。

案例七：北方民族大学实现劳动教育与创新创业教育有机结合

创业孵化园为实现劳动教育与创新创业教育融合提供了设施支持。北方民族大学作为西部高校首个国家级创业孵化基地，先后孵化各类大学生创业企业 200 余家，带动就业 2000 余人，提供实习实践岗位 5000 余个。北方民族大学优先考虑助推劳动教育的大学生创业企业入驻北方民族大学创业孵化园，并提供相应配套支持。对于支持大学生劳动教育的校内企业，优先申报政府各类各级大学生创新创业补贴和优惠政策。本校学生自行创立的公司将优先负责学校的管理服务业务。

创新创业课题与竞赛是推进劳动教育的重要路径和有效载体。北方民族大学在创新创业学院的支持辅助下设立了相应的项目，并获得了资金帮助，以本校自主设立的项目作为引导，积极培育，深度孵化。学校积极支持广大教师参与到劳动教育教学实践，积极指导相关创新创业项目，带领学生团队参加相关学科竞赛，发挥模范带头和引领作用，做人民满意的教师。学校鼓励支持师生一道开展项目立项和项目建设，使学生树立“成就自己、帮助他人、服务社会”的正确劳动价值观。推动大众创业、万众创新，鼓励广大学生发挥创新创业思路，充分激发学生智慧和创造力。开展“线上课堂认真学习，线下课堂主动延伸”主题活动，不断加强学生主动学习和创新创造的意识。主题活动紧密结合专业学习内容，以个人或者线上团队合作为模式，结合个人爱好和兴趣，动手开展小发明、小制作等实践活动，在创新实践中体会劳动的乐趣。学校还适时组织创新作品展和优秀作品评选活动，并对在此期间学生申报的发明专利提供一定的经费支持。

“骆驼精神”是北方民族大学将劳动教育与创新创业教育结合的“黏合剂”。北方民族大学坚持弘扬吃苦耐劳的骆驼精神，力求在潜移默化中对学生进行熏陶和影响。北方民族大学通过新生入学教育、毕业教育、大学生创新创业成果展示、青年创业大课堂、创业项目路演、创业沙龙、创业园区和开办创新创业系列讲座等方式，引导大学生深入理解劳动的内涵，主动宣传劳动精神，强化劳动育人思想，全面推进劳动教育与大学生社会实践和志愿服务、创新创业教育、职业生涯教育、就业指导、产教融合及校园文化相结合。

基于工作室制度实现劳动教育与创新创业教育协同共育。学校信息化建设与管理处发挥部门技术和资源优势，以提高学生实践动手能力为抓手，成立“溯洄工作室”，组建老师为辅、学生为主的研发和运营团队，通过劳动教育与专业实践、创新创业相结合，培养了一支了解最新技术发展、熟悉学校综合业务、能够持续为学校信息化建设服务的技术骨干队伍。

经验启示

本案例内容符合《纲要》与《意见》的相关内容，落实了《纲要》与《意见》中将劳动教育融入创新创业教育的要求，既着眼于培养壮大师资队伍，又通过各种形式的创新创业活动，宣传劳动精神，做到了将劳动教育融入创新创业教育。具有以下经验与启示：

以课题竞赛、教师助力推动创新创业与劳动教育的深度融合。北方民族大学为劳动教育类创新创业项目提供专项资金支持，激发学生将劳动教育与创新创业的深度融合。但除了资金和设施支持外，劳动教育与创新创业以何种手段融合？从哪些方面融合？这些问题需要得到相关的智力支持，因而北方民族大学积极支持广大教师参与到劳动教育教学实践中来，积极指导相关创新创业项目，带领学生团队参加相关学科竞赛，发挥教师模范带头和引领作用。

给予助推劳动教育的企业优待，促进劳动教育平台落到实处。宁夏回族自治区党委、政府印发的《意见》中提出，高等教育阶段要紧紧依靠创新创业，创造性地解决实际问题，不同层级的政府部门需要积极主动地调动和引领企业公司、工厂农场等组织机构承担并履行社会责任，开放实践场所，赞成学校安排学生参与能力范围内的生产劳动和新型服务劳动。劳动教育如何融入创新创业教育在真正实践中遇到很多难题，其中最主要的是相应的实践平台不足，平台建设不积极的问题。北方民族大学给予支持大学生劳动教育的校内企业优惠政策，充分调动了相关企业的积极性，在一定程度上解决了劳动教育融入创新创业教育的现实难题，给其他高校提供了解决问题的参考路径。

开展线上主题活动，在创新实践中推进劳动教育。疫情发生以来，教学形式改变，线下课堂到线上的转变给劳动教育带来了影响与挑战。北方民族大学审时度势，通过“线上课堂认真学习，线下课堂主动延伸”主题活动使线上线下相结合，加强学生的创新创造意识。学校开展实践活动，使学生在创新实践中体会劳动的乐趣。北方民族大学出台方案应对突发疫情，接受了方方面面的考验，有力地促进了劳动教育和创新创业教育的深度融合。

案例八：青岛大学积极构建“劳育践创、以创促劳”模式

青岛大学以立德树人为基础，发挥“创新创业+”作用，以“课程+实践+竞赛”为载体，探索出了“劳育践创、以创促劳”的育人体系。

青岛大学推动形成劳动教育与创新创业教育融合的课程体系，重视培养综合性人才。青岛大学借助于劳动教育的基础作用和引导作用进行劳创结合，将创新创业视作劳动的高阶状态，设立了近40门融合课程，编排了相应的教辅材料，宣扬劳动观念和精神，引领学生认识、尊重、参与劳动。

青岛大学不断拓宽实践平台，以实践教育基地推动“大众创新”。学校与其他单位设置了42个教育基地、139个校级实训基地以及179个院级教育基地，与200多家著名企业建立“校企直通车”项目，给予学生大力支

持。每年有1000余个团队建立，约2万人参与其中，劳动能力和创新创业水平均在这一过程中得到了较大提高。不仅如此，青岛大学还借助校外实践教育基地，积极开办“创新训练营”等活动，如与海尔海创汇共同构建“双创校企行”——青岛大学创业训练营等活动，更大程度上发挥校企协作的作用。

在“互联网+”“挑战杯”等创新创业比赛中，青岛大学积极融入劳动教育观念。在每年组织开展的“互联网+”“挑战杯”等国家赛事中，青岛年均参赛学生万余人，“外事帮”青年志愿团获评“全国学雷锋志愿服务先进典型最佳志愿服务组织”，促进了学生劳动观念的形成。这些组织已经成立了10多年的时间，这期间提供了8000人次的志愿服务活动，6万多学生在服务中得到了较大收获和感悟。众多学子在服务时能够将学到的知识加以运用，并通过自己的努力为社会带来一定的社会价值。此外，青岛大学积极参与第五届“中国创翼”创业创新大赛选拔赛暨第六届山东省创业大赛青岛赛区选拔赛（以下简称青岛赛区选拔赛）。在奖项评比中，大赛推荐总决赛特等奖和一等奖获奖团队或个人申报“山东省五一劳动奖章”“山东青年五四奖章”“山东省技术能手”等称号，推荐大赛总决赛特等奖的团队或企业的负责人申报“山东省五一劳动奖章”，实现劳动荣誉与创新荣誉的结合。

经验启示

本案例内容契合《纲要》与《意见》的要求，既构建了“劳动+创新创业”融合课程体系，又拓展了劳动实践平台，在实践中提高学生劳动能力和创新创业水平，促进了劳动教育和创新创业教育的积极融合。具有以下经验与启示：

编制劳动教育教材和读本，强化课程体系建设。山东省教育厅等11个部门《关于深化基础教育改革全面提高中小学教育质量的意见》中要求深化课程教学改革，切实提高教学质量。其中，非常重要的措施就是加强课程教材建设，《意见》提出：“制定中小学教材管理实施办法，组织编写优质地方课程教材，规范中小学教材教辅管理。”[①]《纲要》也指出：“职业院

① 山东省教育厅．关于深化基础教育改革全面提高中小学教育质量的意见［EB/OL］．［2020-07-15］．http：//edu. shandong. gov. cn/art/2020/7/15/art_ 124275_ 9304845. html.

校可针对各种劳动精神等进行专题内容撰写，完成后由相应院校或机构进行内容审查。”[①] 教材和读本指明了教学的内容与方向，提供了衡量教学质量的依据与标准。青岛大学开设“劳动+创新创业”融合课程40门，编制劳动教育教材和读本，是符合劳创融合要求和教育规律的科学措施，让教材的功能和价值得到了充分的释放。

院校两级联动，建立劳创实践平台。《纲要》指出，要明晰负责该内容的成员，建立不同的部门对不同的内容进行管理和规划。[②]《纲要》《意见》对劳创融合提出了拓展实践平台的建议，而青岛大学在实践中不单是建立了劳创实践平台，还建立了校级创业就业、实习实训基地和院级校外实践教育基地，构建了和谐高效的院校两级联动机制，达到了合作育人的效果，创新了劳创实践平台构建的现实路径。

将创新创业与劳动教育激励相结合，宣传劳创融合的先进事迹。创新精神本就是劳动教育的重要部分，青岛赛区选拔赛包括劳务品牌专项赛，推荐大赛总决赛特等奖和一等奖获奖团队或个人申报“山东省五一劳动奖章”等称号，将创新创业大赛和劳动奖章联系在一起，是为了推动劳动教育和创新创业教育结合，激励人们以梦为舟，奋楫笃行。五一劳动奖章是颁发给为人民、社会、国家做出突出贡献的劳动者的，有利于宣传“劳动最光荣、劳动最崇高、劳动最伟大、劳动最美丽”的理念，引领人们树立正确的劳动观念，培养学生形成勤俭、奋斗、创新、奉献的社会主义劳动精神和砥砺奋进、敢闯会创的劳动品质。

案例九：中国劳动关系学院建设“大国工匠面对面”特色思政课

劳动模范是中国劳动关系学院推进思想政治工作的重要队伍。中国劳动关系学院自1992年开始举办劳模本科教育，已为600余位全国劳动模范

① 中华人民共和国教育部．大中小学劳动教育指导纲要（试行）［EB/OL］．［2020-07-07］．http://www.moe.gov.cn/srcsite/A26/jcj_kcjcgh/202007/t20200715_472808.html.

② 中华人民共和国教育部．大中小学劳动教育指导纲要（试行）［EB/OL］．［2020-07-07］．http://www.moe.gov.cn/srcsite/A26/jcj_kcjcgh/202007/t20200715_472808.html.

和“全国五一劳动奖章”获得者提供继续深造的机会。在为国家培养大批知识型、技能型、创新型产业工人的同时，这些“校友”也成为在校生近距离接触劳动模范、感受劳模精神的优势资源。

“劳模大讲堂”、劳模学员与思政课教师“同上一堂课”等，这些都是中国劳动关系学院“大国工匠面对面”特色思政课的新模式。

结合经济社会发展形势以及党和国家政策，“大国工匠面对面”公选课精心挑选若干主题作为案例背景。每个案例都邀请一位在相关行业领域具有突出影响力的劳动模范走进课堂，劳动模范讲述其从业经历，展示精湛技艺，阐释工匠精神。课程特邀一位校内外专家与劳动模范共上一堂课，围绕劳模所在行业领域进行理论分析，深入阐释习近平新时代中国特色社会主义思想，分析国家经济社会发展的形势与政策。这种两位教师围绕一个主题共同上好一堂课的“211”授课模式，讲述入脑入心的生动故事，并进行深刻全面的专家讲评，让学生在深刻理解新时代劳动发展趋势的同时，感受新时代劳动精神的内涵与核心。第一节“大国工匠面对面”公选课邀请到了“大学生德育导师”“全国劳动模范”高少萍与思想政治理论教学部副主任王琳副教授联合主讲。课上，王琳副教授以“致·非遗　敬·工匠”为主题，介绍了我国非物质文化遗产和民间艺术的辉煌成就以及民间艺术家们对我国传统文化传承的重要贡献。高少萍老师则与同学们分享了自己投身剪纸艺术的成长经历，向大家讲述了自己心中的中国梦，还与师生热情互动，传授剪纸技巧。

“劳模大讲堂”始终贯彻《习近平总书记给中国劳动关系学院劳模本科班学员回信》中提到的“劳动最光荣、劳动最崇高、劳动最伟大、劳动最美丽”[①] 的价值导向，通过引入劳模立足岗位奋斗创新的事迹，讲述劳动者寄远大抱负于脚踏实地的坚守故事，引导学生树立正确的劳动价值观。第八期“劳模大讲堂”邀请到了辽宁葫芦岛市爱心车队创始人张鹏，德州阳光大姐家政服务公司经理刘俊杰，牡丹江市农村数字电影院线技术总监、放映队长郑峰三位全国劳动模范，他们给大家讲述平凡岗位中的劳动与奉献精神，深化学生对劳动本质的理解。

多年来，中国劳动关系学院坚持以劳模精神为引领、以劳动科学为支撑，围绕“劳动情怀深厚”的人才培养目标，着力加强劳动教育课程建设，

① 习近平．习近平给中国劳动关系学院劳模本科班学员的回信［J］．人民政坛，2018（5）：1.

扎实推进劳动教育与思想政治教育相结合、与科学研究相结合、与社会实践和志愿服务相结合、与校园文化相结合，初步构建起德智体美劳全面发展的人才培养体系。

经验启示

本案例内容契合《纲要》与《意见》的要求，既通过开设“大国工匠面对面”特色思政课开创“211”授课模式，推进劳动教育与思政教育结合，又打造了一种劳动模范协同育人机制，选聘劳模兼职辅导员，用劳模精神感染学生，具有以下经验与启示：

开创“211”授课模式，打造特色思政课堂。中国劳动关系学院是重点培养从事工会工作、劳动法律、劳动关系、经济管理、公共管理人才的高校。“劳动关系”是学院的特色专业，它的许多相关举措走在各大高校前列。中国劳动关系学院开设“大国工匠面对面”特色思政课，让校内外专家与劳动模范共上一堂课，推进马克思主义劳动学说进课堂，深入贯彻习近平总书记关于劳动的重要论述。中国劳动关系学院这种“两位教师围绕一个主题共同上好一堂课”的“211”授课模式，将劳动模范演示和专家讲述相结合，是其他高校从未有过的举措，具有创新性。在课堂上学生不仅面对面地掌握了劳动技能，直观地感受劳动的魅力，还在专家的讲述下对与劳动有关的论述和理论有了进一步了解。

选聘劳模兼职辅导员，发扬劳模精神。辅导员是高校思想政治教育工作的承担者，中国劳动关系学院选聘劳模兼职辅导员，将劳动模范作为推进思想政治工作的重要资源优势，使学生可以近距离接触劳动模范，在潜移默化中感受劳模精神。辅导员不仅与大学生一起进行劳动实践，还一起组织主题班会，在潜移默化中开展劳动教育与思想政治教育。中国劳动关系学院通过发扬劳模身上的劳模精神推动劳动教育，探索出了辅导员依托日常事务管理开展劳动教育的途径，创新了劳动教育与思政教育结合新方式，拓展了劳动教育与思政教育结合的渠道，大力弘扬了劳模精神，激励引导广大青年学子崇尚先进、学习先进、争当先进，争做德智体美劳全面发展的社会主义建设者和接班人。

推进马克思主义劳动学说进课堂和教材，学习习近平总书记关于劳动的重要论述。《纲要》指出：“中小学道德与法治（思想政治）、语文、历史、艺术等学科要有重点地纳入劳动创造人本身、劳动创造历史、劳动创造世界、劳动不分贵贱等马克思主义劳动观。”① 马克思主义劳动观是劳动教育的最深层次的理论根基，蕴含着“劳动最光荣、劳动最崇高、劳动最伟大、劳动最美丽”② 的劳动价值观。习近平总书记对劳动的重要论述是马克思主义劳动观中国化的特色思想，是结合中国国情和时代特征的理论。中国劳动关系学院既注重马克思主义劳动学说进课堂、进教材，又深入阐述习近平新时代中国特色社会主义思想。在两大理论的指引下，中国劳动关系学院一定能取得劳动教育与思想政治教育结合的成功。

① 中华人民共和国教育部．大中小学劳动教育指导纲要（试行）［EB/OL］．［2020-07-07］．http：//www. moe. gov. cn/srcsite/A26/jcj_ kcjcgh/202007/t20200715_ 472808. html.

② 习近平．习近平给中国劳动关系学院劳模本科班学员的回信［J］．人民政坛，2018（5）：1.

三、新时代高校劳动教育校园文化篇

《意见》强调劳动教育要贯穿人才培养的整个过程，要渗透于各个阶段的学习，要融入家、校、社等多方面，要与其他方面的教育相结合，贴近社会发展的变化和学生的日常生活。① 自《意见》《纲要》实施以来，学校作为劳动教育的实践主体，着眼于顶层设计，本篇结合各省份的配套措施，总结出高校劳动教育与校园文化结合的特色实践路径，即以榜样文化、环境文化、活动文化为引领，引导劳动教育与校园文化逐步相结合，打通融合劳动教育中的堵点和难点，保障高校劳动教育落于实处。

《意见》和《纲要》均为高校劳动教育如何与校园文化相结合指明了方向。《意见》特别强调要发挥学校在劳动教育中的主导作用，即学校要承担劳动教育的主体责任，引导学生树立马克思主义劳动观。《纲要》则详细指出："学校要将劳动习惯、劳动品质的养成教育融入校园文化建设之中。"② 学校要通过制定劳动公约、每日劳动常规、学期劳动任务单，采取相关的组织形式，结合不同的主题（如植树、志愿者日）等举办多样化的教育活动，营造出劳动光荣、劳动伟大的校园氛围和环境；要开展劳动榜样进校园的相应活动，让学生能够向优秀人物学习，举行比赛以呈现劳动技能的掌握和成果的形成，结合讲座、宣传栏、媒体等多种形式向学生介绍优秀人物的先进事迹，尤其是发生在身边的故事，让老师和学生在校园内就能够与劳动模范进一步沟通交流，了解他们的事迹，学习他们的高超技能，

① 中共中央国务院关于全面加强新时代大中小学劳动教育的意见［N］. 人民日报，2020-03-27（001）.

② 中华人民共和国教育部. 大中小学劳动教育指导纲要（试行）［EB/OL］.［2020-07-07］. http：//www. moe. gov. cn/srcsite/A26/jcj_ kcjcgh/202007/t20200715_ 472808. html.

体会他们所具备的劳动精神，鼓舞师生争做新时代的奋斗者。《意见》与《纲要》相辅相成，从学校的责任、实践路径、实践内容等方面提出了劳动教育与校园文化相结合的新思路。

深化劳动教育与校园文化相融合，不仅能够拓宽劳动教育渠道，还能够有力地深化校园文化建设的内容和形式，让人人会劳动、人人懂劳动、人人爱劳动。这不仅是劳动教育的重要载体，也是校园文化建设不可或缺的内在动力和要求。劳动教育与校园文化相结合以榜样文化、环境文化、活动文化三个方面为引领，在丰富校园文化的同时达到劳动教育的目的。

劳动教育融入校园文化建设以榜样文化为引领。每一个时代有每一个时代的精髓，每一个时代有每一个时代的追求。要在高校开展劳动教育，让学生从心底认同劳动，以饱满的热情、诚实的态度和创造性的思维进行劳动，就要明确榜样的引领作用。《意见》指出应该鼓励创作大量歌颂普通劳动者的主题优秀作品，以此来弘扬和赞颂典型人物及其优秀事迹。[①]《纲要》则具体指出其实施路径，也就是要通过劳动榜样人物进校园、劳动技能和劳动成果展示等，结合讲座、宣传栏、媒体等多种形式向学生介绍优秀人物的先进事迹。[②] 本篇章中南京大学开设“劳模大讲堂”等都是对如何运用榜样力量的有益尝试。

劳动教育与校园文化建设的有效融合以环境文化为引领。优秀的校园文化可以展示良好的形象，增强学校凝聚力，提升学校整体的育人水平和社会影响力。在校园的楼道里、校园的宣传墙上、寝室的楼道里、餐厅的餐桌上等多个地方展示劳动文化，其内容可以是工匠或者劳模的故事，也可以是学生创作的有关劳动的书法作品、宣传海报等。在整个校园文化中劳动文化逐渐形成潜移默化的影响力，润物无声地提高学生的劳动素养，从而让他们明白“劳动最崇高、最光荣、最伟大、最美丽”的朴素道理。本篇章中上海交通大学营造热爱劳动软环境，华中师范大学开展校园志愿劳动，浙江师范大学开展劳动教育主题活动等就是从环境文化出发落实劳动教育的典型案例。

---

① 中共中央国务院关于全面加强新时代大中小学劳动教育的意见［N］. 人民日报，2020-03-27（001）.

② 中华人民共和国教育部. 大中小学劳动教育指导纲要（试行）［EB/OL］.［2020-07-07］. http：//www.moe.gov.cn/srcsite/A26/jcj_ kcjcgh/202007/t20200715_ 472808.html.

劳动教育融入校园文化建设以活动文化为引领。活动带来认知，认知带来认同，认同带来兴趣。《意见》指出，根据学生身体发育情况，科学设计课内外劳动项目，采取灵活多样形式，激发学生劳动的内在需求和动力。[①]《纲要》详细指出，要通过制定劳动公约、每日劳动常规、学期劳动任务单，采取相关的组织形式，结合不同的主题，如植树、志愿者日等举办多样化的教育活动，体现出劳动光荣、劳动伟大的校园氛围和环境。学校鼓励学生参加各类实践主题活动，让学生在实践中升华理论知识。以活动文化为引领，让每一个学生参与到劳动教育类活动当中，养成以饱满的热情、勤劳诚实的态度和创造性的思维进行劳动的习惯。[②] 本篇章中江南大学打造“后勤学校”体验活动，山西农业大学打造“耕读讲堂”实践活动等都是以活动的形式润物无声地教会学生劳动的价值和意义。

榜样文化、环境文化、活动文化三者相辅相成、相得益彰，都是校园文化的重要体现。利用好榜样文化的带动力、环境文化的感染力、活动文化的实践力，多管齐下、多措并举，打出一套“组合拳”，才能更好地协同各方面资源，避免劳动教育浮于表面。校园文化是学校的重要软实力，它在学校育人当中发挥重要作用。依托校园文化建设，整合劳动资源，有利于实现劳动教育和校园文化有机融合，有利于完善劳动教育机制体制，拓展校园文化内核，充分发挥校园文化的育人功能，从而促进学生全面发展。

案例一：云南财经大学开展“志愿服务小打卡”活动

从2020年6月开始，云南财经大学“青马团校”学员作为骨干志愿者，持续在各个宿舍楼栋组织开展“讲天边不如做身边——21天宿舍志愿服务小打卡”活动。活动运用“互联网+打卡”的形式，由学校“青马班”学员和各宿舍楼栋志愿者作为负责人，负责人在“到梦空间”平台相继发布各个宿舍楼栋的小打卡活动，并在各宿舍楼下张贴海报进行宣传。参与

① 中共中央国务院关于全面加强新时代大中小学劳动教育的意见［N］. 人民日报，2020-03-27（001）.

② 中华人民共和国教育部. 大中小学劳动教育指导纲要（试行）［EB/OL］.［2020-07-07］. http：//www. moe. gov. cn/srcsite/A26/jcj_ kcjcgh/202007/t20200715_ 472808. html.

者按各自所在宿舍楼栋报名并在微信小程序小打卡中加入所在宿舍楼栋圈子参与活动。活动形式多种多样，如清洁宿舍、整理书桌床铺、旧衣服回收等。参与者们根据负责人每天在小打卡中发布的打卡主题进行相应的活动，然后拍照上传至相应的圈子进行打卡。当活动巧遇端午节时，学校免费发粽子的活动占领了小打卡的动态圈。在此佳节，虽不能与家人欢度，但学校为学生们送来了温暖。

打卡中，各位参与人员表现积极，准时完成每日任务，上传的图片符合打卡规则且质量较高；管理员每日准时进行提醒工作，发布签到二维码，统计每日打卡情况并进行简单的点评；对于参与人员提出的问题和意见，管理者都会记录并及时进行回复和改正。

截至2020年12月“青马团校”学员总计服务12000余人，帮助全校同学完成打卡次数约164000次。在校园里，在“青马工程”骨干志愿者的带领下，每天以30名同学为一组，集中清理一片校园绿化带区域。除了宿舍志愿服务小打卡活动，云南财经大学还举办“光盘行动从我做起——21天节俭志愿服务小打卡”活动，旨在帮助同学们养成珍惜粮食的好习惯，让节约成为一种校园餐饮新风尚。该活动依托QQ程序“小打卡”平台，以晒出餐前和餐后照片的方式进行线上打卡。活动开始前，工作人员在线上建立QQ群以便解决同学们在活动中遇到的问题，并在QQ小程序上创建打卡圈子，为这次活动的顺利开展做好充分的准备。此次活动受到了同学们的热烈欢迎，很多同学积极响应，踊跃参与。

云南财经大学通过开展“志愿服务小打卡”活动，充分调动了同学们爱劳动、讲卫生的积极性，让同学们深刻了解到“讲天边不如做身边”“粒粒皆辛苦”这样朴素的道理，也为美丽校园建设贡献了积极的力量。

经验启示

云南财经大学贯彻《意见》《纲要》精神，通过开展“志愿服务小打卡”的形式，让学生参与到劳动教育当中，“发挥主体作用”，注重学生的体会和感受，带领学生体验劳动的不易与获得的幸福。具有以下经验和启示：

劳动教育生活化，讲天边不如做身边。《中共云南省委、云南省人民政府关于全面加强新时代大中小学劳动教育的实施意见》中指出：“开展校内劳动，组织学生参加校园环境卫生、绿化美化、食堂劳作、班务整理、公物维修、厕所清洁、勤工俭学等劳动。"① 以往的大多数劳动教育或志愿服务活动更多是在学校的公共区域进行。"讲天边不如做身边——21 天宿舍志愿服务小打卡"活动和"光盘行动从我做起——21 天节俭志愿服务小打卡"活动将教育活动下沉至学生宿舍和学生食堂这些与同学们生活息息相关的场所，让同学们通过自己的劳动来美化自己的居住环境、改善自己的生活习惯，从而让劳动教育常态化、日常化，融入学生的日常生活。

劳动教育常态化，让劳动成为校园新风尚。《中共云南省委、云南省人民政府关于全面加强新时代大中小学劳动教育的实施意见》中指出学生要养成较好的劳动习惯和精神品质，能够主动积极、细心负责、持之以恒地参与劳动过程，形成宝贵的劳动品质，珍视劳动成果，拒绝浪费行为。面对劳动教育难以养成习惯的问题，云南财经大学借助 21 天劳动志愿服务打卡的形式加以督促落实，各个学院设计出丰富有趣的打卡内容，学校有专人监督打卡成果，形成完整的打卡监督和评价体系，充分调动了学生"爱劳动、讲卫生"的积极性，让劳动成为学生的生活习惯，使学生做到内化于心，外化于行。

劳动教育信息化，借力"互联网+"时代。《纲要》指出，要从劳动教育的目标和内容出发，整合多样化的评价方式，优化评价体系，鼓励运用多种形式的新时代信息技术，开展劳动教育过程监测与纪实评价，发挥评价的育人导向和反馈改进功能。② 云南财经大学采用"互联网+打卡"的形式，利用微信和 QQ 小程序让同学们能及时上传当日的打卡成果，同时，负责人也能有效地对每日打卡成果进行监督和审查，大大提高了劳动教育的效率和质量。

案例二：上海交通大学以第二课堂实践活动营造热爱劳动软环境

上海交通大学坚持德智体美劳全面发展的育人目标导向，将加强劳动

① 中共云南省委、云南省人民政府．关于全面加强新时代大中小学劳动教育的实施意见［EB/OL］．［2020-11-13］．www. yn. gov. cn/zwgk/zfgb/2020/2020d23q/swszflfwj/202101/t20210113_ 215597. html.

② 中华人民共和国教育部．大中小学劳动教育指导纲要（试行）［EB/OL］．［2020-07-07］．http：//www. moe. gov. cn/srcsite/A26/jcj_ kcjcgh/202007/t20200715_ 472808. html.

教育写入学校党代会报告和“十四五”规划中。出台《全面加强劳动教育工作实施方案》，坚持育人为本、突出价值引导、体现时代特征、强化综合实施，着力构建热爱劳动的软环境。

上海交通大学设立班级劳动委员，加强宿舍卫生管理，在班团组织中推广劳动公约、学期劳动任务清单，组织劳育量化记录等。依托学校融媒体中心，利用学校官方微博、官方微信以及校园电子屏等大力宣传劳动文化。将每年5月设为学校劳动月，集中开展劳动教育第二课堂实践活动。注重劳动文化氛围营造和劳动情怀涵养，邀请时代楷模、劳动模范、一线普通劳动者开设常态化专业讲座、先进事迹报告会，结合植树节、五一国际劳动节等，举办弘扬劳动精神的校园文化活动，打造“劳动光荣、创造伟大”的校园文化。

在学术活动方面，组织劳动教育主题学术研讨会，加强劳动教育相关研究。打造全链条新农科劳动教育系列“金课”。作为“金课”试点，130余名上海交通大学2020级本科生在闵行校区农业与生物学院教学实践基地认领自己的“责任田”，拿起锄头躬身耕地，让劳动教育在田间地头开花结果，积极营造崇尚劳动、尊重劳动、热爱劳动的浓厚氛围。

在文体活动方面，上海交通大学每年举办近2000场群众体育文化活动，其中包含90余项运动，以奥运会为契机弘扬中华体育精神和学校体育传统，打造“菁萃·艺术课堂”等文博育人品牌。该课程脱离传统课堂形象，成为一门“有意思”的艺术课。在中国共产党建党100周年之际，也是建校125周年之时，上海交通大学排演交大版《长征组歌》，这不仅是学校对建党百年的献礼，也是结合自身实际，以艺术实践的形式将红色党史、校史融入劳动教育的有益探索。

经验启示

上海交通大学贯彻《意见》和《纲要》的要求，既落实《意见》中着重宣扬各类典型人物及其优秀事迹，坚持“劳动光荣、创造伟大”这一理念，又落实《纲要》中的要求，制定劳动公约、每日劳动常规、学期劳动任务单的要求，举办多样化的主题活动，形成劳动光荣、创造伟大的氛围和环境。其具有以下三点经验和启示：

加强校园制度文化建设，保障劳动教育推进。校园制度文化建设是校园文化的重要保障。《中共上海市委、上海市人民政府关于全面加强新时代大中小学劳动教育的实施意见》指出，要“繁荣校园劳动文化”①。学校要结合学雷锋纪念日、植树节、劳动节、志愿者日等重要节假日开展劳动主题教育，根据实际设立校园劳动周、劳动日，允许高校设立劳动月以满足相应的要求。上海交通大学在校园制度文化建设上多措并举，结合植树节、五一国际劳动节等，举办弘扬劳动精神的校园文化活动；将每年5月设为学校劳动月，集中开展劳动教育第二课堂实践活动；出台《全面加强劳动教育工作实施方案》，坚持育人为本、突出价值引导、体现时代特征、强化综合实践。

加强校园精神文化建设，树立劳动教育理念。校园文化的关键在于精神文化。《中共上海市委、上海市人民政府关于全面加强新时代大中小学劳动教育的实施意见》指出：“树立正确的劳动观念，理解和形成马克思主义劳动观，正确认识劳动创造价值、创造美好生活的道理，深刻认识并牢固树立劳动最光荣、劳动最崇高、劳动最伟大、劳动最美丽的观念。”② 上海交通大学打造全链条新农科劳动教育系列“金课”，让劳动教育扎根于田间地头，让学生拿起锄头躬身耕地，切身感悟劳动的辛苦，从而营造崇尚劳动、尊重劳动、热爱劳动的校园氛围。在“菁萃·艺术课堂”上，交大学子感受文化育人的独特魅力，品悟异彩纷呈的文学艺术。交大版《长征组歌》将红色党史、校史融入劳动教育，在新时代赋予校园精神文化以崭新的内涵。

加强校园行为文化建设，打造劳动教育平台。校园行为文化是校园文化的现实反映。《纲要》指出要重视学生在劳动中的具体行为，重视从行为中发觉学生的思想观念发展进度。③《中共上海市委、上海市人民政府关于全面加强新时代大中小学劳动教育的实施意见》同时指出，大中小学要科学设计校内劳动项目，制定劳动公约、每日劳动常规任务单及学期劳动任

① 中共上海市委、上海市人民政府．关于全面加强新时代大中小学劳动教育的实施意见［EB/OL］．［2020－08－27］．https：//www. shanghai. gov. cn/nw12344/20200906/0001－12344_65562. html.

② 中共上海市委、上海市人民政府．关于全面加强新时代大中小学劳动教育的实施意见［EB/OL］．［2020－08－27］．https：//www. shanghai. gov. cn/nw12344/20200906/0001－12344_65562. html.

③ 中华人民共和国教育部．大中小学劳动教育指导纲要（试行）［EB/OL］．［2020-07-07］．http：//www. moe. gov. cn/srcsite/A26/jcj_ kcjcgh/202007/t20200715_ 472808. html.

务单，明确每周校内劳动实践时间。[①] 一个人的行为最能反映一个人的思想文化。上海交通大学加强校园行为文化建设，在学风建设中，通过系统的劳动实践活动，引导学生养成良好的劳动习惯。例如设立班级劳动委员，加强宿舍卫生管理，在班团组织中推广劳动公约、学期劳动任务清单，组织劳育量化记录等。在教风建设中，邀请时代楷模、劳动模范、一线普通劳动者参加常态化专业讲座、先进事迹报告会，让同学们近距离感受精益求精、专注、创新、敬业的工匠精神和劳模精神，并以此为驱动力促进自我的进步与发展。

上海交通大学抓好校园制度、精神、行为文化建设，营造热爱劳动的软环境，不断促进劳动教育的细化与实施，不断更新校园文化的新时代含义，推进校园文化与时代共同的发展与创新。

案例三：华中师范大学开展“难舍桂子山”校园志愿劳动

“难舍桂子山”2021 届毕业生校园志愿劳动活动在南湖校区举行。来自各学院以及第 23 届研究生支教团共 80 名志愿者参与本次劳动实践活动。本次“难舍桂子山”2021 届毕业生校园志愿劳动活动是 2021 年毕业季主题劳育活动。5 月下旬，学校团委及校青年志愿者联合会向 2021 届全体毕业生发出倡议，号召广大毕业生以爱护校园环境为己任，在离校前发扬志愿者精神，绿化、美化、净化校园环境，为成就桂子山绿色和谐、文明进步的明天贡献自己的力量。活动内容一经发布，就得到学校毕业生们的积极响应。

活动初始，志愿者们领取草帽、手套等工具，分为八个小组，在园林科师傅带队指挥下，进入相应区域进行除草工作。在炽热的骄阳下，志愿者们深入草坪，不畏辛苦、不惧虫咬，将杂草从草坪、树丛中清除。虽然头上是炎炎烈日，志愿者们的衣服也都被汗水浸透，但经过一个多小时的努力，一次次的弯腰起身，志愿者们将南湖校区综合楼附近的杂草基本清除干净。各组在结束活动后，都纷纷在“难舍桂子山”的展板下合影留念。

① 中共上海市委、上海市人民政府．关于全面加强新时代大中小学劳动教育的实施意见［EB/OL］．［2020－08－27］．https：//www. shanghai. gov. cn/nw12344/20200906/0001－12344_65562. html.

化学学院毕业生史计策在参与本次活动后表示："作为一名毕业生，能够参与到本次校园志愿劳动中来，感觉非常光荣。通过劳动实践活动的形式，我们为美化校园环境贡献了自己的一份力量。我在劳动的过程中真切地感受到了劳动最光荣的内涵，通过在志愿服务中奉献自己，我们正在用实际行动表达对桂子山的不舍。"

教育学院毕业生蔡亚男表示："毕业之际，通过这样一次校园志愿劳动，我们不仅能够绿化、美化、净化校园环境，而且能够在实践中进一步树立正确的劳动观念，激发劳动热情，促进良好劳动习惯的形成。劳动过程中，工人师傅向我们传授了如何辨认杂草和植被幼苗的知识，大家还互相分享了以前在乡间田野劳动的趣事。希望毕业之后我们还能再次回到南湖畔、桂子山，感受华师的绿树成荫、鸟语花香。"

在本次劳动实践活动中，志愿者们不惧高温与烈日，通过自己辛勤的劳动，美化了校园环境，发扬了"奉献、友爱、互助、进步"的志愿者精神，体现了华师学子"忠诚博雅、朴实刚毅"的精神面貌，为建设和谐美丽、绿色文明的桂子山贡献了一份力量，也为自己的大学回忆留下了浓墨重彩的一笔。

经验启示

华东师范大学贯彻《意见》与《纲要》的要求，落实《纲要》中学校的主体责任，举办劳动主题活动，创造"劳动光荣、创造伟大"的氛围与环境。其具有以下三点经验和启示：

劳动教育融入毕业季主题，贯穿学生成长各方面。《纲要》指出要将劳动观念和劳动精神教育贯穿人才培养全过程。① 华东师范大学把"难舍桂子山"毕业生校园志愿劳动活动融入毕业季主题劳育活动，号召广大毕业生以爱护校园环境为己任，绿化、美化、净化校园环境，发扬志愿者精神，为成就桂子山绿色和谐、文明进步的明天贡献自己的力量。这是学校送给毕业生的一份"万古长青"的礼物，让毕业生带着志愿者精神和劳动精神步入社会，同时也是毕业生对母校的心意表达。

劳动知识融入劳动主题活动，让知识"用"起来。知识分为实践知识

① 中华人民共和国教育部．大中小学劳动教育指导纲要（试行）［EB/OL］．［2020-07-07］．http：//www.moe.gov.cn/srcsite/A26/jcj_ kcjcgh/202007/t20200715_ 472808.html.

和理论知识。理论知识的学习主要以课堂传授和书本学习为主，但“纸上得来终觉浅，绝知此事要躬行”①，劳动知识的习得还少不了实践知识。《纲要》指出，普及与学生职业发展密切相关的通用劳动科学知识，并经历必要的实践体验。华东师范大学将实践知识的学习融入“难舍桂子山”劳动主题活动，在活动中工人师傅向同学们传授如何辨认杂草和植被幼苗等农林知识，在桂子山给志愿者们上了一堂“劳动实践课”。同学们也立马能将师傅所授运用到处理杂草等实践问题中，提高动手能力，美化了校园环境。

劳动教育融入校园环境，从环境美化到文化美化。《纲要》指出，物质与精神财富都是通过劳动而产生的，劳动是人类专属的基本社会实践活动。② 华东师范大学精确把握劳动内涵，开展“难舍桂子山”劳动主题活动，把劳动教育融入校园环境，不仅美化了桂子山的环境，还创造了“劳动光荣、创造伟大”的氛围环境，实现了从环境美化到文化美化的递进。

案例四：南京大学开展“小蓝鲸劳动月”系列活动

南京大学根据《南京大学关于深入推进新时代劳动教育工作的意见》（南字发〔2021〕71号）精神，结合南京大学“劳育课程-实践活动-文化品牌”三模块互动融合劳动教育体系建设要求，着力打造南京大学劳动教育文化品牌，在2021年5月组织本科生开展南京大学“小蓝鲸劳动月”系列活动，鼓励学生积极主动参与劳动实践，强调发展学生的劳动能力，增强学生尊重劳动、热爱劳动、崇尚劳动的意识。具体活动如下：

（一）开设“劳模大讲堂”

为了更广泛地弘扬各类劳动精神，更好地发挥劳模榜样、示范、引领作用，学校本科生院组织“劳模大讲堂”，邀请校内外劳模代表来校做先进事迹报告，通过学生与劳模面对面、零距离交流，让学生倾听劳模故事，感悟劳动最光荣、最崇高、最伟大、最美丽的理念，激励广大学生力争成

① 陈祖美，高利华．中华经典好诗词　陆游集　唐宋卷［M］．郑州：河南文艺出版社，2018：165.

② 中华人民共和国教育部．大中小学劳动教育指导纲要（试行）［EB/OL］．［2020-07-07］．http：//www. moe. gov. cn/srcsite/A26/jcj_ kcjcgh/202007/t20200715_ 472808. html.

为“以劳动托起中国梦”的社会主义建设者和接班人与“热爱劳动、勤于劳动、善于劳动的高素质劳动者”。

（二）组织劳动技能培训

为培养学生的劳动技能，提升学生的劳动素养，南京大学后勤服务集团组织美食烹饪、铺床、擦玻璃、垃圾分类督导等专项劳动技能培训，院系组织学生积极参与培训，使学生能够掌握并完善适应生存法则所必需的基本技能，养成较好的劳动习惯，促进学生会劳动、善劳动、爱劳动。

（三）开展学生集体劳动实践

南京大学鼓励各院系积极创设具有本院系特色的劳动教育实践活动，引导所有学生积极参与本次“小蓝鲸劳动月”各项活动。各院系在5月份至少组织一次学生集体劳动实践活动，集中开展校园卫生大扫除、宿舍内务整理等校内劳动实践，或组织学生赴校外行业企业从事与本学科专业相关的专业服务志愿劳动，或组织学生赴校外开展送温暖服务劳动，帮扶困难工人、贫困农民、孤寡老人等弱势群体，让学生在劳动实践过程中了解国情民情，在劳动实践中锻炼劳动技能和专业实践能力，厚植家国情怀。

此外，为树立劳动典型，表彰劳动先进，倡扬劳模精神、实干精神和奉献精神，南京大学对参与学生广、实践举措优、劳动成果多、社会影响好的院系和活动中涌现出的学生劳动积极分子予以表彰。为扩大活动的影响力，南京大学要求各院系结合自身的劳动教育实践活动情况，报送一篇本院系“小蓝鲸劳动月”新闻稿加以宣传。

经验启示

南京大学贯彻《意见》与《纲要》的要求，开展“小蓝鲸劳动月”各项活动，既落实《纲要》中结合讲座、宣传栏、媒体等多种形式向学生介绍优秀人物的先进事迹，尤其是发生在身边的故事，使教师与学生在校内进一步接触劳动榜样的要求，又达成将劳动教育与学生的生活日常、校园日常和社会日常整体有机融合的目的，积累劳动经验，提升劳动技能，加深价值观念理解。其具有以下三点经验和启示：

开设“劳模大讲堂”，“以人育人，以人化人”。“以人育人”中第一个“人”指的是劳动榜样人物，第二个“人”则是指被教育者。传统的劳动教育课堂以书本劳动理论传授作为主要途径，存在教育不深刻、理论化等问题。《纲要》指出，要开展劳动榜样进校园的相应活动让学生能够向优秀人物进行学习，举行比赛以呈现劳动技能的掌握和成果的形成，结合讲座、宣传栏、媒体等多种形式向学生介绍优秀人物的先进事迹，尤其是发生在身边的故事，让老师和学生在校园内就能够与劳动模范进一步沟通交流、了解他们的事迹、学习他们的高超技能、体会他们所具备的劳动精神，鼓舞师生都能够争做新时代的奋斗者。① 南京大学谨遵《纲要》指示，邀请校内外劳模代表来校做先进事迹报告，通过学生与劳模面对面、零距离交流，让学生倾听劳模故事，在无形中受到劳动榜样人物的感染和鼓励，为成为"以劳动托起中国梦"的社会主义建设者和接班人与"热爱劳动、勤于劳动、善于劳动的高素质劳动者"奠定基础。

从活动中挖掘劳动模范、弘扬劳动精神，增加活动"附加值"。开展劳动教育活动的意义不仅仅在于学习众多专业技能，更重要的是树立先进劳动模范，传递优秀劳动精神。《中共江苏省委、江苏省人民政府关于全面加强新时代大中小学劳动教育的实施意见》指示，利用多种途径开展劳动教育，使其全方位育人价值得以淋漓尽致的体现。组织实施好劳动周或劳动月。② 南京大学在"小蓝鲸劳动月"活动结束后，为树立劳动典型，倡扬劳模精神、实干精神和奉献精神，对参与学生广、实践举措优、劳动成果多、社会影响好的院系和活动中涌现出的学生劳动积极分子予以表彰。南京大学巧妙地借助劳动月活动深入学生，挖掘出其中的劳动积极分子和劳动榜样加以表彰，这不仅是对他们行为的赞赏和鼓励，还通过实际行动向其他学生传递劳动最光荣、最崇高、最伟大、最美丽的理念。为扩大"小蓝鲸劳动月"活动的影响力，同时也是为了进一步挖掘活动当中的劳动精神，南京大学组织各院系结合自身的劳动教育实践活动情况，报送"小蓝鲸劳动月"新闻稿加以宣传。《纲要》指出，要想在校园文化建设中进一步增强劳动文化，要结合讲座、宣传栏、媒体等多种形式。③ 南京大学通过报送新

---

① 中华人民共和国教育部．大中小学劳动教育指导纲要（试行）［EB/OL］．［2020-07-07］．http：//www.moe.gov.cn/srcsite/A26/jcj_kcjcgh/202007/t20200715_472808.html.

② 中共江苏省委、江苏省人民政府．关于全面加强新时代大中小学劳动教育的实施意见［EB/OL］．［2021-02-07］．http：//jyj.suzhou.gov.cn/szjyj/ljzcwj/202210/f605d17556c04d47aa1baa748e43d677.shtml

③ 中华人民共和国教育部．大中小学劳动教育指导纲要（试行）［EB/OL］．［2020-07-07］．http：//www.moe.gov.cn/srcsite/A26/jcj_kcjcgh/202007/t20200715_472808.html.

闻稿这类劳动教育活动的“衍生物”，深入各院系活动挖掘其中宝贵的劳动精神，塑造“劳动光荣、创造伟大”的校园文化。

重视家国情怀在劳动教育与校园文化建设中的占比。家国情怀是一个国家和民族生生不息、发展壮大的力量源泉。南京大学在开展送温暖服务劳动时，引导学生帮扶困难工人、贫困农民、孤寡老人等弱势群体，让学生在劳动实践过程中了解国情民情，厚植家国情怀。只有将家国情怀注入劳动教育，涵养校园文化，才能让学生形成爱国顾家的良好品格，培养新时代社会主义建设者和接班人。

案例五：浙江师范大学开展“五个一”劳动教育主题活动

在“五一国际劳动节”到来之际，为弘扬劳动精神、展示青年风貌，浙江师范大学马克思主义学院“新时代中国大学生劳动教育研究”项目组因地制宜，开展了“五个一”劳动教育主题活动，通过组织一次军休所志愿服务、参与一次食堂帮工、进行一次校园除草、参加一次图书馆书籍整理、发起一次劳动倡议，让学生们亲历劳动过程，体会劳动创造美好生活，自觉践行勤俭、奋斗、创新、奉献的时代劳动精神。

4 月 29 日，项目组成员前往金华市军休老干部公寓探望烈士遗属，与老人们进行了亲切的交谈，为他们送上了浓浓的祝福与温暖。团队成员来到 87 岁高龄，党龄 66 年之久的一位老人家中，与她进行了深入交流。通过了解，平日里老人喜爱读书看报，尤其喜欢读党史类书籍。老人的丈夫是一位已故军人，每每提起，老人的脸上满是骄傲和自豪。回首往事，老人热情地讲述了自己的工作经历，“不忘初心”是她自始至终践行的准则。

为了维护整洁、卫生的校园环境，在保洁阿姨的带领下，项目组成员投身活动。在大家有条不紊地配合下，绿化带、大花坛里的杂草被清理得一干二净。在此过程中，成员们体会到了劳动的艰辛和乐趣，充分发扬了“敢于吃苦、乐于奉献”的劳动精神。

项目组成员前往图文信息中心，协助图书管理员进行书籍整理志愿服务。了解完基本工作要求后，志愿者们通过编号对书籍进行归类，将其摆放在对应的书架上，实现了化“凌”为整。此次活动为前来借阅书籍的学子带来了便利，减轻了图书管理人员的工作负担，增强了志愿者的奉献意识和责任意识。最后，项目组成员发起劳动倡议，倡导同学们借助劳动实现立德树人、启智增慧、强身健体的目标。

经验启示

浙江师范大学贯彻《意见》《纲要》要求，开展“五个一”劳动教育主题活动，组织一次军休所志愿服务、参与一次食堂帮工、进行一次校园除草、参加一次图书馆书籍整理、发起一次劳动倡议，让学生们亲历劳动过程，落实《纲要》在校园文化建设中加强劳动文化建设的要求，着力创造“劳动光荣，创造伟大”的氛围环境。①

以榜样文化为引领，感悟榜样力量。“以身教者从，以言教者讼。”《纲要》指出，要结合讲座、宣传栏、媒体等多种形式向学生介绍优秀人物的先进事迹。② 浙江师范大学马克思主义学院“新时代中国大学生劳动教育研究”项目组前往金华市军休老干部公寓探望烈士遗属，聆听老人的谆谆教诲，感悟榜样力量，传承红色基因，坚定理想信念。

以活动文化为引领，参与劳动活动。活动作为劳动教育的载体之一，具有可接受性、实践性较强等优势。《浙江省大中小学劳动教育实施指南》指出，要巩固良好日常生活劳动习惯，自觉做好个人卫生和寝室环境卫生，独立处理个人生活事务，积极参与社团活动、义工、志愿者服务等，参加学务助理、教务助理、实验室管理、图书管理、校园环境维护等勤工俭学活动，提高劳动自立自强能力。③《意见》指出，学校要发挥在劳动教育中的主导作用。④ 浙江师范大学马克思主义学院项目组成员积极参与食堂帮工、校园除草、图书馆书籍整理等活动，以活动文化为引领，让学生亲身参与到劳动实践中来，在实际劳动中感受劳动的辛苦，在分享成果中感受劳动的快乐。

---

① 中华人民共和国教育部．大中小学劳动教育指导纲要（试行）［EB/OL］．［2020-07-07］．http：//www.moe.gov.cn/srcsite/A26/jcj_kcjcgh/202007/t20200715_472808.html.

② 中华人民共和国教育部．大中小学劳动教育指导纲要（试行）［EB/OL］．［2020-07-07］．http：//www.moe.gov.cn/srcsite/A26/jcj_kcjcgh/202007/t20200715_472808.html.

③ 浙江省教育厅．浙江省大中小学劳动教育实施指南［EB/OL］．［2022-01-19］．www.yw.gov.cn/art/2022/2/15/art_1229424928_1772854.html.

④ 中共中央国务院关于全面加强新时代大中小学劳动教育的意见［N］．人民日报，2020-03-27（001）．

以环境文化为引领，共创美好环境。校园环境文化作为一种潜移默化的无声教育，在学生成长中起着重要作用。项目组成员发起劳动倡议，在全校范围内倡导同学们以劳动实现立德树人、启智增慧、强身健体、审美观的形成以及创造，致力营造“劳动光荣，创造伟大”的氛围与环境。

多方联动、多措并举、多点发力，打出劳动教育“组合拳”。浙江师范大学开展的“五个一”劳动教育主题活动，组织军休所志愿服务、食堂帮工、校园除草、图书馆书籍整理、劳动倡议，让学生亲历劳动过程，指引学生形成正确观念，崇敬、尊重劳动，自觉践行勤俭、奋斗、创新、奉献的新时代劳动精神，联动家庭、学校、社会多方领域，涵盖榜样文化、活动文化、环境文化多类举措，打出劳动教育“组合拳”，让劳动教育更加深入人心。

案例六：山西农业大学打造“耕读讲堂”劳动实践活动

2021 年 7 月 6 日，山西农业大学举办“耕读讲堂”系列专题教学活动，山西省乡村振兴局党组书记、局长张玉宏以“从脱贫攻坚到乡村振兴”为题开讲，回顾脱贫攻坚的辉煌历程和伟大成就，介绍中国特色山西特点的减贫之路，宣讲全面推进乡村振兴的重大意义。

山西农大“耕读讲堂”系列专题教学活动，旨在深入推进党史、新中国史、改革开放史、社会主义发展史的学习教育进课堂，培养知农爱农的新型人才。2021 学年的“耕读讲堂”要求聚焦我国脱贫攻坚战中出现的典范，宣讲在我国走向共同富裕新征程中展现的国家担当。

张玉宏在耕读讲堂用一幅幅鲜活的画面，一个个生动的事例，一组组翔实的数据，带领师生在回顾脱贫攻坚伟大壮举的过程中，真切感受脱贫攻坚全面胜利的伟大成就，教育学生学好知识，练好本领，积极投身全面乡村振兴的新征程，为美丽乡村建设贡献才智。

打造劳模讲堂、耕读讲堂等活动品牌，不断丰富劳动教育的形式和内容。新时代开展耕读教育，生产劳作与教书育人相结合，是培养大学生农业使命感和农业情怀的重要途径。学校作为学生文化教育的重要场所，积极探索尝试各种形式的耕读实践模式，引导学生懂农业、爱农村、爱农民；学校进一步突出人才培养过程与“三农”的实际联系，举办“耕读讲堂”

专题教学，讲述新时代的“耕读故事”，引导学生走近农民、走进农村、走向农业；学校注重发挥中华优秀传统文化的育人功能，建设“耕读经典”育人体系，开展“耕读传家”“耕读中国”等主题活动，让“耕读经典”深入学生内心，营造浓厚的耕读氛围，培养学生的道德品行，丰富校园的文化底蕴。山西农业大学传承百年崇学事农精神，坚持立德树人根本任务，充分挖掘教学资源，开展耕读实践、举办耕读讲堂、弘扬耕读文化，走出了一条劳动教育的特色之路。

经验启示

山西农业大学贯彻了《意见》和《纲要》的内容及要求，既从学校实际出发，充分挖掘利用教学资源，开展耕读实践，又创建劳模讲堂等活动品牌，于耕读中弘扬劳动文化和优秀传统文化，于耕读中进行劳动教育。其具有如下经验启示：

打造特色劳动文化品牌，结合中华优秀传统文化，丰富劳动教育内涵。《山西省关于全面加强新时代大中小学劳动教育的若干措施》中指出：“开展以劳动创造幸福为主题的宣传教育活动，创办好劳动文化讲堂等劳动文化品牌。”① 同时还指出要“开展‘劳动榜样进校园’活动，结合办学传统和学生特点，开展劳动教育讲座、劳动技能和成果展示、劳动竞赛等活动，让师生在聆听劳模故事、观摩劳动技艺、参与劳动实践、体会劳动收获中培育劳动精神”②。打造本学校的特色劳动文化品牌不仅丰富了劳动教育的内容及形式，接了地气，使学校文化和劳动教育结合在一起，而且也在一定程度上宣扬了劳动文化，加深了其对于学生们的影响。宣讲劳模故事使师生们在耳濡目染中向劳模学习，自觉树立劳动精神，养成热爱劳动的美好品质。山西农业大学致力于打造耕读讲堂、劳模讲堂等活动品牌，坚持将农业生产与文化教育相结合，与此同时，山西农业大学还建设“耕读经典”育人体系，让学生在诵读经典的时候了解我国优秀的传统农业文化，

① 中共山西省委．山西省关于全面加强新时代大中小学劳动教育的若干措施［EB/OL］．［2022－03－04］．http：//www.shanxi.gov.cn/zfxxgk/zfxxgkzl/fdzdgknr/lzyj/swygwj/202203/t20220304_5988530.shtml.

② 中共山西省委．山西省关于全面加强新时代大中小学劳动教育的若干措施［EB/OL］．［2022－03－04］．http：//www.shanxi.gov.cn/zfxxgk/zfxxgkzl/fdzdgknr/lzyj/swygwj/202203/t20220304_5988530.shtml.

营造浓厚的耕读氛围。学生在接受劳动教育的同时，还汲取了中华优秀传统文化的养分。山西农业大学的“耕读讲堂”系列专题教学活动适应时代特点，2021 学年聚焦于脱贫攻坚战中出现的典范，让师生们在聆听劳模故事的同时，感受新时代祖国的脉动，在潜移默化中树立劳动意识，培养劳动精神。

创新劳动教育实践形式，从实际出发，满足学生多样化需求。《山西省关于全面加强新时代大中小学劳动教育的若干措施》中指出：“高等学校要定期组织学生深入转型综改示范区、大型企业、社区和乡村振兴一线等开展社会实践研学和调研活动，激发学生劳动的内在需求和动力，厚植爱党爱国爱民情怀。”① 学校在有机融合劳动教育与校园文化的过程中，要注意针对不同学生的特点，开展相对应的劳动实践，使劳动教育的效益最大化。山西农业大学在开展劳动教育时，结合当地实际，积极探索开展不同形式的耕读实践模式，引导学生懂农业、爱农村、爱农民，与本学校百年崇学事农的精神文化相契合，具有浓厚地方特色，有力推动了劳动教育的实施，提质增效。

融入时代元素，凸显时代特征，推动劳动教育与校园文化结合效益最大化。《山西省关于全面加强新时代大中小学劳动教育的若干措施》中指出：“注重挖掘在抗疫救灾、乡村振兴、转型发展等重大战略、重要事件中显现出的典型人物及其优秀事迹，鼓舞更多人创作出赞扬普通劳动者的主题优异作品，形成整个社会关注和赞同劳动教育的良好环境，培养一代又一代热爱劳动、勤于劳动、善于劳动的高素质劳动者。”② 高校在将劳动教育与自身校园文化相结合时，还要结合当下时政热点、时事政策等，凸显新时代的特征，使学生们在接受劳动教育的同时也能感受国家发展，增强民族自豪感及自信心。山西农业大学在开展“耕读讲堂”活动时，注重挖掘时代元素，使学生们能够真切感悟到新时代国家脱贫攻坚战的全面胜利的伟大成就。除此之外，学校还进一步突出人才培养过程与“三农”实际

① 中共山西省委．山西省关于全面加强新时代大中小学劳动教育的若干措施［EB/OL］．［2022－03－04］．http：//www. shanxi. gov. cn/zfxxgk/zfxxgkzl/fdzdgknr/lzyj/swygwj/202203/t20220304_5988530. shtml.

② 中共山西省委．山西省关于全面加强新时代大中小学劳动教育的若干措施［EB/OL］．［2022－03－04］．http：//www. shanxi. gov. cn/zfxxgk/zfxxgkzl/fdzdgknr/lzyj/swygwj/202203/t20220304_5988530. shtml.

的联系，引导学生走进农村、走向农业、走近农民，这对于培养新时代下战略型劳动人才无疑是有重大意义的！

案例七：北京交通大学以“三个强化”拓展劳动教育实施途径

北京交通大学深入学习贯彻党中央、国务院关于全面加强新时代大中小学劳动教育的重要决策部署，探索将后勤系统纳入学校劳动教育体系，发挥后勤系统体量大、岗位多、贴近师生生活等优势，让学生参与各种类型的体力劳动，在自己的实践中提高劳动技能，从而帮助其树立自觉的劳动意识和美好的劳动品行。

强化育人职能，打造劳动教育特色阵地。结合深化“三全育人”综合改革，将后勤部门职能由服务保障为主，转变为服务、保障、育人并重，发挥后勤劳动育人职能，将劳动教育作为考核后勤工作的重要内容。聘用后勤部门中经验丰富的专业技术人员担任兼职教师，采取“1+N”（1位后勤骨干教师+N位后勤技工）组队上课模式，将后勤人力资源纳入劳动教育师资库。设立教改资金支持在后勤设置“营养与美食制作”“植物与生活实践”等劳动教育课程，并纳入选修课程，将“劳动与生活实践”纳入必修课程，日常劳动项目对接“第二课堂”德育与全面发展培养认定系统，将公益劳动项目纳入志愿服务考评体系。

强化组织实施，构建劳动教育实践平台。梳理后勤系统劳动教育资源，划分生活性劳动、生产性劳动和服务性劳动三个类别，分类设置劳动教育目标和实施路径。生活性劳动按照全覆盖、长期性的目标，着眼学生日常生活小事，开展“五星级文明宿舍评比”“垃圾分类示范宿舍培育”等活动，设立学生安全巡查员、学生卫生检查员等岗位，提升学生处理个人生活事务的能力；开辟“劳动花园”“食育空间”等劳动教育场所，组织学生参与草地养护、铲冰除雪、食堂帮厨等活动，提升学生日常劳动技能。生产性劳动针对专业实践需求，由后勤部门与学院对接，建立“教学研用”一体化机制，在校内开设土木工程、生物工程、环境资源、建筑艺术、电气自动化、企业管理等专业的实习基地或实践场所，在绿色学校、智慧校园、园林景观、物流管理等多个领域为学生提供实习实践岗位和创新创业项目参与机会。服务性劳动结合疫情防控、垃圾分类等要求，鼓励学生在确保安全基础上积极参与防疫值守、垃圾分类、爱国卫生运动等相关公益活动和志愿服务，着重提高学生的社会责任感，帮助其树立志愿服务精神。2021 年参加三类劳动的学生达 6 万余人次。

强化示范引领，营造劳动教育良好氛围。发挥党支部战斗堡垒作用和党员先锋模范作用，通过"手拉手""红色 1+1"等多种形式，建立后勤职工支部与学生支部共建机制，以高质量党建引领后勤服务高质量发展。加强后勤职工职业道德和育人意识培训，强化作为"不上讲台的老师"的劳动意识、劳动观念，通过"楼妈日志""饮食座谈会"等形式加强与学生的沟通，提升实施劳动教育的自觉性，在服务过程中传递"劳动最光荣"的观念。注重弘扬工匠精神，吸引学生参与后勤创新项目评选、技能比武、"最美后勤人"评选等活动，引导学生体会劳动创造价值、劳动创造幸福的内涵，培养劳动意识和劳动精神。

经验启示

本案例内容契合《纲要》与《意见》的相关要求，一方面深入贯彻《纲要》中关于劳动教育主要内容的要求，从日常生活性劳动、生产性劳动和服务性劳动三方面入手打造劳动教育实践平台，全面加强新时代大学生的劳动教育；另一方面深入了解《意见》中的内容，注重充分利用现有设施，拓展劳动教育实践场所，加强组织实施，使学生真切体会到劳动成效。其具有如下经验启示：

优化劳动教育相关课程建设，深入结合校园文化特色，为劳动教育提质增效。《意见》指出要对学校课程整体进行完善与优化，并将劳动教育纳入不同阶段的课程方案和人才培养方案，从而进一步呈现出综合的、实践的、开放的、针对性的劳动教育课程体系。北京交通大学从本校后勤实际出发，设立教改资金支持在后勤设置劳动教育相关课程，将其与后勤特色文化相结合，充分挖掘学校后勤相关劳育资源，使后勤部门职能由服务保障为主，转变为服务、保障、育人并重，充分发挥后勤劳动育人职能，使学生在感受学校后勤特色文化的同时，树立起正确的劳动价值观。

因地制宜，在融入校园文化基础上开展劳动教育实践活动，全面推进劳动教育。《意见》指出，要以各地区、学校的实际情况为基础，依据当地的各方面有利条件，不断发掘一切可利用的资源。① 北京交通大学立足学校实际，充分挖掘利用校内相关劳育资源，在其基础上开展多样化的劳动活动，激发学生参与劳动的积极性，推动劳动教育落到实处。《意见》指出，劳动教育重点是在系统的文化知识学习之外，有目的、有计划地组织学生参加日常生活、生产劳动和服务性劳动，让学生动手实践、出力流汗、接受锻炼、磨炼意志，培养学生正确劳动价值观和良好劳动品质。② 北京交通大学根据学生们的日常学习和生活将劳动教育内容划分为生产性劳动、生活性劳动和服务性劳动三个类别，在符合校内外实际的前提下分类设置劳动教育目标和实施路径，既保证了学生们对于劳动活动的参与率，也有利于全面提升学生们的劳动能力。

树立典型人物，加强劳动教育宣传，营造劳动伟大的校园文化氛围。《纲要》指出要“围绕劳动的精神追求，树立典型，激发劳动热情”③。北京交通大学根据本校劳动教育开展状况以及校内后勤文化设立后勤创新项目评选、技能比武、“最美后勤人”评选等活动，注重发挥劳动先锋示范效应，指导激励学生参与劳动，树立劳动光荣的理念。除此之外，北京交通大学还根据本校特色文化开展“楼妈日志”“饮食座谈会”“手拉手”等活动，无形中营造出劳动伟大、热爱劳动的活动氛围，强化学生们的劳动自觉性，意义非凡！

案例八：江南大学打造“后勤学校”体验活动

校园里的保安、宿管阿姨、绿化工人、食堂里颠勺的大叔……这些人从事的工作或许与教学科研并没有直接关系，但他们却可能是深藏不露的“扫地僧”。江南大学早就锁定了这群人，经过酝酿与准备，江南大学后勤

① 中共中央国务院关于全面加强新时代大中小学劳动教育的意见［N］. 人民日报，2020-03-27（001）.

② 中共中央国务院关于全面加强新时代大中小学劳动教育的意见［N］. 人民日报，2020-03-27（001）.

③ 中华人民共和国教育部. 大中小学劳动教育指导纲要（试行）［EB/OL］.［2020-07-07］. http：//www. moe. gov. cn/srcsite/A26/jcj_ kcjcgh/202007/t20200715_ 472808. html.

学校日前成立并发布了秋季学期的课程。"我们学校后勤自我加压，整合后勤育人资源，发挥后勤工作的独特资源优势和公益属性，教授师生各项生活技能，培养他们健康的世界观、价值观和人生观，让他们懂生活、爱生活。"后勤学校揭牌当天副校长田备说。

加强劳动体验，提升劳动能力。以新生为主体，组织学生参与"后勤学校"开设的厨艺课堂、生活课堂、咖啡课堂、园艺课堂等活动，增强学生劳动技能。以"专业引导+实习管理"为实习教学模式，采用引企入校、校企联动共建实习基地等方式，建设劳动与创新实习基地，开展实践实习，培育大学生的工匠精神。加强双创体验，提升创新能力。以创新创业课程为基础，以中高年级本科生、研究生为重点，建设"专业基础-创新竞赛-创业成果"的创新创业教育模式，开发特色创新创业教育活动，培育大学生的创新精神。加强志愿服务，提升劳动品质。以"在服务中学习，在学习中服务"为理念，结合专业特点，覆盖全体学生，开发"金点子"科普行动等志愿服务项目，加强本科生、研究生在环保、支教、助农等方面的服务培训，培养大学生乐于奉献的精神。

正是在试点中获得的成功并且了解到学生群体的学习需求，学校后勤保障系统基于自身优势，在围绕学生、关照学生、服务学生中探索后勤服务育人以及提升员工综合素养的新路径，后勤学校在此基础上成立。学校副校长田备表示，后勤保障工作是学校教育不可缺少的组成部分。后勤学校成立是学校后勤系统落实学校党委提出的"后勤无空地，处处皆育人"、后勤服务是"没有讲台的课堂"的育人要求的创新举措，今后还需要不断探索后勤育人的江南模式，充分调动一切育人因素，形成后勤全员、全程、全方位的育人体系。

经验启示

本案例内容契合《纲要》与《意见》的要求，既贯彻了《纲要》中将劳动教育与学生的校园生活结合起来，结合本校后勤特色打造后勤学校进而开展劳动教育，让学生懂生活、爱生活，又吸收了《意见》中学校在劳动教育中占据主导作用的相关要求，着重于挖掘本校的后勤部门中蕴含的劳育资源。其具有如下经验与启示：

结合校园特色文化开展劳动教育，提升劳育实际育人效果。《中共江苏省委江苏省人民政府关于全面加强新时代大中小学劳动教育的实施意见》

中提道："进一步完善学校建设标准，逐步建好配齐劳动实践实训基地。"[①]江南大学后勤学校发挥后勤工作的独特资源优势和公益属性，基于自身优势和新时代关于劳动教育的新要求，完善自身建设，将劳动教育与后勤特色紧密结合，打造校内劳动实践基地，组织新生体验感受具有学校特色的劳动教育，丰富劳动体验，增强其劳动意识。《纲要》中指出要将劳动教育与学生的校园日常、生活日常和社会日常有效结合，以此来增强体验，提升能力，促进价值认识与领悟。[②] 学校要想使劳动教育更接地气，就必须将劳动教育与自身的校园特色文化结合起来，这样才更加贴近学生们的日常生活，使学生们想劳动、会劳动、爱劳动，进而深化其对劳动价值的理解。江南大学开展"后勤学校"活动，深入融合其校园文化，组织新生们参与各种各样富有后勤特色的劳动实践课堂，使新生们在熟悉校园的过程中，认识到劳动的乐趣，自觉树立劳动意识及劳动观念。

校企合作，推动劳动教育与校园学术文化相结合，提高劳动教育活动附加值。《意见》中指出：高校要以创新创业为出发点，结合社会实践、勤工助学等多样化途径，注重知识、技术、方法的运用，能够创新地发现并解决具体问题，让学生进一步提高意识，丰富经验，提升能力。[③] 一个学校要想做好新时代的劳动教育，只靠自身是远远不够的，还要学会充分利用校外资源，如此才能更好地开展劳动实践，更充分地发挥劳动教育的育人职能。江南大学采用引企入校、校企联动共建实习基地等方式，加强劳育活动与学术特色的结合，培育创新创业教育模式，让学生们在接受劳动实践的同时，增强创新创业意识，一定程度上提升了学生的创新能力，可谓是一举多得。

在劳育中加强志愿服务，更好发挥劳育育人职能。《中共江苏省委江苏省人民政府关于全面加强新时代大中小学劳动教育的实施意见》中提道："围绕树立正确的择业就业创业观，以实习实训、专业服务、义务劳动、公

---

① 中共江苏省委，江苏省人民政府．关于全面加强新时代大中小学劳动教育的实施意见［EB/OL］．［2020-07-07］. http：//www. moe. gov. cn/srcsite/A26/jcj_ kcjcgh/202007/t20200715_ 472808. html.

② 中华人民共和国教育部．大中小学劳动教育指导纲要（试行）［EB/OL］．［2020-07-07］. http：//www. moe. gov. cn/srcsite/A26/jcj_ kcjcgh/202007/t20200715_ 472808. html.

③ 中共中央国务院关于全面加强新时代大中小学劳动教育的意见［N］．人民日报，2020-03-27（001）.

益志愿活动、社会实践、勤工助学为主要内容。"[①] 江南大学加强志愿服务，结合各专业特点和校内各方面实际，推动劳动教育志愿活动面向全体同学，让学生们在开展志愿服务劳动的同时，感受劳动的艰辛与伟大，不仅培养其乐于奉献的精神，而且增强其劳动意识及观念，有力推动劳动教育的实行。

① 中共江苏省委，江苏省人民政府. 关于全面加强新时代大中小学劳动教育的实施意见 [EB/OL]. [2020-07-07]. http://www.moe.gov.cn/srcsite/A26/jcj_kcjcgh/202007/t20200715_472808.html.

四、新时代高校劳动教育管理体制机制建设篇

没有规矩，不成方圆。劳动教育的有序开展需要科学合理的管理体制机制的规约和安排，即从管理机制、评价体系入手，对劳动教育的开展进行整体规划，才能使高校劳动教育落地见效。但在具体实践中，劳动教育面临着实践基地缺“量”又缺“质”、课程活动单一、专业师资缺乏等问题。《纲要》明确指出：“学校是劳动教育的实施主体，应根据国家相关规定，结合当地和本校实际情况，对劳动教育进行整体设计、系统规划，形成劳动教育总体实施方案。”① 自《纲要》实施以来，各校作为劳动教育的实践主体，着力于顶层设计，结合《意见》《纲要》以及各个省份的配套政策，形成了富有特色的劳动教育管理体制机制，即通过加强基地建设、师资队伍建设、管理体制建设、考核与评价体系建设，健全经费投入机制，对劳动教育的开展进行有效监测与管理，打通管理体制机制方面的难点与堵点，护航高校劳动教育有序开展与实施。

劳动教育基地有着丰富的资源优势。《纲要》与《意见》均明确提出构建劳动教育基地的重要性。《纲要》明确了地方教育行政部门主体责任，“充分利用好现有场所，如职业院校和普通高等学校劳动实践场地、校外综合实践活动场所等，建立健全开放共享的体制机制。”②《意见》则要求在劳动教育中，社会需充分做好支持引导工作，“有关企业公司、工厂农场等组

① 中华人民共和国教育部．大中小学劳动教育指导纲要（试行）［EB/OL］．［2020-07-07］. http：//www. moe. gov. cn/srcsite/A26/jcj_ kcjcgh/202007/t20200715_ 472808. html.

② 中华人民共和国教育部．大中小学劳动教育指导纲要（试行）［EB/OL］．［2020-07-07］. http：//www. moe. gov. cn/srcsite/A26/jcj_ kcjcgh/202007/t20200715_ 472808. html.

织，需在各级政府的带领和协调下，积极承担社会责任，开放劳动实践场所，从而让学生能够参与其中，亲身经历劳动过程。”①《纲要》与《意见》相辅相成，从“学校-社会”双端共同为建设劳动教育基地助力。本篇章从“加强劳动教育基地建设”着手，从五个典型案例入手，汇集如合肥工业大学建立“劳动+”实践基地、东南大学“耕读园”、上海交通大学“劳动大课堂”等劳动教育基地建设实践案例，涵盖校内-校外全面劳动教育场所和基地建设的典范。

师资队伍建设为劳动教育提供智力支持。人才培养与师资队伍建设息息相关，只有建立健全强大的劳动教育师资队伍，才能承担育人使命，让学生在劳动教育中有更多获得感。劳动教育师资队伍建设有利于劳动教育教师队伍的稳定性、可持续性，避免出现师资不足的问题，从而导致劳动教育停滞不前。要实施好劳动教育，关键在师资。《纲要》明确了劳动课教师的聘用制度，“明确教师管理，完善绩效考核，落实惩戒措施，让劳动课教师与其他领域教师享有同等教师待遇。”②《纲要》也明确了有关劳动教育师资队伍建设的人才培养问题，“高等学校要加强相关师资培养力度，增强师生劳动意识和观念，积极开设劳动课程和专业，从而提高学生的劳动积极性。”③《意见》同时提出了健全有关劳动课教师的绩效考核机制和评价体系。劳动教育的师资队伍建设需要“教师聘用制度——教师专业培训——教师评价体系”④ 的不断创新与完善，本篇章中“加强师资队伍建设”部分中的典型案例，如江苏大学专兼职“劳动教育”队伍、南京工业职业技术大学“双导师制”等，是加强劳动教育师资的一种有益尝试。

健全经费投入机制为劳动教育提供可持续的经费保障。《纲要》提出以“中央补助资金+自有财力”为手段，多渠道融资，促进完善校内校外劳动教育场地健全的经费投入机制，同时要求学校建立劳动教育器材、耗材补充机制，并将社会力量融入劳动教育的服务中，通过“政府财政+社会资金

① 中共中央国务院关于全面加强新时代大中小学劳动教育的意见［N］. 人民日报，2020-03-27（001）.

② 中华人民共和国教育部. 大中小学劳动教育指导纲要（试行）［EB/OL］.［2020-07-07］. http://www.moe.gov.cn/srcsite/A26/jcj_kcjcgh/202007/t20200715_472808.html.

③ 中华人民共和国教育部. 大中小学劳动教育指导纲要（试行）［EB/OL］.［2020-07-07］. http://www.moe.gov.cn/srcsite/A26/jcj_kcjcgh/202007/t20200715_472808.html.

④ 中共中央国务院关于全面加强新时代大中小学劳动教育的意见［N］. 人民日报，2020-03-27（001）.

双重力量”支撑劳动教育。本篇章中“健全经费投入机制”部分，从典型案例入手，涉及经费设置问题、劳动教育耗材采购等做法，通过多种形式筹措资金的方式提供经济助力。

管理体制机制建设为劳动教育的有序开展指明方向。《纲要》明确指出：“在场所设施选择、材料选用、工具设备和防护用品使用、活动流程等方面制定安全、科学操作规范，强化劳动过程每个岗位的管理，明确各方责任，防患于未然。制定劳动实践活动风险防控预案，完善应急与事故处理机制。”① 本篇章中关于加强管理体制建设部分，从研究中心建设（工作室、劳动教育联盟）、劳动教育领导小组方案与分工、劳动教育学生手册编写等问题入手，把准劳动教育的育人规律与方向。

考核与评价体系建设推动劳动教育行稳致远。《纲要》明确指出将劳动素养纳入学生综合素质评价体系，并且以数字化为抓手，“鼓励、支持和引导各地积极采用互联网、物联网等科技手段，开展劳动教育过程监测与纪实评价，发挥评价的育人导向和反馈改进功能。”② 各地政策也普遍重视“过程性评价”与“结果性评价”相结合，但评价的侧重点各有不同，如《浙江省大中小学劳动教育实施指南》以劳动观念、劳动能力、劳动思维、劳动品质为指标进行评价，而贵州省《关于全面加强新时代大中小学劳动教育的实施方案》则以劳动实践次数、劳动实践态度、实际操作、劳动实践成果等作为参评的数据指标。本篇章中“健全考核与评价体系建设”部分，从典型案例入手，涉及学生劳动教育评价信息化建设、档案建设、评价体系构建等问题，助力读者对于劳动教育考核与评价体系建设进行思考。

上述五方面内容互联互通、相辅相成，都是劳动教育管理体制机制建设的重要组成部分。劳动教育的开展需要场所，因而劳动教育基地建设不可或缺，而劳动教育基地的“软实力”则在于打造优质劳动教育师资队伍，健全经费投入机制为“师资培训”“基地建设”兜底保障，考核与评价体系建设则是检验劳动教育开展成果的科学指标，管理体制建设贯穿全局，统筹规划，五个方面相互支持、相互依赖。

---

① 中华人民共和国教育部．大中小学劳动教育指导纲要（试行）［EB/OL］．［2020-07-07］. http：//www. moe. gov. cn/srcsite/A26/jcj_ kcjcgh/202007/t20200715_ 472808. html.

② 中华人民共和国教育部．大中小学劳动教育指导纲要（试行）［EB/OL］．［2020-07-07］. http：//www. moe. gov. cn/srcsite/A26/jcj_ kcjcgh/202007/t20200715_ 472808. html.

案例一：中国劳动关系学院依托“劳模辅导员”进行劳动教育管理

中国劳动关系学院加强校企合作，打造品牌化劳动教育实践基地，形成具有品牌效应、网络体系的“劳动教育实践平台矩阵”。深化产教融合人才培养模式改革，推动校企合作共建专业、共编教材，结合一体化课程及联合搭建实践平台，推行企业实地任务培养方式。设置实践劳动课程，注重实践教学，积极动员师生深入企业各地参与实地调研，建立社会实践学分制，健全实践育人效果评价体系。

在打造劳动教育实践基地的基础之上，学校党委还创新性地提出通过劳动模范协同育人机制，制度化聘任劳模本科班学员担任大学生兼职辅导员。并后续印发《劳模兼职辅导员聘任管理办法》，先后聘请了九位劳模兼职辅导员。劳模兼职辅导员在完成好自身学业的同时，积极投入学生思想政治教育工作中，持续优化细化工作方式方法，注重工作成效，不断营造尊敬劳动者、崇尚劳动精神的校园风尚。在与学生深入交流的过程中，充分发挥劳动模范的榜样力量，用劳模精神感染和引领青年大学生，为劳动教育管理体制机制建设注入“劳模力量”。

经验启示

本案例内容契合《意见》与《纲要》的相关要求，深入推动劳动教育实践阵地内外并举，既贯彻《纲要》的要求，强调学生们的身心参与，注重学生们的亲身实践以及育人效果，又把握《意见》的要求，依托“劳模辅导员”进行劳动教育管理，发挥学校和“劳模辅导员”在劳动教育中的正面作用，使得劳动教育深入每一位学生生活中的方方面面，推动劳动教育活动的有效展开。整体而言，其具有如下经验与启示：

校企联动，深入打造劳动教育实践阵地。《纲要》中指出：“要联合社会力量，共建共享稳定的劳动实践基地、校外实习实训基地、各类型创新创业孵化平台，多渠道拓展劳动实践场所。”① 中国劳动关系学院为更好地

① 中华人民共和国教育部．大中小学劳动教育指导纲要（试行）［EB/OL］．［2020-07-07］．http：//www.moe.gov.cn/srcsite/A26/jcj_kcjcgh/202007/t20200715_472808.html.

打造劳动实践基地，加强本校和企业之间的联系，凝聚社会各界力量，形成品牌化、网格化的劳动教育实践平台矩阵，为深入开展学生们的劳动教育提供了阵地上的准备。

强调亲身参与，将劳动教育落到“实处”。《意见》中提道：“符合学生年龄特点，以体力劳动为主，注意手脑并用、安全适度，强化实践体验，让学生亲历劳动过程，提升育人实效性。”① 中国劳动关系学院与社会企业共建实践平台，使学生面向企业，提高劳动教育中实践的比重，推动产教融合，让学生们深化劳动体验，促进其对劳动实践的重视，强化劳动教育的育人效果。《纲要》中指出：“高等学校也可安排劳动月，集中落实各学年劳动周要求。”② 中国劳动关系学院为更好开展劳动教育，专门设置“实践与劳动”小学期，增加师生们校外劳动实践活动参与的比重，组织师生们到各类企业及工会中进行社会调查与劳动实践，着重培育其劳动精神。《意见》中指出：“将劳动素养纳入学生综合素质评价体系，制定评价标准。”③ 中国劳动关系学院将社会实践纳入学分考核，同时也健全育人效果评价体系，可见其对劳动教育作用的重视。

选聘劳模兼职辅导员，推动劳动教育深入人心。中国劳动关系学院拥有一支推进思想政治工作的独特队伍——劳动模范，学生可以近距离接触劳动模范，在潜移默化中感受劳模精神。“劳模辅导员”不仅与大学生一起进行劳动实践，还一起组织主题班会，在潜移默化中开展了劳动教育与思想政治教育。以劳模身上的劳模精神推动劳动教育，中国劳动关系学院选聘劳模兼职辅导员，探索出了除辅导员依托日常事务管理开展劳动教育的其他途径，拓展了辅导员的职能范围，创新劳动教育与思政教育结合的新方式，拓展劳动教育与思政教育结合的渠道，大力弘扬劳模精神，激励引导广大青年学子崇尚先进、学习先进、争当先进，在潜移默化中感受劳模精神。《纲要》明确指出：“职业院校劳动教育的开展要求为增强职业认同感和劳动自豪感，提升创意物化能力，培育工匠精神和爱岗敬业的劳动态

---

① 中共中央国务院关于全面加强新时代大中小学劳动教育的意见［N］. 人民日报，2020-03-27（001）.

② 中华人民共和国教育部. 大中小学劳动教育指导纲要（试行）［EB/OL］.［2020-07-07］. http：//www. moe. gov. cn/srcsite/A26/jcj_ kcjcgh/202007/t20200715_ 472808. html.

③ 中共中央国务院关于全面加强新时代大中小学劳动教育的意见［N］. 人民日报，2020-03-27（001）.

度，坚信‘三百六十行，行行出状元’，体认劳动不分贵贱，任何职业都很光荣，都能出彩。”①

案例二：合肥工业大学多措并举优化劳动教育评价

充分整合校内外资源，推进劳动实践基地建设，拓宽劳动平台空间，积极搭建校内平台。围绕学科专业特点和学生成长需要，充分利用校内学科资源和环境条件，设置园林种植、陶艺工坊等“专业技能+”劳动基地，提供艺术长廊、学生社区等“美育文化+”劳动场地。目前，合肥工业大学已建立校内劳动基地、勤工助学基地24个，开拓园林种植劳动区超2.6万平方米，提供日常性公益劳动、勤工助学岗位2000余个，有效满足学生在校内开展劳动教育实践的需求。深入挖掘校外资源，与乡村、农场合作共建，设立服务“乡村振兴+”的“田间课堂”；与城市管理、园林绿化等单位共建，建立助力“市政服务+”的“街巷课堂”；与企业、工厂联合，结合专业背景在生产一线设立“工业制造+”的“车间课堂”，让劳动教育更加贴近实践。自启动校外劳动教育实践基地建设工作以来，与各级政府、企业及社区等单位共建各类校外劳动教育实践基地50余个，实现“院院有场所，人人有实践”。

除了推进实践基地建设外，还融合德智体美劳多元领域，灵活运用劳动成果，制订《学生劳动教育实践环节实施方案》《学生生产劳动体验实施方案》等，细化劳动教育培养目标、项目内容和评价标准，强化劳动过程指导与考核评价，依据学生劳动教育实践成果，结合劳动中学生的品行修养、技能培育、体质锻炼、审美提升等方面，进行“五育融合”劳动教育实践综合评价。建立常态化的文明宿舍，提升生活劳动评价；根据劳动实效填写《劳动教育实践报告》，对生产劳动和公益劳动作出客观评价；将劳动教育实践纳入“第二课堂成绩单”必修模块，包含思想政治学习、科技创新、体育健身、劳动教育实践4项必修模块和创业活动、公益服务、社会

① 中华人民共和国教育部．大中小学劳动教育指导纲要（试行）［EB/OL］．［2020-07-07］．http：//www.moe.gov.cn/srcsite/A26/jcj_kcjcgh/202007/t20200715_472808.html.

实践、文艺活动、社团活动、技能项目6项选修模块，纳入学生综合素质测评、推优入党、评奖评优、研究生推免等重要评价指标，不断激发学生自发参与、自主实践、自我提升的内生动力。

经验启示

本案例内容契合《意见》与《纲要》的相关要求，从实际出发，将劳动教育纳入人才培养过程，将劳动教育评价体系分为“生活实践”与“生产实践”两部分，充分整合利用校内外资源，根据学生所学专业不同等具体情况开展一系列类型多样的劳动教育实践活动，最大限度上满足了学生们的实践需求，深化其劳动体验。《纲要》提出“将日常生活劳动教育贯穿大中小学始终”①，合肥工业大学利用资源打造实践基地，创建常态化考核评价机制，将劳动教育贯穿于校园生活的每一个环节，做到了劳动教育全时段覆盖。其具有如下经验与启示：

全面拓宽校内外劳动实践场所，组织开展类型多样的劳动实践活动。《安徽省教育厅关于印发安徽省普通本科高等学校劳动教育实施细则（试行）的通知》中指出：“充分利用校内外资源，建立多种类型的校内外劳动教育场所和实践基地。”“根据学生个体差异，因材施教，注重个性化劳动教学。”② 合肥工业大学充分整合利用校内外资源，和企业、乡村、政府以及社区等加强合作，建设类型多样的劳动教育实践基地，又开展多样的劳动活动，譬如园林种植、城市管理、工业生产等，大大提高了劳动教育在本校的普及度，推动了劳动教育的顺利实施和开展，使学生们通过接触各种各样的劳动增强对劳动的理解，帮助学生树立正确的劳动价值观，对于全面提高学生们的劳动能力、培育其劳动精神都具有重大意义。

将时代元素和日常实践融入劳动教育，凸显其实际育人效果。《安徽省教育厅关于印发安徽省普通本科高等学校劳动教育实施细则（试行）的通知》中指出，“实施‘三起来一出去’教育教学改革，将劳动教育与学生的个人生活、校园生活和社会生活有机结合起来，丰富劳动体验，提高劳动能力，深化对劳动价值的理解”“将劳动教育纳入人才培养全过程，加强劳

---

① 中华人民共和国教育部．大中小学劳动教育指导纲要（试行）［EB/OL］．［2020-07-07］．http：//www.moe.gov.cn/srcsite/A26/jcj_ kcjcgh/202007/t20200715_ 472808.html.

② 安徽省教育厅．关于印发安徽省普通本科高等学校劳动教育实施细则（试行）［EB/OL］．［2020-01-04］．https：//www.bengbu.gov.cn/public/22571/49625571.html.

动教育与思想政治教育、专业教育、创新创业教育、职业生涯与就业指导、社会实践与志愿服务、校园文化建设等人才培养环节的有机结合，深化产教融合，丰富、拓展劳动教育实施途径，改进劳动教育方式”。[①] 合肥工业大学在建立劳动教育实践基地时，注重将其与学生们日常的学习生活紧密结合在一起，为学生们提供日常的志愿服务劳动，不仅拉近了劳动教育与学生们之间的距离，同时在与校外企业、政府、乡村等单位合作时，又将乡村振兴等时政热点融入进去，使学生们感受到时代的脉动、祖国的发展，使劳动教育更加贴近实际，推动了劳动教育的开展，强化了其对学生们价值观的熏陶。

实施“第二课堂成绩单”等特色化举措，保障劳动素养监测有效开展。《纲要》明确提出，学段结束时，要依据学段目标和内容，结合综合素质档案分析，兼顾必修课学习和课外劳动实践，对学生的劳动情况进行综合评价。[②] 在生活评价方面，合肥工业大学既注重每周一次的常态化寝室检查，又将“优秀寝室”“标兵寝室”等纳入第二成绩单的评价体系中；在生产实践方面，既注重调研报告的完成度，又关注到了劳动成长、劳动成效方面的内容，做到了公平与效率的统一。

案例三：东南大学打造“三位一体”劳动实践育人模式

东南大学认真贯彻落实全国教育大会精神，将劳动教育纳入人才培养全过程，扎实开展与劳动教育相融合的实践课程与活动，打造师生喜爱、形式多样的劳动教育平台，着力引领学生树立正确劳动意识，养成良好劳动习惯，提高劳动实践技能。

以专业实践为依托，提升学生专业劳动技能。充分发挥学科专业优势，坚持将专业教育、知识学习和技能实践相融通，搭建科学完善的教学实践平台。依托工业培训基地，打造“小小工业 DIY”工业劳动实践课，要求

---

① 安徽省教育厅．关于印发安徽省普通本科高等学校劳动教育实施细则（试行）[EB/OL]．[2020-01-04]．https：//www.bengbu.gov.cn/public/22571/49625571.html.

② 中华人民共和国教育部．大中小学劳动教育指导纲要（试行）[EB/OL]．[2020-07-07]．http：//www.moe.gov.cn/srcsite/A26/jcj_ kcjcgh/202007/t20200715_ 472808.html.

参加劳动实践课的同学至少制作一件工艺作品，并组织开展系列主题工艺作品展。依托专业教育，开展课外专业劳动实践，形成多学科交叉融合的专业劳动实践课堂。持续开展乡村空间要素与社会经济发展认知、城乡历史环境认知、实地踏勘测绘调研、“医路有你”等专业实践，着力拓宽师生视野、提高动手能力。同时，汇聚整合社会各界资源，组织学生开展“星火大仓”等乡村劳动实践，实地踏勘测绘形成专业图纸，采访烈士后人形成口述历史，积极传承弘扬革命先烈红色基因。

以志愿服务为载体，强化学生公益劳动意识。积极构建志愿服务育人体系，探索构建集专业特色和志愿服务为一体的公益劳动教育模式。持续实施志愿服务实践学堂计划，集中组织培训，开展理论教学、调研讨论、实践观摩、课题研究、项目大赛等活动；组织学堂学员参加全国各级志愿服务交流会、志愿服务项目大赛等活动，强化公益劳动意识，提高志愿服务劳动能力。目前，学堂注册志愿者覆盖师生 3 万余人，组织师生参与各类公益劳动活动 100 余场，每人平均公益劳动时长达 30 小时。依托学校特色公益服务项目和志愿服务类学生组织，拓展志愿服务基地，建立思政教育型、行业企业型、扶贫攻坚型、基层社区型、公共场所型、地方政府型、海外实践型七大类基地共 200 余个。组织 700 个团队赴全国 30 个省市开展公益劳动，如“小小建筑师”和“成贤微课堂”项目组织志愿者到社区开展社区文化建设、摊点改造等公益劳动，“雁行东大”社团持续开展社区居家老人帮扶志愿劳动，“唐仲英爱心社”长期开展小学家教和暑期支教志愿公益劳动等。

以特色项目为平台，完善学生实践动手常态化教育机制，提高其动手能力，打造一批特色鲜明的劳动实践平台。持续培育“耕读园”劳动实践平台，在学校九龙湖校区开辟一片园地，由党支部、团支部、班级、社团等学生群体自主申请、自主规划、自主种植。遴选 200 个学生团队进驻“耕读园”，形成集花卉、果树、植物等为一体，极具特色的学习生活社区，鼓励和支持学生在园中劳动、收获，享受劳动乐趣，提升劳动技能。坚持发挥党支部示范引领作用，持续推进“校园美化靠大家”领航工程项目，组织师生党支部在全校范围内开展校园保洁绿化劳作，营造“劳动最光荣”的浓厚氛围。完善“文明宿舍”文化项目评比建设，倡导学生参与卫生劳动，养成打扫卫生、爱卫生、讲卫生的良好习惯。依托传统节日，打造节日劳动实践平台，组织师生开展相关节日劳作，寓劳动教育于活动，传承和弘扬中华优秀传统文化，切实增强师生文化自觉和文化自信。

经验启示

东南大学在积极推进劳动教育时，认真贯彻落实《意见》和《纲要》中关于劳动教育基地建设的要求，打造学习生活社区“耕读园”，内外并举，让学生们在日常的学习生活中进行一定的实践劳作，提升了劳动教育的育人效果。其具有如下经验与启示：

助推劳动教育与学科专业相融合，促进劳动实践形式多样化。《中共江苏省委江苏省人民政府关于全面加强新时代大中小学劳动教育的实施意见》中指出：“普通高等学校重点结合学科专业开展劳动活动，要将劳动教育纳入专业人才培养方案。”① 东南大学充分发挥学科专业优势，坚持将专业教育、知识学习和技能实践相融通，搭建科学完善的教学实践平台，依托工业培训基地，打造“小小工业 DIY”工业劳动实践课，知行合一，让学生们在制作工艺品的过程中自主运用所学知识，感受劳动教育带来的乐趣，加强其对劳动教育相关课程的认可度。此外，《中共江苏省委江苏省人民政府关于全面加强新时代大中小学劳动教育的实施意见》中指出：“支持各地结合文化传承、文旅融创、特色小镇、智慧农业、美丽乡村、文明实践等项目载体，以灵活多元的方式开展劳动实践，形成行业特点、地域特色。”② 东南大学在积极开展课外专业劳动实践，持续开展乡村空间要素与社会经济发展认知、城乡历史环境认知、实地踏勘测绘调研、“医路有你”等专业实践以及“星火大仓”等乡村劳动实践的同时，还采访烈士后人形成口述历史，以多个项目为载体开展劳动实践，加强劳动实践形式的多样性，充分发挥地域特色，让学生们深化劳动教育体验，加深劳动教育对其的影响。

促进劳动教育与志愿服务相结合，创新劳动教育模式，推动劳动教育提质增效。《中共江苏省委江苏省人民政府关于全面加强新时代大中小学劳动教育的实施意见》中指出：“围绕树立正确的择业就业创业观，以实习实

① 中共江苏省委，江苏省人民政府．中共江苏省委江苏省人民政府关于全面加强新时代大中小学劳动教育的实施意见［EB/OL］．［2020-07-07］．http：//www. moe. gov. cn/srcsite/A26/jcj_kcjcgh/202007/t20200715_ 472808. html.

② 中共江苏省委，江苏省人民政府．中共江苏省委江苏省人民政府关于全面加强新时代大中小学劳动教育的实施意见［EB/OL］．［2020-07-07］．http：//www. moe. gov. cn/srcsite/A26/jcj_kcjcgh/202007/t20200715_ 472808. html.

训、公益志愿活动、勤工助学等为主要内容，结合‘三下乡’‘青年红色筑梦之旅’、行走课堂育人计划等活动，注重运用新知识、新技术、新工艺和新方法解决实际问题，促进学生积累劳动经验，提升就业创业能力，培育勇担时代重任、永葆初心使命的青年精神。”① 东南大学积极实施志愿服务实践学堂计划，拓展志愿服务基地，组织学生参与相关培训以及多样化的志愿服务活动，以此来帮助学生们丰富职业经历和实践体验，培育劳动精神，提升公益奉献意识，显著提升劳动教育积极效果。

打造特色劳动教育平台，营造劳动教育良好氛围。《中共江苏省委江苏省人民政府关于全面加强新时代大中小学劳动教育的实施意见》中指出："进一步完善学校建设标准，逐步建好配齐劳动实践实训基地。"② 东南大学从自身实际出发，在本校九龙湖校区培育"耕读园"劳动实践平台，让学生于园中在体会劳动乐趣的同时，增强劳动意识及能力。除此之外，东南大学还推出"校园美化靠大家"领航工程项目、"文明宿舍"文化项目评比建设以及节日劳动实践平台，营造劳动光荣、劳动伟大的理想氛围，在潜移默化中提升学生们的劳动自主性及积极性，让学生们树立正确劳动观念，培育劳动精神。

案例四：南京航空航天大学以"航天文化"构建劳动教育实践基地

劳动教育基地的构建需要特色文化的支持和引领，才能凝心聚力，营造劳动教育特色氛围。南京航空航天大学重视实践教育，积极贯彻习近平总书记提出的加强劳动教育的重要指示，推动大学生劳动教育课程实践基地建设，加强创造性劳动教育，提高学生创造能力，弘扬劳动精神。

南京航空航天大学航空学院建设的大学生劳动教育课程实践基地坚持

① 中共江苏省委，江苏省人民政府．中共江苏省委江苏省人民政府关于全面加强新时代大中小学劳动教育的实施意见［EB/OL］．［2020-07-07］．http：//www. moe. gov. cn/srcsite/A26/jcj_kcjcgh/202007/t20200715_ 472808. html.

② 中共江苏省委，江苏省人民政府．中共江苏省委江苏省人民政府关于全面加强新时代大中小学劳动教育的实施意见［EB/OL］．［2020-07-07］．http：//www. moe. gov. cn/srcsite/A26/jcj_kcjcgh/202007/t20200715_ 472808. html.

以航天文化为引领，以劳动精神为抓手。旨在提高航空学院学生创造能力，弘扬劳动精神，努力铸造国之重器，推动教育与劳动相结合，切实提高学生的创造能力和奋斗精神，在实践中锻炼自我。南京航空航天大学大学生劳动教育课程实践基地聘请了包括“强-5”副主管设计师、90多岁仍指导学生的乔新教授在内的11位教师代表作为航空学院大学生劳动实践指导教师。乔老作为指导教师积极参与航空航天馆党员教育实境课堂的建设和学生劳动教育的指导。他站在自己参与设计的强-5攻击机前，面向数百名本科生、研究生以及青年教师开设了党史学习教育专题党课多次，讲述党领导下的新中国航空工业发展史，分享70多年来在自己和同事们航空一线默默奉献、在教学岗位上孜孜不倦的故事。让每一位到访南京航空航天大学航空学院大学生劳动教育课程实践基地的师生们感受劳动中的奋斗精神，懂得只有脚踏实地、真抓实干，才能使国家兴旺发达的深刻道理。

南京航空航天大学航空学院建设大学生劳动教育课程实践基地坚持通过劳动教育实践活动，潜移默化地将航天文化浇灌到每一位航天学子心中。在大学生劳动教育课程实践基地中，同学们领取劳动物资，跟随着指导老师，一起清洁维护了航空航天馆外陈列的“宝贝”，擦拭了直-5、直-6型直升机，歼-8型原型机等机型机身上的灰尘。此次活动将教育与劳动相结合，在学院的引导下，同学们通过加强辛勤劳动、诚实劳动、创造性劳动，切实提高创造能力，弘扬奋斗精神，在实践中锻炼自我，寻求劳动教育和特色培养的结合点，让劳动教育“飞”起来，让劳动教育“实”起来，培养更多具有劳动精神的高层次航空航天人才。

南京航空航天大学长空学院全面贯彻党的教育方针，在将军路校区党工委的大力支持下建立劳动教育实践基地，开启劳动教育新篇章。将军路校区党工委与南京航空航天大学长空学院以劳动节等重要节日为契机，组织师生一同前往将军路校区环砚湖人行步道，现场观看了种植专家的种植演示过程，了解了种植步骤，学习了部分劳动工具的使用方法。各团支部按责任区开展花草种植活动。同学们积极参与，互相配合，在劳动中加强对校园环境的感知，在合作中体会一同拼搏的力量，在汗水中寻找劳动的意义，为校园环境美化贡献了力量。充分发挥劳动育人功能，促进学生全面发展。同时开展了“劳动筑梦想，奋斗向未来”花草种植活动，以团支部为单位组织学生担任疫情防控志愿者，前往图书馆开展志愿服务，从7号楼的日常服务保障，迈向服务校区环境建设，将劳育与立德、增智、强体、育美相融合，让同学们动手实践，牢固树立劳动最光荣的劳动价值观。南京航空航天大学长空学院将不断拓展劳动实践场所，优化劳动教育途径，营造劳动育人的生态，以“更加温暖的教育，更加开放的办学，更加自主地学习”为宗旨，实现育人要素的聚合，助力学生成长为德、智、体、美、劳全面发展的“国之重器”。

经验启示

南京航空航天大学航空学院与长空学院积极贯彻习近平总书记提出的加强劳动教育的重要指示，贯彻落实《意见》《纲要》等文件精神，结合本学院实际情况，以航天文化为引领，以劳动精神为抓手，推动大学生劳动教育课程实践基地建设。南京航空航天大学劳动教育实践基地建设有以下三点经验启示：

打造富有学院特色、专业特色的劳动教育基地。《中共江苏省委江苏省人民政府关于全面加强新时代大中小学劳动教育的实施意见》明确指出：“坚持教育与生产劳动、社会实践相结合，坚持传承弘扬劳动精神、劳模精神、工匠精神，把劳动教育纳入人才培养全过程的总体要求。”① 南京航空航天大学航空学院大学生劳动教育课程实践基地，始终坚持以劳动教育为主线，并将航天精神融入其中，形成富有特色的劳动教育实践基地。通过组织同学一起清洁维护航空航天馆外陈列的“宝贝”：直-5、直-6 型直升机，歼-8 型原型机，轰-5 轰炸机，米格 15 等珍贵机型，在打扫“飞机”的劳动中让劳动教育“飞”起来。通过加强劳动锻炼，切实提升创造能力，弘扬奋斗精神，寻找劳动教育和特色培养的结合点。南京航空航天大学长空学院在将军路校区党工委的大力支持下建立劳动教育实践基地，以植树节、劳动节等重要节日为契机开展劳动教育，将劳育与立德、增智融合起来，让同学们动手实践，树立劳动最光荣的价值观。

打造师资优质、具有榜样模范作用的劳动教育基地。重视实践教育是南京航空航天大学航空学院的优良传统。在基地建成后，航空学院聘请离退休老教师作为大学生劳动实践指导教师，加强了劳动教育实践基地的师

① 中共江苏省委，江苏省人民政府．中共江苏省委江苏省人民政府关于全面加强新时代大中小学劳动教育的实施意见．［EB/OL］．［2020-07-07］. http：//www. moe. gov. cn/srcsite/A26/jcj_kcjcgh/202007/t20200715_ 472808. html.

资力量。其中，94岁的乔老作为南京航空航天大学航空学院退休教师，在劳动教育中激励着航天学子在新时代新的征程中将祖国的航空事业推向前方，不忘航空梦，传承航空人的精神基因，为建设“航空强国”作出新的贡献，形成了极强的模范作用与榜样力量。同时，基地建设的优质师资是对《中共江苏省委江苏省人民政府关于全面加强新时代大中小学劳动教育的实施意见》所指出的建立劳动课教师特聘制度，设置荣誉教师岗、实践导师岗，多渠道配备兼职教师等加强劳动教育师资队伍建设要求的落实。

依托校园环境建设强化学生劳动责任感。南京航空航天大学长空学院坚持立德树人，以“躬行致理，臻善至美”为目标，开展“劳动筑梦想，奋斗向未来”的花草种植活动，以团支部为单位组织学生成为疫情防控志愿者，前往图书馆开展志愿服务，从7号楼的日常服务保障，迈向服务校区环境建设，并经常组织师生开展有利于美化校园环境的劳动教育实践活动。学院切实承担劳动教育的责任，结合学生特点，抓住关键环节，通过建设实践基地与校园环境美化相结合的途径实施劳动教育，将劳育与体育相融合，促进学生树立正确的劳动观念、具有必备的劳动技能，充分发挥劳动教育的综合育人价值。落实《中共江苏省委江苏省人民政府关于全面加强新时代大中小学劳动教育的实施意见》中劳动教育为培养担当民族复兴大任的时代新人、建设“强富美高”新江苏、开启现代化建设新征程提供更有力支撑的总体目标。

案例五：西南大学以“产学研”深度融合打造劳动教育实践基地

西南大学深入学习贯彻习近平总书记关于教育的重要论述，认真落实《意见》《纲要》等文件精神，将劳动教育纳入人才培养全过程，加强校、院两级众创空间和双创实践基地建设，不断拓展劳动实践场域，努力培养全方位、高素质人才，以“产学研”深度融合打造劳动教育实践基地。在整体规划学校劳动教育的基础上尊重学科专业发展规律，分类实施劳动教育，打好“设计牌”，聘请学校劳动教育研究院专家团队设计“基于专业成长的劳动教育指导手册”，组织修订实践类课程实习、实验指导书《新时代劳动教育指导手册》。这是全国高校的第一本劳动教育手册，由“劳动教育行动计划”“劳动教育学生公约”“劳动教育指导教师职责”“劳动教育评价办法”四个部分组成，为新时代高校实施和开展劳动教育提供参考。

西南大学加快推进劳动教育融入人才培养的全过程，通过劳动实践场所的分类建设，全面推进各类专业劳动实践活动的开展，并将专业实习和劳动教育相结合，遴选优质实习基地，与地方政府、科研院所、企事业单位以“产学研”合作发展的新形态、新趋势、新要求推进高水平优质劳动教育实践教学基地建设。西南大学分类拓展“新农科”“新工科”“新文科”等劳动实践基地，满足各类专业多样化的劳动实践需求和专业实习需求，例如，组织劳动教育实践的“渝北农委”实习队和“成都农科院”实习队开展实习，号召同学们大胆走入农业农村发展一线，抓住“乡村振兴和农业农村现代化”的历史机遇，努力成为实现“农业农村现代化”的时代新人。

经验启示

西南大学以“产学研”深度融合的方式打造劳动教育实践基地。《纲要》提出：“各高校就活动流程等方面制定安全、科学操作规范。”① 《意见》也提道：“应根据需要编写劳动实践指导手册，明确各方面劳动教育的要求。”② 西南大学请专业团队设计指导手册，积极贯彻习近平总书记提出的加强劳动教育的重要指示，推动大学生劳动教育课程实践基地建设，加强创造性劳动教育，提高学生创造能力。具有以下三点经验与启示：

建立“学校规划设计，行业企业社会机构负责指导，双方共管”的“产学研”劳动教育实施机制。西南大学贯彻落实教育部印发的《纲要》中“职业院校、普通高等学校要建立学校负责规划设计，行业企业社会机构主要负责业务指导，双方共同管理的劳动教育实施机制”，“多渠道拓展劳动实践场所”③ 的要求。2021 年，西南大学先后与重庆市蚕业科学技术研究院、中国四联仪器仪表集团有限公司、重庆市渝北区农业农村委员会、北

① 中华人民共和国教育部．大中小学劳动教育指导纲要（试行）［EB/OL］．［2020-07-07］．http：//www. moe. gov. cn/srcsite/A26/jcj_ kcjcgh/202007/t20200715_ 472808. html.

② 中共中央国务院关于全面加强新时代大中小学劳动教育的意见［N］．人民日报，2020-03-27（001）．

③ 中华人民共和国教育部．大中小学劳动教育指导纲要（试行）［EB/OL］．［2020-07-07］．http：//www. moe. gov. cn/srcsite/A26/jcj_ kcjcgh/202007/t20200715_ 472808. html.

碚区农业农村委员会、北碚区工商业联合会、北碚区人力资源和社会保障局、成都市农林科学院等协同合作，不断拓展劳动教育实践场所，满足多样化的劳动实践需求和专业实习需求。

注重劳动教育实践基地的安全风险防范与管理。《纲要》指出学校要注重劳动安全教育与管理，根据学生自身情况，确定个性化劳动量，做到因地施教、因材施教。事前排查劳动安全隐患，做好提前清除和预防。规范劳动流程，检查劳动工具，科学操作规范，明确岗位职责，做到防患于未然。① 在实践过程中西南大学与重庆市蚕业科学技术研究院合作建设劳动教育实践基地，详细讨论了学生劳动实践内容、专业实习安排、安全教育等问题，认真对待劳动安全与管理问题，力求对学生生命安全负责。除此之外，西南大学还通过邀请专家制定《新时代劳动教育指导手册》的方式，简明扼要地将政策文件、要求分门别类，对学生迫切关注的劳动教育实践、评价等问题进行阐释，让每一位同学"随时能阅览，随时能解惑"，加深学生对劳动教育相关细则的理解与认同，从而赋能劳动教育的管理。

推动劳动教育实践平台朝着更加专业化的方向发展。西南大学将劳动教育与专业教育相结合，结合课程实践、专业实验、田野调查、实习实训、毕业设计等，开设以提高学生专业技术能力和职业胜任能力为核心的劳动实践活动。西南大学分类建设劳动教育实践场所，切实推进不同学院、不同专业劳动实践活动的开展，并将专业实习和劳动教育相结合，搭建富有学科特色的劳动教育实践平台，努力满足农科、工科、文科等各类专业的劳动实践需求和专业实习需求，分类拓展劳动实践基地。此外，在"新农科"劳动实践基地建设上，学校面向农业产业发展需求和国家战略需求，分类开展乡村振兴建设点、农科教合作基地、脱贫攻坚服务点等劳动实践基地建设，推进劳动教育实践平台朝着更加专业化的方向发展，探索基于专业成长的劳动教育模式。

① 中华人民共和国教育部．大中小学劳动教育指导纲要（试行）［EB/OL］．［2020-07-07］．http：//www. moe. gov. cn/srcsite/A26/jcj_ kcjcgh/202007/t20200715_ 472808. html.

案例六：安徽中医药大学以“社区互联”构筑大学生劳动实践基地

安徽中医药大学把握育人导向、遵循教育规律，结合本省、本校实际情况贯彻落实《中共安徽省委安徽省人民政府关开全面加强新时代大中小学劳动教育的实施意见》及《安徽省普通本科高等学校劳动教育实施细则（试行)》等文件，以“社区互联”构筑大学生劳动实践基地，着力提升学生劳动素质，引导学生树立劳动最光荣的价值观，增进学生同劳动人民的感情。

在大学生劳动基地的选址上，安徽中医药大学将目光放在了社区。安徽中医药大学在合肥新站高新区磨店社区设立了第一个“大学生劳动实践基地”，这是在新时代下学校加强大学生劳动实践的一项创新之举。该基地由合肥新站高新区磨店社区党委与安徽中医药大学团委共建，融合各自优势，如区位、人才、技术等，通过劳动知识宣讲、文化传播等形式，进一步弘扬“全心全意为人民服务”的雷锋精神、“奉献、友爱、互助、进步”的志愿者精神和“勤俭、奋斗、创新、奉献”的劳动精神，增强学生尊重劳动、崇尚劳动、热爱劳动的价值观，是学校深化党史学习教育成果，深入基层、深入实际为群众办实事的体现。同时，该基地的设立有助于提升磨店社区的治理能力，也为社区服务水平的提高提供技术支持和人才力量。

2022 年 6 月，安徽中医药大学团委与长丰团县委共建劳动教育实践基地，双方将在此展开劳动教育活动，为马郢村村民和参观游客进行针灸、拔罐、推拿等义诊，增强人们的健康意识。学校也将鼓励师生等相关人员为当地建设做出贡献，共同守护村民健康。

在这些劳动教育的服务性实践中，安徽中医药大学深入发挥学生专业优势，以志愿服务的形式，让中医知识普及千家万户。为学习雷锋精神，弘扬中医药文化，全面深化实践育人理念，药学院志愿者精心布置了腊叶标本展示区和中药花茶品尝区，受到了当地居民的欢迎。师生志愿者们热情地向社区老人介绍健康养生知识和常见中药材的鉴别方法，向社区的少年儿童介绍科考队野外科考历程、科考成果和科考精神。针灸推拿学院、中西医结合学院、第一临床医学院、第二临床医学院、第三临床医学院等青年志愿服务队利用休息时间来到合肥三里庵街道、磨店社区、三十头社区、廻龙桥社区、团安村社区等地，有针对性地为当地居民送去中医药爱心义诊、养生知识科普等服务，帮助社区居民消除了对部分疾病的疑虑，同时增强了社区居民的健康意识。医药信息工程学院、针灸推拿学院等志愿服务队在磨店社区光明之家开展“义务植树，美化家园”活动，充分帮助青年大学生们理解“践行绿色行动，身边小事先行”的丰富内涵，共植一片绿，共享优环境，绿化家园功在当代、利在千秋，为社区环境美化添砖加瓦。

经验启示

安徽中医药大学认真贯彻落实《中共安徽省委安徽省人民政府关于全面加强新时代大中小学劳动教育的实施意见》《安徽省普通本科高等学校劳动教育实施细则（试行）》等文件，不断提高学生素养，促进学生健康成长、全面发展，树立正确劳动价值观。安徽中医药大学以“社区互联”构筑大学生劳动实践基地，具有以下三点经验启示：

根据学科专业特色开展创新性社会服务劳动，拓展劳动教育实践基地。安徽中医药大学结合本校实际情况贯彻落实《安徽省普通本科高等学校劳动教育实施细则（试行）》所指出的“拓展劳动教育实践基地。充分利用校内外资源，建立多种类型的校内外劳动教育场所和实践基地。依托工业园区、高新企业、科研院所、研学旅行实践基地等，鼓励学生积极参与生产劳动和创新型服务性劳动，或根据学科专业特色开展创新性社会服务劳动”① 的要求。在合肥新站高新区磨店社区“大学生劳动实践基地”中，安徽中医药大学药学院师生热情地向社区老人介绍健康养生知识和常见中药材的鉴别方法；护理学院、中西医结合学院志愿服务队向少荃家园社区群众、安徽农业工程职业技术学院师生、职教城东地铁站工作人员普及心肺复苏、海姆立克等生活中常见的急救方法，采用“理论宣讲+手把手实践技能”教学模式，帮助越来越多的人学以致用，为社区居民的生命安全提供更高质量的保障，助力健康中国建设。在长丰县劳动教育实践基地中，安徽中医药大学师生为村民进行义诊，不断增强群众健康意识。

党团联动，协同构建劳动教育实践基地。以合肥新站高新区磨店社区党委与安徽中医药大学团委共建劳动教育实践基地为例，校地党团联动有

① 安徽省教育厅．关于印发安徽省普通本科高等学校劳动教育实施细则（试行）[EB/OL]．[2022-01-06]．http：//jyt. ah. gov. cn/public/7071/40535813. html.

助于充分发挥各自的区位优势、人才优势和技术优势，同时能够为劳动教育实践活动提供组织保障。而在安徽中医药大学团委与长丰团县委共建的劳动教育实践基地中，双方依托该基地开展常态化劳动教育实践及公益志愿活动，在拓展学校劳动教育基地的同时也为群众提供了了解中医药知识的场所。党团联动、团县联动共建劳动实践基地有效契合了《纲要》中提出的"职业院校、普通高等学校要建立学校负责规划设计，行业企业社会机构主要负责业务指导，双方共同管理的劳动教育实施机制。通过建立劳模工作室、技能大师工作室，设置荣誉教师、实务导师岗位等方式，多渠道引入社会力量参与学校劳动教育，多渠道拓展劳动实践场所"① 的内容。

与雷锋精神、志愿精神培育结合，为劳动教育实践活动赋值。安徽中医药大学将本校青年大学生学雷锋志愿服务与劳动教育相结合，在劳动教育基地开展中医药养生保健服务、生态环境保护等服务性劳动实践，引导青年大学生将知识运用到实际生活中，大力弘扬"全心全意为人民服务"的雷锋精神、"奉献、友爱、互助、进步"的志愿者精神和"勤俭、奋斗、创新、奉献"的劳动精神，增强学生"尊重、崇尚、热爱劳动"的价值理念，有助于普及健康知识，助力群众健康素养的提高。与专业相结合的志愿活动，不仅能够培养学生的志愿精神与劳动精神，也能让学生树立对将来所从事职业的坚定信念，这是雷锋精神与劳动教育相结合而产生的劳动教育附加值，有利于丰富劳动教育的内涵，推动劳动教育活动的开展。

案例七：江苏大学组建专兼职相结合的劳动教育师资队伍

江苏大学充分发挥劳动教育育人功能，弘扬劳动精神，引导学生树立尊重劳动、崇尚劳动、热爱劳动的价值观，就做好新时代劳动教育工作制定《江苏大学关于全面加强新时代劳动教育的实施意见》，并指出："把劳动教育纳入人才培养全过程，与德育、智育、体育、美育相融合，结合生活实际，探索新型模式，创新体制机制，注重教育实效。"②

---

① 中华人民共和国教育部．大中小学劳动教育指导纲要（试行）［EB/OL］．［2020-07-07］．http：//www. moe. gov. cn/srcsite/A26/jcj_ kcjcgh/202007/t20200715_ 472808. html.

② 江苏大学．关于全面加强新时代劳动教育的实施意见［EB/OL］．［2020-12-09］．https：//jdzc. ujs. edu. cn/_ _ local/4/26/EA/738C7A34765C551A3AF88ED7D54 _ 368B373E _ 5349B. pdf.

江苏大学将深化劳动教育研究、加强劳动教育师资队伍建设等作为组织开展新时代劳动教育的主要措施。为贯彻落实《意见》要求，《江苏大学关于全面加强新时代劳动教育的实施意见》中明确提出：“教务处、教师教学发展中心、人事处、机电总厂（江苏省创新创业实践教育中心）负责劳动教育课程、教材、实践教学、教育教学研究、劳动教育师资队伍建设。”① 在劳动教育课程打造方面，江苏大学鼓励教师积极投身劳动教育，设立劳动课程，共享课程资源，开展教学研究；在劳动课题建构方面，江苏大学加大对课题研究的培训和支持力度，积极践行教育创新；在劳动教育成果评价方面，江苏大学积极构建奖惩评价机制，给予优秀成果一定的奖励；同时，在劳动教育教师队伍建设方面，根据学校劳动教育需要，江苏大学建立一支以专业教师、创新创业导师、辅导员为主，校外企业导师、行业专家为辅的专兼职相结合的劳动教育教师队伍，定期对相关教师进行培训，提高教师教育水平，明确劳动课教师管理要求，构建各项绩效考核和评优评奖体制机制。

在江苏大学的“劳动教育与实践”课程（特设项目）中，不乏劳动教育兼职教师的影子，他们有的是食堂、公寓管理人员，有的是保卫处、校园环境维护的负责人。江苏大学开设了诸如“公寓保洁消毒、校园环保、校园绿化维护、校园秩序管理与维护”等特色课程。劳动教育兼职教师开设的劳动教育课程贴近生活，富于实践性，给予了学生们不一样的体验。

《江苏大学关于全面加强新时代劳动教育的实施意见》关于加强师资队伍建设的措施既体现了教育部《纲要》的相关内容，又贯彻落实了《中共江苏省委江苏省人民政府关于全面加强新时代大中小学劳动教育的实施意见》中所指出的“建立满足需求、专兼结合的劳动教育教师队伍和教研员队伍，建立劳动课教师特聘制度，鼓励聘请当地职业院校专业课教师、劳动模范等担任劳动实践指导教师”② 等内容。

① 江苏大学．关于全面加强新时代劳动教育的实施意见［EB/OL］．［2020－12－09］．https：//jdzc. ujs. edu. cn/_ _ local/4/26/EA/738C7A34765C551A3AF88ED7D54 _ 368B373E _ 5349B. pdf.

② 中共江苏省委，江苏省人民政府．中共江苏省委江苏省人民政府关于全面加强新时代大中小学劳动教育的实施意见［EB/OL］．［2021－02－07］．http：//jsnews. j s china. com. cn/swwj/202103/t20210311_ 2744050. shtml.

经验启示

江苏大学深入贯彻落实《意见》《纲要》等文件精神，为做好新时代劳动教育工作制定了《江苏大学关于全面加强新时代劳动教育的实施意见》，积极探索新时代劳动教育模式，创新体制机制，组建专兼职相结合的劳动教育教师团队，有以下三点经验启示：

制定本校加强新时代劳动教育的实施意见，确保劳动教育师资建设做细做实。江苏大学贯彻落实《意见》精神，认真学习教育部《纲要》，并结合本校实际，制定出富有学校特色的《江苏大学关于全面加强新时代劳动教育的实施意见》，旨在使学生形成尊重劳动、崇尚劳动、热爱劳动的价值观，树立劳动光荣理念。《江苏大学关于全面加强新时代劳动教育的实施意见》明确阐述实施劳动教育的四项基本原则、七项主要措施以及三项保障措施，详细叙述了如何加强劳动教育师资力量的问题，表示要鼓励教师投身劳动教育，支持教师开发劳动教育课程资源，开展劳动教育研究，奖励劳动教育教学优秀成果。除此之外，江苏大学完善劳动教师管理要求和绩效考核评价机制，确保劳动教育师资建设做细做实。同时，江苏大学工程训练中心等实践基地都配有专门教师进行指导，使学生能够在实践教学项目中、在本科生综合创新训练中学到真知识，掌握硬本领，使劳动教育达到育人与育技的双重目的。

建立专兼职相结合的劳动教育教师队伍，并通过定期培训提高教师专业化水平。《江苏大学关于全面加强新时代劳动教育的实施意见》指出："建立一支专兼职相结合的劳动教育教师队伍并通过定期培训以提高劳动育人意识和专业化水平。"① 这是对《中共江苏省委江苏省人民政府关于全面加强新时代大中小学劳动教育的实施意见》所提出的"建立劳动课教师特聘制度，鼓励聘请专业劳动实践指导教师，如当地职业院校专业课教师、劳动模范等，设置荣誉教师岗、实践导师岗，多渠道配备兼职教师""提高劳动教育专业化水平。支持高等学校特别是师范院校开展劳动教育教师培养培训活动，将劳动安全教育等纳入培养培训课程，建立20个左右省级劳

① 江苏大学．关于全面加强新时代劳动教育的实施意见［EB/OL］．［2020-12-09］．https：//jdzc. ujs. edu. cn/_ _ local/4/26/EA/738C7A34765C551A3AF88ED7D54 _ 368B373E _ 5349B. pdf.

动教育教师培养培训基地"① 等内容的贯彻落实。

通过教学成果评奖、保障劳动课教师待遇等措施鼓励教师积极投身劳动教育。江苏大学积极保障劳动课教师工资待遇，完善其绩效考核机制，加大对他们的教育和培训力度，畅通其发展前景、上升空间，吸引更多优秀教师投身劳动教育，做好新时代劳动教育工作。这同样是对《中共江苏省委江苏省人民政府关于全面加强新时代大中小学劳动教育的实施意见》中"建立劳动教育教师激励机制""开展劳动教育学科的教师职称评审""保障劳动教育教师专业发展和晋升权利"② 等内容的贯彻与落实。

案例八：南京工业职业技术大学劳动教育实施"双导师制"

南京工业职业技术大学是中国教育史上第一所以"职业"二字冠名的职业教育学校，是首批国家示范性高职院校建设单位、江苏省高水平高职院校和卓越高职院校建设单位，肩负着加快建成具有示范性、引领性的职业本科高校的重要使命。自成为试点以来，南京工业职业技术大学围绕高层次技术技能人才培养，积极探索职业本科教育新路径，取得了明显成效。在加强劳动教育方面，南京工业职业技术大学认真落实全国教育大会和全省教育大会精神，结合生产劳动与社会实践，坚持传承与弘扬劳动精神、劳模精神、工匠精神，增强学生劳动自豪感。

南京工业职业技术大学认真贯彻落实《纲要》中"职业院校、普通高等学校劳动教育中学生生产劳动和服务性劳动可以通过专业实习、实训、创新创业等实践环节完成"③ 的内容，在每学期都会开展的实训课程中，要求专业教师必须融入学生职业素养的培育过程。教师要遵守劳动技能规范，负责实训场所环境的整理与维护等。专业老师指导劳动教育实践，有助于

① 中共江苏省委，江苏省人民政府．中共江苏省委江苏省人民政府关于全面加强新时代大中小学劳动教育的实施意见［EB/OL］．［2021-02-07］．http：//jsnews.j s china.com.cn/swwj/202103/t20210311_ 2744050.shtml.

② 中共江苏省委，江苏省人民政府．中共江苏省委江苏省人民政府关于全面加强新时代大中小学劳动教育的实施意见［EB/OL］．［2021-02-07］．http：//jsnews.j s china.com.cn/swwj/202103/t20210311_ 2744050.shtml.

③ 中华人民共和国教育部．大中小学劳动教育指导纲要（试行）［EB/OL］．［2020-07-07］．http：//www.moe.gov.cn/srcsite/A26/jcj_ kcjcgh/202007/t20200715_ 472808.html.

实现《纲要》对职业院校学段劳动教育“依托实习实训，参与真实的生产劳动和服务性劳动，增强职业认同感和劳动自豪感”① 的要求，由此更快达到提升学生劳动技能、增强学生劳动自豪感的目的。

除了要求专业教师必须融入学生职业素养的培养，指导学生实训课程外，南京工业职业技术大学还规定在顶岗实习期间采用校内指导教师与岗位指导教师的“双导师”制，结合岗位要求，进一步对接职业需要。这是结合专业特点，因地制宜加强劳动教育师资建设，推动学校劳动教育体系建设的关键一招。“双导师”制的实行对应了《中共江苏省委江苏省人民政府关于全面加强新时代大中小学劳动教育的实施意见》中所提到的“加强劳动教育师资队伍建设，要配齐配足劳动教育教师”“提高劳动教育专业化水平。明确责任，增强意识、明确任务”② 等内容。这一举措的实施有利于培养学生一丝不苟、认真努力的劳动精神与态度，助推学校劳动教育管理体制建设。

南京工业职业技术大学作为全国首家公办职业本科教育试点学校，为加强新时代劳动教育而采取的措施对其他职业院校具有重要的借鉴意义。

经验启示

南京工业职业技术大学认真落实全国教育大会和全省教育大会精神，贯彻落实教育部《纲要》和江苏省《中共江苏省委江苏省人民政府关于全面加强新时代大中小学劳动教育的实施意见》，全面落实劳动教育。南京工业职业技术大学采用“双导师制”加强师资队伍建设以推进劳动教育，具有以下三点经验启示：

充分彰显职业院校育人特色，注重提高学生职业劳动技能水平。南京工业职业技术大学是全国首家公办职业本科教育试点学校，肩负着加快建成具有示范性、引领性的职业本科高校的重要使命。在劳动教育方面，南京工业职业技术大学充分彰显了职业院校的育人特色，走出了不同于普通本科院校、独具本校特色的劳动教育路，积极探索劳动教育发展模式，通过不断强化师资力量，提高劳动课教师专业化水平、学生职业劳动技能水

① 中华人民共和国教育部．大中小学劳动教育指导纲要（试行）［EB/OL］．［2020-07-07］．http：//www. moe. gov. cn/srcsite/A26/jcj_ kcjcgh/202007/t20200715_ 472808. html.

② 中共江苏省委，江苏省人民政府．中共江苏省委江苏省人民政府关于全面加强新时代大中小学劳动教育的实施意见［EB/OL］．［2020-07-07］．http：//www. moe. gov. cn/srcsite/A26/jcj_ kcjcgh/202007/t20200715_ 472808. html.

平，帮助学生养成良好的劳动习惯和品质。

专业教师走进实训课程，助力学生职业素养的培养。南京工业职业技术大学要求专业教师融入专业实习、实训等劳动教育实践中，指导学生进行生产劳动和服务性劳动。在实训课程中，专业教师遵守并指导劳动技能规范，同时负责实训场所环境的整理与维护等。这一举措不仅有助于学生掌握和提高劳动技能，养成良好的劳动习惯和劳动品质，树立正确的劳动价值观、职业平等观，提高职业素养，而且能够将劳动教育融入专业实践，有力推动劳动教育真正融入高校人才培养体系。这是对《中共江苏省委江苏省人民政府关于全面加强新时代大中小学劳动教育的实施意见》指出的“职业院校要将劳动教育融入专业课程体系。围绕增强职业荣誉感和责任感，以校内外公益服务劳动、真实的生产劳动和服务性劳动为主要板块，结合专业特点、运用专业技能、依托实习实训，广泛开展职业技能大赛、创新创业大赛、‘劳模工匠进校园’等活动，发挥劳模先进示范引领作用”① 的贯彻落实。

在顶岗实习期间，采用校内指导教师与岗位指导教师的“双导师”制。顶岗实习是指学生在基本上完成教学实习任务和学过大部分基础技术课之后，到专业对口的现场直接参与生产过程，综合运用本专业所学的知识和技能，完成一定的生产任务，并进一步获得实践认识，掌握操作技能，学习企业管理，养成正确劳动态度的一种实践性教学形式。该教学形式需要学生独当一面，具有很大的挑战性。南京工业职业技术大学高度重视学生顶岗实习，采用校内指导教师与岗位指导教师的“双导师”制，是对学生的负责，更是结合岗位要求进一步对接职业需要的表现，有利于增强学生职业认同感。

案例九：华中师范大学建立劳动教育研究中心

自《意见》《纲要》等文件发布以来，华中师范大学认真贯彻落实文件精神，准确把握社会主义建设者和接班人的培养要求和高校大学生劳动技能水平的提升方向，建设劳动教育研究中心，深入、系统地研究劳动教育，为加强新时代劳动教育提供更多可能。

---

① 中共江苏省委，江苏省人民政府．关于全面加强新时代大中小学劳动教育的实施意见［EB/OL］．［2020-07-07］．http：//www. moe. gov. cn/srcsite/A26/jcj_ kcjcgh/202007/t20200715_472808. html.

华中师范大学劳动教育研究中心着力于系统研究实践教育，并在华中师范大学的支持下，承担了“中小学实践教育指导体系研究”课题研究的秘书处工作，主要研究新时代中小学实践教育中亟待解决的一系列理论和实践问题，取得了省市教育行政部门与相关科研机构的大力支持和广泛参与，为科研的开展提供了强有力的保障。

同时，该劳动教育研究中心在学校内部聚合了教育、心理、历史、美术、音乐、体育、生命科学等相关学院的专家团队，将劳动教育结合相关学科专业，进行专题的、深度渗透性研究。该劳动教育研究中心注重资源的流通、整合和共享，与中国科协、中国青少年科技辅导协会等相关的专业教育科研机构合作，搭建了劳动教育科研平台，以保证实践育人科研平台的高端性、权威性、专业性。

以劳动教育研究中心为基点，华中师大从顶层设计上开展大中小一体化研究，根据对象有针对性地解读《意见》《纲要》等文件精神，改进大中小学劳动教育的管理体制、实施状况，有力推动了新时代大中小学劳动教育一体化进程。

经验启示

华中师范大学劳动教育研究中心深入、系统地研究大中小学劳动教育，围绕中小学实践教育的重大理论与实践问题进行重点攻关，推动相关国家劳动教育政策普及与落实，具有以下三点经验启示：

建立劳动教育研究中心，系统研究劳动教育，助推大中小学劳动教育管理体制机制建设。华中师范大学劳动教育研究中心是国内首个重点师范院校成立的校级研究机构，定位大中小学劳动教育，研究其劳动政策理论、课程评价和保障体系及信息化支撑体系等新时代大中小学实践教育中亟待系统研究的重大理论与实践问题，有助于推动大中小学劳动教育一体化，全面建设劳动教育体系。这一举措贯彻落实了《意见》“把劳动教育纳入人才培养全过程，贯通大中小学各学段，紧密结合经济社会发展变化和学生生活实际，积极探索具有中国特色的劳动教育模式，促进学生形成正确的世界观、人生观、价值观”① 的要求，主动承担了作为国家重点师范院校加

① 中共中央国务院关于全面加强新时代大中小学劳动教育的意见［N］. 人民日报，2020-03-27（001）.

强新时代劳动教育，加快建设劳动教育体系的责任，能够为劳动教育管理体制的建设与更新提供理论与实践的双重保障。

根据不同对象有针对性地解读《意见》《纲要》等文件精神，形成大中小学劳动教育的良性互动。华中师大劳动教育研究中心认真学习并贯彻落实《意见》《纲要》等国家政策，领会文件精神，总结研究成果，并采用根据不同对象有针对性地解读《意见》《纲要》等政策的方法，推动大中小学劳动教育的管理体制、实施状况等不断改进。在进行政策解读的同时，华中师范大学注重具体问题具体分析，因人施策，提高人们实施措施的积极性，由此推动劳动教育管理体制机制在不同学段、不同层面的不断建设与完善。

通过学科融合、资源互联，不断提高管理水平，为劳动教育提供必要保障。华中师范大学贯彻落实《纲要》"在学科专业中有机渗透劳动教育。中小学道德与法治（思想政治）、语文、历史、艺术等学科要有重点地纳入劳动创造人本身、劳动创造历史、劳动创造世界、劳动不分贵贱等马克思主义劳动观，加强对学生辛勤劳动、诚实劳动、合法劳动等方面的教育。数学、科学、地理、技术、体育与健康等学科要注重培养学生劳动的科学态度、规范意识、效率观念和创新精神"① 等内容，快速聚合各领域、各专业的学院学科专家团队，将大中小学劳动教育与师范教育相结合，进行专题的、深度渗透性研究，拓宽了劳动教育途径。

案例十：北方民族大学以学生管理团队助力劳动教育行稳致远

《北方民族大学关于深入开展劳动教育工作实施方案》明确提出要加强顶层设计，构建完善的劳动教育组织领导和工作推进机制。学校成立由党委书记、校长任主任，分管学生工作、教学工作、后勤工作、创新创业工作的校领导任副主任，人事处、党委学生工作部（学生处）、党委研究生工作部（研究生处）、团委、教务处、科研处、财务处、国有资产管理处、信息化建设与管理处、后勤保障处、创新创业学院及各二级学院党政负责人

① 中华人民共和国教育部．大中小学劳动教育指导纲要（试行）［EB/OL］．［2020-07-07］．http：//www.moe.gov.cn/srcsite/A26/jcj_kcjcgh/202007/t20200715_472808.html.

为成员的劳动教育工作委员会，形成由学校党委统一领导、劳动教育工作委员会统筹协调、各职能部门和二级学院分工负责的工作机制。学校党委把劳动教育纳入学校重要议事日程，定期研究部署和督导推进相关工作。劳动教育工作委员会办公室主任由负责学生工作的校领导担任。各学院成立劳动教育工作领导小组，该小组负责领导、组织、协调和指导学院的劳动教育工作。领导小组下设劳动教育办公室，负责统筹协调和监督落实全院劳动教育各项工作。劳动教育办公室设在创新创业学院，由创新创业学院院长兼任办公室主任。各学院成立劳动教育工作小组，由院长任组长，分管学生工作的副书记、副院长任副组长。

明确学校层面的领导作用后，在学生团队负责人鲁小猛老师与陈磊老师的有序组织与团队全体同学的积极参与下，北方民族大学组建了大学生劳动教育团队——思恒劳动教育团队。团队由三名教师负责管理，管理教师由各团队所属单位负责任命。团队旨在从劳动教育的价值评判、目标追求、历史创造、审美活动四个层面，完整系统地阐释劳动教育的核心内涵，力求在学校事务和劳动教育的管理层面体现教师力量，增添学生助力。团队通过“团队”与“小组”交互合力，初步形成了劳动教育工作的学生组织构建和学生间“自我管理”与“自我约束”的新格局。

劳动教育实践团队不仅在管理学生的劳动实践中发挥突出作用，更在校内生活实践中独当一面。2021 年 11 月，面对宁夏突如其来的疫情，劳动教育实践团队发挥了“学生自管”的作用。在北方民族大学全面启动线上教学后，教师在家授课，部分学生到教室听课。此时，如何使用教室教学设备成为线上授课的一大难题。为解决燃眉之急，劳动教育实践团队采取了 100% 全覆盖策略。在每节课上课前，设备保障组同学都会帮助该班级完成设备开机及调试工作，为班干部提供教学设备操作教学培训，全力保障线上教学工作的正常开展。为保障疫情期间环境卫生，劳动教育实践团队对教室、考研自习室、失物招领处等区域执行最严格的卫生标准，每周末进行一次全面大扫除，并联合后勤处对所有区域进行定期全面消杀。为保障疫情期间的失物招领点有效运作，劳动教育实践团队充分利用北方民族大学智慧校园、校团委失物招领系统、QQ 群等平台发布失物招领信息，在加大信息传播力度的同时减少人员接触。北方民族大学劳动教育团队自我管理、自我服务，发挥了团队整体的主观能动性，摆脱了一味由老师组织劳动教育活动的尴尬局面。

学生自我管理、自我服务式的劳动教育团队并不是一朝一夕能够形成的，团队中的“设备组”“巡查组”和失物招领系统，都与学校后勤保障部门紧密相关。因此，在学校的后勤管理团队中加入学生力量，能够减少沟通障碍，方便劳动教育校内实践活动的开展，构筑起“校后勤保障团队-学生劳动教育实践管理团队”的沟通桥梁。《北方民族大学关于深入开展劳动教育工作实施方案》明确提出：“学校管理服务体系若融入劳动教育，可以促进培养学生爱校荣校和主人翁的意识，形成以专职管理人员为主、以学生为辅的管理服务工作新格局。”① 同时，北方民族大学依托劳动教育实践，深化勤工助学工作改革，推动勤工助学工作从批量化管理向精准化管理转变，从而打造一支集职业技能于一体，同时兼具劳动能力的大学生勤工助学队伍；进行后勤服务保障体系改革，推动人员结构从以往的以社会招聘人员为主向以学生为主体的转变，同时推动后勤管理服务加快向信息化管理模式转变；充分利用信息化技术，建立系统完善的劳动教育供需平台，将劳动教育与智慧校园无缝对接，全面推进学校治理体系和治理能力的现代化建设。学校管理岗位向学生“倾斜”，有利于学生参与校内劳动教育的组织与管理，为学校的整体管理出一份力。

经验启示

本案例在明确《纲要》《意见》中所提到的管理责任、操作规划、应急预案等要求后，着重寻求提高劳动教育管理效率的金点子。《纲要》中有关劳动教育性质的相关论述中明确指出：“必须加强学校教育与社会生活、生产实践的直接联系，发挥劳动在个人与社会之间的纽带作用，引导学生认识社会，增强社会责任感。”② 在学生层面，北方民族大学考虑到学生自身的主观能动性，以学生团队“自管”助力劳动教育常态化进行，形成学生团队之间的“分工合作”，使学生从学校相关管理工作中感受“社会责任感”。在劳动教育开展方面，由于校内劳动教育的开展需要后勤保障部门的支持与协力，北方民族大学依托后勤岗位向学生倾斜的方法，使得校内劳动教育学生团队更好地与后勤管理部门合作，为劳动教育校内常态化开展

① 北方民族大学．北方民族大学关于深入开展劳动教育工作实施方案［EB/OL］．［2020-07-31］．https：//xsc. nmu. edu. cn/info/1002/2072. htm.

② 中华人民共和国教育部．大中小学劳动教育指导纲要（试行）［EB/OL］．［2020-07-07］．http：//www. moe. gov. cn/srcsite/A26/jcj_ kcjcgh/202007/t20200715_ 472808. html.

以及疫情常态化防控提供重要助力。整体而言，该案例具有如下经验与启示：

以学生团队助力劳动教育提质增效。在本案例中，北方民族大学成立“思恒劳动教育团队”并配置三名指导老师，在明确了学生的整体组织架构后依托不同部门开展常态化校内劳动教育活动，符合学生组织“从学生中来，到学生中去”的要求。在教师层面，该种做法打破了劳动教育由专职教师设计、组织、发布、指挥的局面，减轻了校内劳动教育管理负担。在学生层面，该种做法激发了学生团队协作、活动组织、自我管理的能力。

校内劳动教育活动是所有劳动教育活动中最为常态化的。在疫情严峻的形势之下，疫情防控更需要学生团队的支持与帮助。从有关北方民族大学劳动教育团队的相关报道来看，一支劳动教育团队的出现能够有效地解决高校疫情防控招募志愿者时“人员不够专业”或者“人手不足”的问题。劳动教育团队与疫情防控的有机结合，是构建劳动教育学生团队的附加值。

在后勤管理中融入学生力量。《纲要》在“劳动教育主要内容”中明确指出：“服务性劳动教育让学生利用知识、技能等为他人和社会提供服务，在服务性岗位上见习实习，树立服务意识，实践服务技能；在公益劳动、志愿服务中强化社会责任感。”① 因而其提出：“各高等学校应强化服务性劳动，自觉参与教室、食堂等校园场所的卫生保洁、绿化美化和管理服务等。”② 在本案例中，北方民族大学鼓励学生参与到劳动后勤服务管理中，培养学生爱校荣校的责任感和主人翁意识。在常态化的校内劳动教育活动中，必不可少的是与后勤保障部门的联系，这就需要对后勤部门管理体系、规章制度进行调整与优化，加入学生力量，在为劳动教育活动扩岗、增岗的同时，在后勤保障部门相关的劳动教育活动中，形成“学生-学生”相对接的模式，为活动组织开展提质增效。

充分利用信息网络技术，搭建完善的劳动教育供需平台。在本案例中，北方民族大学推动后勤管理服务向信息化管理模式转变，充分利用信息化技术，建立系统完善的劳动教育供需平台，将劳动教育与智慧校园无缝对接，

---

① 中华人民共和国教育部．大中小学劳动教育指导纲要（试行）［EB/OL］．［2020-07-07］. http：//www. moe. gov. cn/srcsite/A26/jcj_ kcjcgh/202007/t20200715_ 472808. html.

② 中华人民共和国教育部．大中小学劳动教育指导纲要（试行）［EB/OL］．［2020-07-07］. http：//www. moe. gov. cn/srcsite/A26/jcj_ kcjcgh/202007/t20200715_ 472808. html.

既推进了学校治理体系和治理能力的现代化建设，又将“教育信息化”落实到了劳动教育管理体系当中，助力劳动教育管理体系数字化、智能化建设。

案例十一：南京大学多环并举，打造部门院系齐抓共管大格局

在劳动教育管理体制机制建设方面，南京大学明确劳动教育“施工图”和“路线图”，就不同环节、不同年段设置不同的管理模式与管理分工，以多模块并举、多部门联动的方式进行劳动教育实践模块的管理。在《南京大学普通全日制本科生劳动教育学分管理办法（试行）》中，南京大学将劳动教育项目分为“基础实践模块”“学科实践模块”“综合实践模块”三种，并明确了三种模块的管理分工，具体方案如下：

1. 基础实践模块

设岗单位：后勤服务集团。

主要面向群体：大一新生。

时长要求：至少完成 10 个小时，至多不超过 15 个小时的劳动时长。

具体认定管理流程为：

（1）后勤服务集团谋划设置劳动教育实践项目。后勤服务集团明确本单位劳动教育负责人与劳动教育实践项目指导教师，结合本单位业务基础与特点，参考劳动教育实践项目主题设计指南，谋划设置基础模块劳动教育实践项目。

（2）项目指导教师申请劳动教育实践项目。后勤服务集团劳动教育负责人在“南京大学五育项目管理系统”中创建劳动教育实践项目指导教师账号。劳动教育实践项目指导教师通过账号登录“南京大学五育项目管理系统”，向本科生院提交“南京大学本科生劳动教育实践项目申请表”，填报该劳动教育实践项目相关信息，申请劳动教育实践项目立项。

（3）本科生院审核劳动教育实践项目立项。本科生院学生发展支持中心负责在“南京大学五育项目管理系统”中审核后勤服务集团劳动教育实践项目指导教师提交的劳动教育实践项目申请。审核通过的劳动实践教育项目将纳入学校“一、二课堂融通”体系。

（4）项目指导教师发布学生招募通知。项目审核通过、获得立项后，项

目指导教师在“南京大学五育项目管理系统”中面向大一新生发布招募通知。

（5）学生申请劳动教育实践项目。学生进入“南京大学五育项目管理系统”查看学校发布的劳动教育实践项目的招募信息，根据自身需求与兴趣申请劳动教育实践项目。

（6）成功入选项目的学生参与劳动实践。学生成功入选劳动教育实践项目后，在每学期教学周和暑假，根据各项目的具体要求在项目指导教师指导下参与劳动实践。

（7）项目指导教师录入学生劳动信息（平时开放系统，期末阶段完成录入）。项目结束后，项目指导教师在“南京大学五育项目管理系统”中录入参与项目的学生名单、指导教师、劳动时长等信息。

（8）项目指导教师公示、更正与补录。项目指导教师在“南京大学五育项目管理系统”中录入完成后，在系统中随即发布该劳动实践教育项目结果信息的公示。公示后，项目指导教师根据公示情况进行更正与补录。

2. 学科实践模块

设岗单位：各院系。

面向群体：大二、大三高年级学生。

时长要求：至少 5 个小时的劳动时长。

具体认定管理流程为：

（1）院系谋划设置劳动教育实践项目。院系明确本院系劳动教育负责人与劳动教育实践项目指导教师，参考劳动教育实践项目主题设计指南，结合本院系学科专业基础与特点，谋划设置本院系劳动教育实践项目。

（2）项目指导教师申请劳动教育实践项目。院系劳动教育负责人在“南京大学五育项目管理系统”中创建劳动教育实践项目指导教师账号。其余同上。

（3）本科生院审核劳动教育实践项目立项（同上）。

（4）学生申请劳动教育实践项目（同上）。

（5）成功入选项目的学生参与劳动实践（同上）。

（6）项目指导教师录入学生劳动信息（同上）。

（7）项目指导教师公示、更正与补录（同上）。

（8）院系总评认定学分（每学期期末成绩录入时间）。

“南京大学五育项目管理系统”自动初步审核系统中学生以往劳动时长累计是否达到 20 个小时，劳动时长达标的学生将获得“大学生劳动教育实践”1 个学分。同时，院系劳动教育负责人应及时提醒劳动时长尚未达标的学生在下一学期参与新的劳动教育实践项目，尽早达成劳动教育实践要求。

3. 综合实践模块（志愿服务、勤工助学）

设岗单位：本科生院、团委等相关部门和院系。

面向群体：大一至大三学生。

时长要求：学校鼓励本科生结合自身参与基础实践模块和学科实践模块获得劳动时长情况，积极参与综合实践模块的勤工助学、志愿服务以及其他新设的劳动教育实践项目，力争达成“大学生劳动教育实践”全部20个小时劳动时长的要求。

具体认定管理流程为：

（1）若为勤工俭学，则每学期本科生院学生发展支持中心，勤工助学负责老师整理本学期勤工助学学生信息：院系、姓名、学号、劳动内容、劳动时长、指导教师（若为志愿服务则其主体为团委志愿服务负责老师），在该学期期末考试周前将“南京大学本科生勤工助学劳动教育实践项目劳动时长认定表”提供给本科生院劳动教育负责人，或通过信息化管理系统进行数据传输与共享。

（2）本科生院劳动教育负责人于期末考试期间，在“南京大学五育项目管理系统”中对本学期志愿服务劳动教育实践认定信息进行公示、更正。

（3）公示后，本科生院劳动教育负责人将确定后的本学期志愿服务劳动教育实践认定信息导入“南京大学五育项目管理系统”。

从整体来看，南京大学形成了“一套主线，多个流程”的管理体系，以“南京大学五育项目管理系统”对劳动教育实践中本科生院审核、学生申请、入选通过、劳动信息录入、项目指导教师公示、更正与补录、学分认定等较为同质化的流程进行统一管理。而在活动设置方面，学校各部门又有着明确的管理分工，做到了劳动教育管理体系的提质提效。

经验启示

《意见》在“全面构建体现时代特征的劳动教育体系”第七条中明确指出：“确定劳动教育内容要求。根据教育目标，针对不同学段、类型学生特点，以日常生活劳动、生产劳动和服务性劳动为主要内容开展劳动教育。”①

① 中共中央国务院关于全面加强新时代大中小学劳动教育的意见［N］. 人民日报，2020-03-27（001）.

不同学段的劳动教育实践要有不同的指标，不同类型的劳动教育实践同样要有不一样的要求，这就需要优化劳动教育管理体系。南京大学通过整合不同实践模块的同质化流程，对不同实践模块的异构区域进行明确分工，力求做到劳动教育管理普遍性与特殊性的统一，构筑起各部门齐抓共管的大格局。整体而言，该案例具有如下经验与启示：

明确各部门、各环节分工，共筑齐抓共管大格局。《纲要》明确指出："安全化、科学化规范操作，完善场所设施选择、工具设备和活动流程等方面措施，强化劳动过程每个岗位的管理，明确各方责任，防患于未然。"① 劳动教育工作的有效推进需要各部门明确分工，形成一套行之有效的体系。《南京大学普通全日制本科生劳动教育学分管理办法（试行）》初步将劳动教育分为"基础实践模块""学科实践模块""综合实践模块"三类，模块审批流程不同、审批部门不一。劳动教育活动的申报、筹办、评价都归属于不同部门，拥有明确分工，有效提高了劳动教育具体事务的管理效率。

在"五育并举"的当下，南京大学活用"南京大学五育项目管理系统"，通过数字化渠道，优化劳动教育项目申报方式，将劳动教育活动直接放于"公示广场"，由每位同学自主认领。学生报名成功后通过"我的信息"了解活动前期准备情况，通过"我的活动"查看活动情况，在"五育情况查看"界面，了解自己劳动时长达标情况，并获取相应的数据分析。南京大学数字平台将劳动教育的发起端、组织端、实践端、评价端融为一体，使得劳动教育实践活动从发起到总结、评价的整体流程高效化，用数字化打下劳动教育管理的坚实基础。

案例十二：西南财经大学以"简报制度"推动劳动教育有效落地

西南财经大学通过健全劳动教育保障机制，打造大学生"劳动教育共同体"，加强组织领导，成立学校党委书记、校长任组长，职能部门、学院全面参与的大学生劳动教育工作领导小组，加强劳动教育的统筹规划、组织协调、督促检查和表彰奖励，把握好高校教育、社会教育、家庭教育的

① 中华人民共和国教育部．大中小学劳动教育指导纲要（试行）［EB/OL］．［2020-07-07］．http：//www. moe. gov. cn/srcsite/A26/jcj_ kcjcgh/202007/t20200715_ 472808. html.

协同育人关系，打造学生、教师、家庭、学校、社会“五位一体”的劳动教育共同体。

为推动劳动教育管理机制公开通明化，形成学生看得见的劳动教育管理体系，西南财经大学学生工作部（处）在官网开设“劳动教育”专栏，自2020年10月起设置《西南财经大学大学生劳动教育工作简报》，以“半月一报”的方式关注西南财经大学劳动教育的开展情况。

《西南财经大学大学生劳动教育工作简报》内设“强化劳动价值观培育，学习劳动精神”“建好劳动教育金课，提升劳动素养”“深化‘四大矩阵’实践系，获得劳动体验”“筑牢劳动教育共同体，夯实支撑保障”四大板块，其中：

第一板块：强化劳动价值观培育，学习劳动精神。

该板块重点关注各学院劳动教育主题班会与团日活动开展、有关劳动教育的线上访谈会与工作经验分享会，通过对各学院开展的劳动教育讲座进行简单汇报来推动劳动精神的传播，对学生的劳动价值观进行培育。

第二板块：建好劳动教育金课，提升劳动素养。

该板块注重对开设的劳动教育课程如“果蔬种植技能实训课程”“烹饪技能实训课程”“红十字救护员技能实训”等进行持续跟踪报道，让每一位学生感受参与劳动“金课”的获得感。

第三板块：深化“四大矩阵”实践系，获得劳动体验。

该板块又分设四个小板块，其中“积极建好‘Swufe校园生活家’自我服务阵地”着力于展示劳动基地日常管理、寝室文化活动、校园环境维护、劳动教育打卡活动等成果；“积极组织‘社会大课堂’生产劳动实践”着力报道通过学校与社会组织的合力，在田间地头、公司、工厂里开展的劳动教育实践活动；“精心策划专业类劳动创新实践”以劳促育，展现各学院举办的劳动教育比赛类活动，着力于专业、职业与劳动教育的深度融合；“持续推进志愿服务类劳动实践”则将视角放在了校内校外的志愿活动上，着力发挥志愿活动在劳动教育方面的积极作用。

第四板块：筑牢劳动教育共同体，夯实支撑保障。

该板块聚焦劳动教育的基地构建，如西南财经大学“耕读园”的相关建设进度，集合了各培养单位劳动教育工作负责老师的相关工作意见和建议，有力促进学校劳动教育工作的深入开展。

《西南财经大学大学生劳动教育工作简报》通过简明、亲切的方式，实施师生看得见的劳动教育管理。“半月一报”的形式更是记录了西南财经大学发展劳动教育的历史脉络，厘清了劳动教育发展的相关思路。

经验启示

正如习近平总书记所言：“政策好不好，要看群众是哭是笑。”“劳动教育管理工作做得好不好”“校内外劳动教育活动实践反馈如何”“劳动教育基地构建的情况如何”都需要“敞开天窗说亮话”。西南财经大学学生工作部通过设置《西南财经大学大学生劳动教育工作简报》，以“半月一报”的形式向师生们讲述“这个月做了啥、管了啥”，将整个劳动教育管理体系置于全体师生的监督之下，使管理体制公开透明，形成了让师生们信得过的优质劳动教育管理机制。整体而言，该案例具有如下经验和启示：

“专栏”推动管理体制公开透明，“半月简报”为劳动教育谋篇布局。“半月报”的作用不仅仅是“监督”与“被监督”，更在于积累本校劳动教育发展的点点滴滴，为后续发展提供经验参考。“每次劳动教育领导小组会后提出的具体建议”“学生对劳动教育课程开设的满意程度”“劳动教育讲座、比赛在学生端的喜好程度”“劳动教育基地建设的无数努力”都会在期期《工作简报》中体现。在大量经验的总结和积累下，劳动教育的发展必将行稳致远。

给予劳动教育“看得见”“摸得着”的获得感。《工作简报》中，师生们经历过的每一次校内植树的点滴、“耕读田园”的开展、比赛抑或是讲座的进行都会被报道。每一届劳动教育相关培训班的落幕都会在简报上画上最后一个句号，师生们不仅仅是“监督者”更是“亲历者”。《西南财经大学大学生劳动教育工作简报》给予了师生们满满的获得感，更让劳动教育成为其校园生活中不可或缺的一部分。

案例十三：上海交通大学依托信息化平台打造学生第二课堂劳动素质档案

上海交通大学建立了劳动教育评价机制，将劳动教育评价改革纳入学校教育评价改革方案，依托上海交通大学第二课堂信息化平台，构建了劳动教育实践活动记录和评价载体，打造学生第二课堂劳动素质档案，进一步完善学生平时表现的综合评价体系。

上海交通大学第二课堂信息化平台内含劳动教育、科技创新、社会实践、志愿公益、校园文化等活动，均可在平台上发布，平台可以对学生参与情况予以官方认证。学生可登录平台，选择相应活动进行报名、参与及评价，也可自主在平台上创建活动，经由相关教师审核后发布。此外，学生可自主上传校外活动经历，并生成个人综合素质档案，展示入校以来参与第二课堂活动情况。

在活动构建方面，在信息化平台学生可以通过“活动记录”界面查看“已收藏”“已报名”“已参与”活动列表。若为“成功参与”状态的活动，会显示“评价活动”按钮，点击“评价活动”可以对活动进行评价。评价后，显示“查看评价”按钮，点击“查看评价”可以看到“主办方对我的评价”和“我对活动的评价”。

在个人信息、劳动教育经历方面，信息化平台设“个人中心”界面，学生可查看“个人信息”以及“我的消息提醒”，进入界面后可查看“科技创新”“志愿公益”“生活技能”等已修学时。学生在“个人中心”界面点击“上传经历”按钮，可进入“上传经历”界面，点击“新建我的经历”，输入“活动名称”“活动开始时间”“活动结束时间”“活动地点”，并上传活动证明图片，选择单位以及审批人，点击“点击上传”按钮进行上传。上传成功后学生可在“我的消息提醒”中查看成功上传活动的提醒。在“查看历史驳回”界面中，学生可查看被驳回的上传经历。该信息化平台清晰完整地形成了劳动教育实践的电子记录。

在档案记录方面，“个人中心”设置档案下载，学生可选择是否显示“劳动教育素养提升”板块，以及显示所选时间范围的活动，勾选想要显示的活动。最终档案包含“个人信息”“劳动教育素养提升”“个人成就”“活动详情”等。

经验启示

上海交通大学依托第二课堂信息化平台，生成学生劳动素质档案，建立了创新性的劳动教育评价机制。具有以下经验启示：

以信息化推动评价体系改革。《纲要》明确指出在学生综合素质评价体系中可以加入“劳动素养”模块，并且以数字化为抓手，鼓励、支持、引导大家利用现代信息化手段，“开展劳动教育过程监测与记实评价，发挥评价的育人导向和反馈改进功能”[①]。上海交通大学第二课堂信息化平台贯穿劳动教育相关实践全过程，形成“线上活动报名-线下劳动实践-线上活动评价”的一体化模式，助力学生第一时间查看所参与活动的过程性评价，方便快捷。

上海交通大学第二课堂信息化平台更有利于非学校组织的劳动教育实践的上报与管理。劳动教育的过程大部分是由学校牵头进行实践，但仍有部分实践是由其他部门单位牵头，这些活动较为繁复，同时又有民间和官方之分。其过程性评价仍然需要校内多部门审批认定，造成“到处跑”的窘境。对于这些活动的认定，不能“全盘否定”“一棍子打死”。可以依托数字化平台，通过线上填报上传活动证明图片，选择单位以及审批人，经校内相关部门资格审查，决定“驳回”还是“通过”，从而更好地助力学校相关评价单位开展工作。

推进评价公开、透明、公正。教育信息化作为教育改革的整体导向，有利于教育评价体系的公开化、透明化。上海交通大学依托第二课堂信息化平台展开劳动教育相关实践，以电子系统进行活动预报名、查看活动状态、阅览活动评价等，公开透明。上海交通大学通过个人中心构建让每一位学生随时随地都能够看到各学期指标的达成情况、各活动的具体评价状况，并且通过设置“主办方对我的评价”和“我对活动的评价”的双端评价，提高劳动教育活动过程性评价的公平性。

案例十四：山东大学优化岗位评价模式，
开发勤工俭学工作履历单

山东大学建立健全劳动考核评价机制，要求各培养单位结合劳动教育开展要求，制定学生劳动评价机制，完善奖惩措施，关注学生劳动的过程性结果。其中规定本科学段教育不少于32学时，研究生学段则根据培养目标和学位基本要求对课时和考核方式作出规定。山东大学加强劳动技能以及相关劳动理论的考核，用劳动素养培育过程等重要指标来衡量学生的综合素养，并以此作为评优评先的必要参考；开展“劳育名师”“劳动之星”

① 中华人民共和国教育部．大中小学劳动教育指导纲要（试行）［EB/OL］．［2020-07-07］．http：//www. moe. gov. cn/srcsite/A26/jcj_ kcjcgh/202007/t20200715_ 472808. html.

"劳动模范班级、团支部""文明示范宿舍"等先进典型评选活动，充分发挥榜样的引领示范作用。

在评价体系上，山东大学结合其发布的劳动教育"7+N"清单，对于各项劳动教育活动的开展划定指标并以此作为评价的标准：

（1）每周周四确定为宿舍卫生劳动日，利用周四第 7 ~ 8 节课时间，以宿舍为单位集中开展宿舍卫生清理。

（2）每学期确定一天为公共卫生劳动日，以班级、团支部为单位，利用一节课的时间，进行一次集中公共劳动服务。

（3）每学年利用周末时间参加一次生产劳动，组织学生赴劳育基地开展生产劳动，结合专业深入一线开展专业劳动。

（4）每学年利用寒暑假时间开展社会实践，结合专业开展为期一周的岗位体验、实践调研、理论宣讲、母校回访等实践活动。

（5）每学期完成一次进社区志愿服务活动，围绕专业所学，依托社区志愿服务基地，开展服务性劳动。

（6）每学年参加一次创新性学术竞赛，围绕"互联网+""挑战杯""研究生创新实践系列大赛"等赛事，参加一项比赛，创作一件创新作品，锻炼提升学生创造性劳动水平。

（7）开设 30 门劳育课程，内容包含劳动技能类、工匠文化类、劳动美育类等。每个学院结合专业课设置劳育类专业课程，实现劳育课程的全覆盖。

（8）设立勤工助学、三助一辅等 N 个劳育岗位，发挥资助类岗位劳动育人功能，提升学生劳动实践水平。

山东大学在健全考评机制，落实新时代教育评价改革工作要求的同时，着力强化岗位育人功能，将目光放在了勤工助学的特殊岗位上，使得勤工助学成了劳动教育的一环，并直接与劳动教育相挂钩，在劳动教育视域下赋予了勤工助学新意义与新作用。学生在学校的组织下利用课余时间，通过劳动取得合法报酬，将报酬用于改善学习和生活条件。勤工助学以校内勤工助学为主，分为固定岗位和临时岗位，固定岗（普通岗）原则上每月不超过 40 小时，考核优秀者报酬一般为 400 元/月；临时岗原则上每小时不低于 12 元。勤工助学实行持证上岗制度，学生通过学校的岗前培训及考核后即可上岗。在获得相关报酬的同时，学校开出勤工助学工作履历单，让每一位参加勤工助学的学生都能导出在校期间的勤工助学记录，成为劳动实践经历的参考依据。

经验启示

《纲要》明确："要在平时劳动教育实践活动中及时进行评价，以评价促进学生发展。要完善全方位、多层次、宽领域的考核要求，关注学生个性特征，注重从行为表现中分析把握劳动观念形成情况。"① 山东大学着力构建多样化的评价体系，增加了师生参与劳动教育的获得感。整体而言，该案例具有如下经验和启示：

构建劳动教育学年指标，明确相关荣誉评价标准。"劳育名师""劳动之星""劳动模范班级、团支部""文明示范宿舍"等荣誉的颁发都需要明确的体系建构作为依据。评价体系的完善需要评价指标的明确。山东大学将劳动教育评价指标化为"7+N"的模式，明确了每位学生每学年在劳动教育方面需要达成的各项指标，助力评价体系的有效构建。山东大学大力宣传劳动教育先进学校、先进个人。"劳育名师""劳动之星""劳动模范班级、团支部""文明示范宿舍"等荣誉的颁发能够让处于劳动教育评价体系中的师生有所收获，在校内形成向榜样看齐的思想。相关荣誉最终与评价体系相辅相成、相互促进。

发掘"勤工助学"在劳动教育中的新作用。《纲要》提出劳动教育的总体目标之一是"培育积极的劳动精神"②。我们要领会"幸福是奋斗出来的"③ 的内涵与意义，发扬勤俭节约、艰苦奋斗的美好作风。勤工助学包含着中华民族勤俭自强的传统美德，理应成为劳动教育评价中的关键一环。勤工助学能够使学生在学校的组织下利用课余时间，通过劳动取得合法报酬，将报酬用于改善学习和生活条件。山东大学在让学生赚取酬劳的同时，使得勤工助学能够作为一种劳动教育实践深入学生中去，培养学生勤劳刻苦的劳动精神，进一步发掘了勤工助学在本校劳动教育中的作用，同时设立勤工助学、三助一辅等多个劳育岗位，充分发挥资助类岗位劳动育人功能，提升了学生劳动实践水平，并且开发勤工助学工作履历单，使之成为劳动实践经历的参考依据，推进评价体系多元化。

① 中华人民共和国教育部．大中小学劳动教育指导纲要（试行）［EB/OL］．［2020-07-07］．http：//www. moe. gov. cn/srcsite/A26/jcj_ kcjcgh/202007/t20200715_ 472808. html.

② 中华人民共和国教育部．大中小学劳动教育指导纲要（试行）［EB/OL］．［2020-07-07］．http：//www. moe. gov. cn/srcsite/A26/jcj_ kcjcgh/202007/t20200715_ 472808. html.

③ 国家主席习近平发表二〇一八年新年贺词［N］．人民日报，2018-01-01（01）．

五、新时代高校劳动教育体系建设篇

《纲要》指出："学校是劳动教育的实施主体，应根据国家相关规定，结合当地和本校实际情况，对劳动教育进行整体设计、系统规划，形成劳动教育总体实施方案。"[①]《纲要》规定了各级各类院校在制定整体实施方案时，必须严格坚持政策导向，同时在具体实施办法上充分体现本省、本地、本校特色，密切结合实际情况，积极彰显与宣传教育理念，做到坚持政策导向与自身精神相结合。此外，《意见》在阐述"新时代劳动教育的基本原则"时也提道："坚持因地制宜。根据各地区和学校实际，结合当地在自然、经济、文化等方面条件，充分挖掘行业企业、职业院校等可利用资源，宜工则工、宜农则农，采取多种方式开展劳动教育，避免' 刀切'。"[②] 在整体规划的实践中再次将坚持总体政策与院校特色相统一的原则提至重要地位。

自《纲要》实施以来，各级院校作为劳动教育的实践主体，着力于顶层设计，结合《意见》《纲要》以及各省市的配套政策，逐渐摸索出了切合自身实际乃至具有较强复制性与推广性的规划路径。全面构建"五育并举"的育人体系，培养德智体美劳全面发展人才，进一步强化劳动教育课程建设，创新劳动技能课实践载体，积极组织建设校内外日常生活劳动、生产劳动和服务性劳动教育基地，营造健康有益的校园文化氛围，有机结合思政教育、专业教育和劳动教育，构建"大思政"育人格局，全面落实立德

① 中华人民共和国教育部．大中小学劳动教育指导纲要（试行）［EB/OL］．［2020-07-07］．http：//www. moe. gov. cn/srcsite/A26/jcj_ kcjcgh/202007/t20200715_ 472808. html.

② 中共中央国务院关于全面加强新时代大中小学劳动教育的意见［N］．人民日报，2020-03-27（001）．

树人的根本任务，扎实提升劳动教育育人实效。《纲要》提出了高校关于劳动教育整体规划方面需注意的三种关系，具体包括“理论学习和实践锻炼的关系”“劳动教育与其他教育活动的关系”及“劳动的传统形态与新形态的关系”。①

坚持知行合一。《纲要》指出：“理论学习和实践锻炼都是劳动教育的必要内容。理论学习重在让学生理解和掌握‘劳动创造了人本身’‘劳动创造世界’等历史唯物主义基本理论主张，以及劳动相关法律法规政策，作为行动的指南。实践锻炼重在将所学知识转化为真正有用的实际本领，形成良好的劳动习惯，弘扬劳动精神。规划劳动教育时，要两者兼顾，坚持以实践锻炼为主，切实保证每一个学生都有必要的劳动实践经历，不能只是口头上喊劳动、课堂上讲劳动。要通过学生实践前的计划构想、实践中的观察思考和实践后的反思交流，加深对有关思想理论、法规政策的理解，实现理论学习和实践锻炼的统一。”②

本部分从 11 个典型案例出发，汇集如上海交通大学“打造校外劳动大课堂”、厦门大学实施“八大行动”构建立体式劳动教育体系、上海财经大学打造“1+7”劳动教育特色模式、华东师范大学打造“3L”学习理念等有益经验，通过理论学习与实践学习相结合，让学生正确认识劳动和劳动教育，树立正确的劳动观，充分彰显理论学习与实践锻炼相统一的观点。

坚持劳动教育与其他教育活动相联结。《纲要》指出：“在开足专门劳动教育必修课的同时，中小学劳动教育必修课实践环节中与综合实践活动的社会服务、设计制作、职业体验重叠部分，可整合实施。职业院校、普通高等学校劳动教育中学生生产劳动和服务性劳动可以通过专业实习、实训、创新创业等实践环节完成，日常生活劳动可以通过学生管理落实。”③在劳动教育的整体规划中既要坚持劳动教育，又要统筹多元化载体，如专业教育、职业教育规划、实习实训、社会实践等帮助学生全面掌握劳动教育精髓与要义。本部分介绍了新时代高校整体规划中如何将劳动教育与其

① 中华人民共和国教育部．大中小学劳动教育指导纲要（试行）［EB/OL］．［2020-07-07］．http：//www. moe. gov. cn/srcsite/A26/jcj_ kcjcgh/202007/t20200715_ 472808. html.

② 中华人民共和国教育部．大中小学劳动教育指导纲要（试行）［EB/OL］．［2020-07-07］．http：//www. moe. gov. cn/srcsite/A26/jcj_ kcjcgh/202007/t20200715_ 472808. html.

③ 中华人民共和国教育部．大中小学劳动教育指导纲要（试行）［EB/OL］．［2020-07-07］．http：//www. moe. gov. cn/srcsite/A26/jcj_ kcjcgh/202007/t20200715_ 472808. html.

他教育相联结，全面把握学生素质教育的各方面，如厦门大学实施“笃行致用”社会实践体验行动与“思源暖心”志愿服务养成行动；华东师范大学加强劳动教育与“双创”实践的融合；西北农林科技大学将劳动教育与第二课堂结合起来。各类高等院校积极开展劳动实践，形成具有综合性、实践性、开放性、针对性的劳动教育体系。

坚持劳动的传统形态与新形态的统筹兼顾。《纲要》指出：“将日常生活劳动教育贯穿大中小学始终。在安排生产性劳动和服务性劳动项目时，中小学要以使用传统工具、传统工艺的劳动为主，引导学生体会劳动人民的艰辛与智慧，传承中华优秀传统文化，兼顾使用新知识、新技术、新工艺、新方法的劳动。职业院校、普通高等学校要注重结合产业新业态、劳动新形态，选择现代农业、工业、服务业项目，提升创造性劳动能力。”① 本部分重点阐明了各院校在实施劳动教育时新旧结合的具体举措：如厦门大学实施“博学明德”劳动课程提升行动，注重将新理念、新知识、新方法运用于能力培养；华东师范大学推动以“双创”为导向的创新劳动教育培养方式和以动手劳作为主的传统劳动课程建设；西北农林科技大学“以劳增智”，将劳动教育融入专业教育等，都体现出各院校在劳动教育实施中贯彻的薪火相传、与时俱进的理念。

案例一：上海交通大学整体规划劳动教育实施体系建设

上海交通大学认真学习和坚持习近平新时代中国特色社会主义思想和全国教育大会精神，全面落实党的教育方针，聚焦立德树人的根本任务，加大新时代高校学生劳动教育力度，引导学生树立正确劳动观念，培养良好劳动习惯。

融入人才培养总目标。坚持德智体美劳全面发展的五育育人方向，将加强劳动教育写入学校党代会报告和“十四五”规划中。上海交通大学出台《全面加强劳动教育工作实施方案》，“坚持育人为本、突出价值引导、

① 中华人民共和国教育部．大中小学劳动教育指导纲要（试行）［EB/OL］．［2020-07-07］．http：//www. moe. gov. cn/srcsite/A26/jcj_ kcjcgh/202007/t20200715_ 472808. html.

体现时代特征、强化综合实施，着力构建校院两级劳动教育体系"①。建立劳动教育评价机制，将劳动教育评价改革纳入学校教育评价改革方案，依托共青团第二课堂信息化平台，建立学生劳动素质档案，进一步完善评价学生平时表现的机制途径。建立健全教师工作考核评价体系，加强劳动教育教学督导，在职称评价中探索增加劳动教育评价指标。

建强劳育课程主阵地。开设本科生劳动教育必修课，积极完善第一课堂和第二课堂共计48学时的劳动教育课程体系。积极组织学生参与劳动实践，定期参与集体劳动。在"马克思主义基本原理""思想道德修养与法律基础"等思政教育课程中，进一步加强马克思主义劳动观等劳动观念教育。在专业课程中，结合劳动教育，促进产教融合，提高劳动教育要求，开展服务学习、毕业设计等各类劳动教育实践。

打造校外劳动大课堂。加强劳动教育阵地建设和平台搭建，将劳动教育与生活技能、志愿公益、社会实践、科技创新等有机结合。与学校周边社区联动，加强区校共建，在社区抗击新冠肺炎疫情等志愿服务的过程中深化师生对劳动的认识。组织学生到高新企业生产劳动第一线体验新兴技术支撑下的劳动新形态、新方式。依托学校"双创"的育人资源，以学科竞赛、科创社等为切口，动员学生参与"互联网+"大学生创新创业大赛，着力构建新时代劳动育人体系。

营造热爱劳动的软环境。设立劳动委员，加强宿舍卫生管理，推广劳动教育内容、保证劳育量化记录等。依托学校融媒体中心，利用学校官博、官微等网络平台促进劳动文化传播。集中开展劳动教育第二课堂实践活动，注重劳动文化氛围营造和劳动情怀的涵养，邀请时代楷模、劳动模范、一线普通劳动者等参加常态化专业讲座、先进事迹报告会等，举办弘扬劳动精神的校园文化活动，打造"劳动光荣、劳动伟大"的校园精神。加强劳动教育宣传引导，积极营造尊重劳动、热爱劳动、崇尚劳动的浓厚氛围。

经验启示

本案例内容契合《纲要》与《意见》的要求，既落实了《纲要》中高校劳动教育体系规划与建设的实施意见，广泛而多样地开展劳动教育实践

① 上海市政府．中共上海市委、上海市人民政府关于全面加强新时代大中小学劳动教育的实施意见［EB/OL］．［2020-08-27］．https://www.shanghai.gov.cn/nw44142/20200903/0001-44142_65562.html.

活动，又把握了《意见》中强调的具有综合性、实践性、开放性的劳动教育课程体系的要求。其在多样化与特色化的劳动实践中体现出诸多宝贵经验，主要体现为以下经验与启示：

在教育导向上，坚持政策主导性与学生主体性相一致。上海交通大学各项措施的制定与实施都具有明确的政策指向。该校反映政策要求，除了在引导学生接受系统的劳动知识教育之外，还积极组织学生参与劳动实践，如生产劳动和志愿劳动，让学生在劳动实践活动中磨炼意志、接受锻炼。在坚持政策导向的同时，系列举措也紧紧围绕学生的实际能力与发展进度展开。

在教育成果上，坚持外显性与内隐性相统一。上海交通大学在实施意见中指出："坚持德智体美劳全面发展育人目标导向，将加强劳动教育写入学校党代会报告和'十四五'规划中。出台《全面加强劳动教育工作实施方案》，坚持育人为本、突出价值引导、体现时代特征、强化综合实施，着力构建校院两级劳动教育体系。"① 这一实施意见明确指出，学生劳动教育的目标不仅着眼于学生劳动技能的提高、劳动韧性和意志力的增强，更重要的是达到学生内心价值导向的矫正与涵养，进一步作用在学生行为方式的选择与践行之中。技能、方法等作为外化学生劳动精神内核的可操作化手段，在上海交通大学开展劳动教育的过程中发挥了具化评价、细化成果的建设性作用，是可以推广的一般性做法。

在教育评价中，坚持静态呈现与动态生成相结合。《中共上海市委、上海市人民政府关于全面加强新时代大中小学劳动教育的实施意见》中指出："深化劳动素养评价。学校和有关单位要客观记录学生参与劳动实践情况，并纳入学生综合素质评价，建立公示、审核制度，确保记录客观真实。研究学生劳动素养评价指标。把劳动素养评价结果作为衡量学生全面发展情况的重要内容，作为评优评先的重要参考和毕业依据。"② 上海交通大学建立健全学生劳动素养评价体制机制，结合互联网，依据过程性评价和结果性评价，开展劳动教育过程监测与纪实评价，真正做到从劳动教育各环节、各主体把握好评价、反馈的实施要领。

---

① 中华人民共和国教育部．上海交通大学多措并举加强劳动教育［EB/OL］．［2021-09-06］．http：//www. moe. gov. cn/jyb_ xwfb/s6192/s133/s166/202109/t20210906_ 559548. html.

② 上海市政府．中共上海市委、上海市人民政府关于全面加强新时代大中小学劳动教育的实施意见［EB/OL］．［2020-08-27］．https：//www. shanghai. gov. cn/nw44142/20200903/0001-44142_ 65562. html.

案例二：厦门大学实施“八大行动”构建立体式劳动教育体系

厦门大学深入学习贯彻习近平总书记致厦门大学建校 100 周年贺信精神，聚焦立德树人，整合育人资源，丰富育人载体，深入实施“八大行动”，着力构建符合高等教育阶段特征、富有地域特点和校本特色的劳动教育体系。

实施“博学明德”劳动课程提升行动。充分发挥课堂教学主渠道作用，在本科人才培养方案中加入劳动教育这一板块，开设“新时代中国特色社会主义劳动教育”公共选修课，系统讲授马克思主义劳动价值观等劳动基本理论知识。在研究生思政课程中安排劳动理论教育专题，引导和支持学院创造性地加入劳动教育课程板块，注重培养学生对新理念、新知识、新方法的运用能力。

实施“笃行致用”社会实践体验行动。围绕学生实践动手能力和劳动常态化机制建设，打造“八闽园”等校内劳动实践教学基地，以承包制形式由师生自主管理；选派专业教师、后勤员工担任劳动指导员，开设劳动体验课程清单。与地方政府、新兴工业园等建设“智慧学习工厂”“学生创业孵化基地”，引导学生在金工实习中培养创新性劳动品质。组织暑期社会实践队伍前往乡村开展农事帮扶等劳动实践活动，在田间地头体验劳作、出力流汗。

实施“勤业赋能”生活技能培育行动。持续推进新生宿舍“养成教育”，举办“宿舍文化节”主题活动，在“一站式”学生社区学习共享空间试行劳动实践兑换信誉积分，引导学生“自己的事情自己做、自己的地盘自己管”。将每年 3 月定为“厦门大学集体劳动月”，在学校公共区域设立图书整理、餐厅服务、绿化养护、校车清洗等劳动岗位，广泛开展服务性劳动实践。

实施“凌云壮志”职业生涯引导行动。紧扣提升就业创业能力目标，推出“心系大学生”等职业技能的提升项目，积极组织优秀青年大学生参加“扬帆计划”。倡导“国家至上，事业为先”就业理念，鼓励毕业生“登上大舞台，做出大贡献”，引导毕业生在祖国最需要的地方建功立业。2020 年，学校毕业生到国家重要行业和领域就业比例达 46.7%，相比“十二五”

时期提高近10%。每年选派研究生支教团赴宁夏接力教育扶贫，在服务脱贫攻坚和“闽宁协作”中，以劳动书写青春风采。

实施“囊萤逐梦”创新创业训练行动。将劳动实践教育融入创新创业竞赛实训，完善国家、省、校、院四级大学生创新创业训练项目体系。依托厦门大学国家科技园、产业技术研究院等，打造创业教育实践平台和创业示范基地，为师生提供免费或租金优惠的孵化场地。以“互联网+”“挑战杯”“创青春”大赛等为龙头推动开展创新创业赛事，每年度立项资助70项校级学业竞赛。

实施“思源暖心”志愿服务养成行动。全方位推进志愿服务工作，在团支部增设实践委员，推动团支部劳动实践活动常态化、项目化。围绕“扶贫类”“赛会类”“环保类”“社区类”等志愿服务主题，广泛组织开展校内外公益活动。每年参与志愿服务的学生达14.5万余人次，年均发起志愿服务活动1000余项，在志愿服务中提升综合劳动实践能力，锤炼敢于担当的品格。

实施“群贤助力”育人资源整合行动。搭建校友互动育人平台，举办“校友零距离”“校友论坛”活动，邀请杰出校友讲述成长经历及奋斗历程，组织学生赴校友企业参观、实习、实践，亲身体验职场文化。结合“箪食瓢饮　衔环涌泉”免费白米饭及矿泉水捐赠项目，邀请捐赠校友代表参与毕业典礼活动，为毕业生上好“最后一课”。充分挖掘和利用校友企业资源，探索建立适合不同学科的劳动教育实践基地，为学生开展多样化劳动实习实践提供丰富的选择空间。

实施“自强至善”劳动文化传承行动。持续举办“我们的节日”系列活动，在主要传统节日开展民俗互动，组织师生进行传统节日劳作。将地域特色融入劳动教育，聘请闽南手工艺人参与教学活动，带领学生进行漆线雕制作、采茶制茶等体验劳动，通过劳动实践传承非物质文化遗产。举办“大国工匠进校园”活动，开展“我最喜爱的十位教师”“身边的好同学”评选活动，让师生近距离感受劳模精神。组织师生创作以歌颂校园劳动者为主题的摄影、MV等文化作品，唱响“劳动厦大”主旋律。

经验启示

本案例内容契合《纲要》与《意见》的要求，既落实了《纲要》中高校劳动教育体系规划与建设的实施意见，广泛地开展劳动教育实践，又把据考量《意见》中形成具有综合性、实践性、开放性、针对性的劳动教育课程体系的要求。其在多样化与特色化的劳动实践中体现出诸多宝贵经验，主要体现为以下经验与启示：

坚持因材施教、有的放矢地制定各学段劳动教育目标。《意见》指出："学校要发挥在劳动教育中的主导作用。学校要切实承担劳动教育主体责任，明确实施机构和人员，开齐、开足劳动教育课程，不得挤占、挪用劳动实践时间。明确学校劳动教育要求，着重引导学生形成马克思主义劳动观，系统学习掌握必要的劳动技能。"①

应这一要求，厦门大学创造性地针对大学四年级不同时期、阶段学生的劳动思想发育状况与劳动教育的整体要求，由中共厦门大学委员会制订了《厦门大学新时代劳动教育行动计划（2020）》，并面向不同学段学生开展了多样的劳动教育活动，如针对本科二、三年级，硕士研究生二年级学生的"笃行致用"劳动实践活动；针对本科二、三年级，硕士研究生一、二年级学生的"博学明德"劳动课程开展活动；针对本科、硕士研究生一年级新生的"勤业赋能"生活技能培育行动等，力求契合不同学段学生的身心发展需要，并从整体上逐步贯彻教育规划。

兼顾赓续传统劳动技艺与吸收现代技术的要求。《纲要》指出："将日常生活劳动教育贯穿大中小学始终。在安排生产劳动和服务性劳动项目时，中小学要以使用传统工具、传统工艺的劳动为主，引导学生体会劳动人民的艰辛与智慧，传承中华优秀传统文化，兼顾使用新知识、新技术、新工艺、新方法的劳动。职业院校、普通高等学校要注重结合产业新业态、劳动新形态，选择现代农业、工业、服务业项目，提升创造性劳动能力。"②厦门大学指出，开展新时代劳动教育工作，要传承本校百年育人历史中的劳动教育元素，使之适应科学技术的发展，不断创新劳动教育的内容、手段和模式，使得劳动教育与时俱进、因地制宜，满足高校学生劳动素养发展的实际需要。

坚持榜样激励融入创新创业人才培养体系全过程。《纲要》提出：应坚

---

① 中共中央国务院关于全面加强新时代大中小学劳动教育的意见［N］．人民日报，2020-03-27（001）．

② 中华人民共和国教育部．大中小学劳动教育指导纲要（试行）［EB/OL］．［2020-07-07］．http：//www. moe. gov. cn/srcsite/A26/jcj_ kcjcgh/202007/t20200715_ 472808. html.

持榜样激励。“围绕劳动的精神追求，树立典型，激发劳动热情。注意遴选、树立多类型榜样，不仅要有大国工匠、劳动模范，还要有身边劳动表现优异的普通劳动者和同学。指导学生从中领悟他们的高尚精神和优良品质。”① 厦门大学在《行动计划（2020）》中指出：坚持积极实施“凌云壮志”职业生涯引导行动，推出“心系大学生”等生涯规划类项目，带领毕业生“四走”即走名企、走名家、走名品、走名园，培养学生规划职业生涯的意识，助力学生拓宽视野、定位目标，鼓励学生创造性开展劳动。搭建校友互动育人平台，举办“校友零距离”“校友论坛”活动，邀请杰出校友讲述成长经历及奋斗历程，组织学生赴校友企业参观、实习、实践，亲身体验职场文化。该校充分挖掘和利用校友企业资源，探索建立适合不同学科的劳动教育基地，为学生开展多样化劳动实习实践提供丰富的选择空间，激励学生在知名校友、杰出朋辈的引导下树立对创新创业项目、赛事的信心与敢于拼搏的决心。

案例三：北京邮电大学探索构建“四融入”劳动教育育人体系

北京邮电大学认真学习贯彻习近平总书记关于教育的重要论述和全国教育大会精神，深入落实党中央、国务院关于全面加强新时代大中小学劳动教育的重要决策部署，聚焦立德树人根本任务，将劳动教育纳入人才培养全过程，探索打造新时代大学生劳动教育新模式。

融入培养方案，推动劳动教育从“弱化”到“强化”。将劳动教育纳入人才培养方案，出台《新时代大学生劳动教育实施方案》，将劳动教育贯穿人才培养全过程。构建“理论+实践”的劳动教育模式，以慕课、专题讲座、劳动技能培训、先进事迹报告会等形式，强化学习培训；通过组织集体劳动，开展日常生活劳动；通过校园绿化美化、数据处理、网络测试、勤工助学等，开展生产性劳动；通过志愿服务、公益服务等，开展服务性劳动，近三年超过 3 万人次学生参与志愿服务。制订劳动教育教学计划，每学年、每学期制订劳动教育实践活动方案，开设本科生劳动教育必

① 中华人民共和国教育部．大中小学劳动教育指导纲要（试行）［EB/OL］．［2020-07-07］．http：//www.moe.gov.cn/srcsite/A26/jcj_kcjcgh/202007/t20200715_472808.html.

修课，设置2个学分，要求总学时不少于32学时，根据完成情况设定“优秀”“良好”“合格”“不合格”四档考评等级，切实推动劳动教育落地落实。

融入素质考评，引导劳动实践从“被动”到“主动”。深化综合素质评价改革，修订推免研究生管理规定和学生综合素质评价办法，将完成劳动教育学时数作为推免研究生的一项基本条件；提高劳动教育在综合素质评价中的占比，引导学生德智体美劳全面发展。完善学生劳动评价机制、途径与手段，围绕劳动教育的课程体系、活动内容、评价反馈等，出台《劳动教育学时认定标准》《劳动教育记录单》《劳动教育学时认定实施细则》等系列文件，强化劳动教育组织实施基础。构建劳动教育管理系统，集相关部门、教学管理人员、学生于一体，实现对劳动教育清单发布、劳动任务领取、劳动成绩认定的全过程闭环管理，进一步提升劳动教育管理的效率与水平。完善劳动评价反馈机制，每学年组织劳动教育学时认定，对未达到学时要求的学生进行警示，对学生在校期间参加劳动教育理论学习、日常劳动、志愿服务、社会实践、创新创业各项活动进行完整记录，形成学生劳动教育电子档案，对学生进行科学评价，引导学生在劳动中实现自我教育、自我成长。

融入校园文化，实现劳动意识从“要求”到“习惯”。建立首批劳动教育实践活动项目群30余项，为学生创造更多劳动实践机会，推动劳动教育生活化、常态化。发挥勤工助学的解困和育人功能，鼓励学生根据自身专长申报勤工助学岗位，年均设立勤工助学固定岗位1500个，参与勤工助学临时岗2000余人次。相关单位通过管理平台，发布劳动实践任务动态清单，依照劳动实践形式和内容，分为3大类13个小类，学生可根据时间安排选择合适的劳动任务。设立“劳动周”，组织新时代爱国卫生运动、绿色学校建设主题教育、爱校荣校主题教育等系列活动，在校园文化建设中融入劳动习惯和精神品质的养成。营造良好校园劳动文化氛围，以专题讲座报告、劳动教育基地参观体验、劳动教育成果展等形式，大力加强劳动教育宣传，引导学生培养勤俭、奋斗、创新、奉献的劳动精神。

融入社会实践，培养劳动能力从“掌握”到“创新”。依托学校定点帮扶贵州长顺县工作，建立校外劳动教育实践基地，以“农耕体验、民族文化、劳动教育”等为主题，规划设计特色劳动教育课程，通过打造劳动教育研学体系，培养学生诚实守信、吃苦耐劳、乐于奉献的劳动品质。结合学校专业特色，创新劳动教育内容、手段和评价，鼓励学生开展研究式学习和创造性劳动。以社会实践、创新创业实践为抓手，将劳动教育融入大学生创新创业训练项目中，探索建立以劳促学、以劳促创、“劳动教育+技术创新”的育人模式，培育出“无人机智能采摘技术的研究与实现”“多种光谱分析法快速检测土壤元素实现农业大数据应用”“智能灌溉系统”等多个大学生创新创业项目，引导学生增强解决实际问题的能力，积累实践经验，提升就业创业能力。

经验启示

本案例内容契合《纲要》与《意见》的要求，既落实了《纲要》中高校劳动教育体系规划与建设的实施意见，广泛地开展劳动教育实践，又把握考量了《意见》中形成具有综合性、实践性、开放性、针对性的劳动教育课程体系的要求。其在多样化与特色化的劳动实践中总结出诸多宝贵经验，主要体现为以下经验与启示：

力图实现多渠道、全方位的综合评价，坚持静态呈现与动态生成相结合。《纲要》指出：“将劳动素养纳入学生综合素质评价体系。以劳动教育目标、内容要求为依据，将过程性评价和结果性评价结合起来，健全和完善学生劳动素养评价标准、程序和方法，鼓励、支持各地利用大数据、云平台、物联网等现代信息技术手段，开展劳动教育过程监测与记实评价，发挥评价的育人导向和反馈改进功能。”[①] 北京邮电大学在构建劳动教育评价机制时，一方面沿用了以往根据学生劳动表现、劳动成果等静态性呈现进行评价的方法，另一方面积极顺应新时代下教育条件的更新趋势，启用现代信息技术手段对学生劳动教育的全过程实时记录、纪实评价，将阶段性评价成果及时反馈教育一线，最终保障劳动教育灵活性、实时性的实现。

突出劳动教育规律，强调个体思想意识的逐层提升。《北京邮电大学新时代大学生劳动教育实施方案（试行）》中提道：“深化劳动体验。通过让学生直接参与，体验劳动和感受劳动，掌握劳动技能，养成良好的劳动习惯，提高动手能力，增强自我教育、自我管理、自我服务的能力。结合时代特征、专业学科特色和学生特点，创新劳动教育内容、途径和方式，提

① 中华人民共和国教育部．大中小学劳动教育指导纲要（试行）［EB/OL］．［2020-07-07］．http：//www.moe.gov.cn/srcsite/A26/jcj_ kcjcgh/202007/t20200715_ 472808.html.

高创造性劳动能力，引导学生知行合一。"[①] 北京邮电大学建立首批劳动教育实践活动项目群30余项，为学生创造更多劳动实践机会，推动劳动教育生活化、常态化。北京邮电大学制订劳动教育教学计划，在每学段、学期、学年分类分批制订劳动教育实践活动方案，根据劳动教育发展规律，由浅入深、循序渐进地培养学生动手能力与劳动参与意识，增强劳动自觉性与主动性，落实了北京市关于新时期高等院校劳动教育的培养目标，促进学生劳动意识由他律到自律的转变。

设置学校定点帮扶点，开展校外实践活动。北京邮电大学积极融入社会实践，依托学校定点帮扶贵州长顺县，建立校外劳动教育实践基地，以"农耕体验、民族文化、劳动教育"等为主题，规划设计特色劳动教育课程，通过打造劳动教育研学体系，培养学生诚实守信、吃苦耐劳、乐于奉献的劳动品质。该校结合高校帮扶政策，结合本校劳动发展环境与学生素质，开展了具有高度实践意义的实践活动，既满足了落实高校帮扶的政策要求，也使得学生在实际生活中能够更贴切、更具体地感受劳动意义。

案例四：上海中侨职业技术大学研究探索"五维四驱"劳动教育模式

近年来，上海中侨职业技术大学以全面提升学生职业能力和素养为核心目标，统合劳动教育的三大任务，强化劳动科学知识的系统学习，深化职业院校人才培养体系的有机融入等，充分挖掘劳动的育人功能，合理构建劳动教育体系，实践探索"五维四驱"劳动教育模式，将劳动教育分别与"思政教育、就业能力、生活技能、公益志愿、创新创业"等五维融合，探索"课程、实训、生活、活动"等四个驱动，切实让劳动教育"实起来，勤起来，创起来"。

上海中侨职业技术大学作为上海首家本科层次职业教育试点院校，是全市技术技能型人才培养的重要阵地。在新的历史条件下，加强对学生生活劳动技能、生产劳动技能和服务性劳动技能的培养是学校落实立德树人

---

① 北京邮电大学．北京邮电大学关于印发新时代大学生劳动教育实施方案（试行）的通知［EB/OL］．［2021-09-30］．https：//science. bupt. edu. cn/info/1167/3011. htm.

根本任务的重中之重。中侨大学聘请了杨怀远、陈林根等全国劳模担任学校劳动育人导师。同时学校还依托“心联鑫”区域化党建联建，围绕都市农业、先进制造、现代服务、文化创意，挂牌成立“1+4”劳动育人实践基地，积极建设校本化、特色化劳动实践课程。

经验启示

上海中侨职业技术大学贯彻《意见》《纲要》的指示，既落实《意见》中把劳动教育融入人才培养的整个过程并贯通于家、校、社等多方面的指示，又贯彻《纲要》中“学校要将劳动习惯、劳动品质的养成教育融入校园文化建设之中”① 的要求。其具有以下经验和启示：

结合劳动本身的行动性、实践性的特点，寻找将劳动教育融合于校园文化的突破点。上海中侨职业技术大学按照《中共上海市委、上海市人民政府关于全面加强新时代大中小学劳动教育的实施意见》的指示，联合上海市民办高校党工委、市教育系统关工委民办高校分会展开研讨会，共同探讨民办高校如何建设更为科学完善、操作性强的劳动教育体系的问题，探索出“五维四驱”劳动教育体系，将劳动教育与“思政教育、就业能力、生活技能、公益志愿、创新创业”等五维和“课程、实训、生活、活动”等四个驱动结合，有效摆脱了传统课堂的限制，有利于实现全面提升学生职业能力和素养的核心目标，强化劳动科学知识的系统学习和与职业院校人才培养体系的有机融入，充分挖掘劳动的育人功能。

多渠道组建高水平、专业化、复合型的劳动教育师资，助推劳动教育融入校园文化。《中共上海市委、上海市人民政府关于全面加强新时代大中小学劳动教育的实施意见》中指出：“建立劳动教育教师特聘制度，设立不同工作室与教学岗位，吸引大批有能力的人前来面试与就职。”② 上海中侨职业技术大学为了让劳动教育更具说服力，聘请杨怀远、陈林根等全国劳模担任学校劳动育人导师，发挥榜样文化引领作用。学生面对面地与现实中的榜样模范进行交流，从而感受真正的劳动精神、创新精神、工匠精神。

---

① 中华人民共和国教育部．大中小学劳动教育指导纲要（试行）［EB/OL］．［2020-07-07］．http：//www. moe. gov. cn/srcsite/A26/jcj_ kcjcgh/202007/t20200715_ 472808. html.

② 中共上海市委、上海市人民政府．关于全面加强新时代大中小学劳动教育的实施意见［EB/OL］．［2020-08-27］．https：//www. shanghai. gov. cn/nw12344/20200906/0001-12344_65562. html.

打造开放式、多渠道、多领域的教育教学环境系统。《中共上海市委、上海市人民政府关于全面加强新时代大中小学劳动教育的实施意见》指出："充分整合农场林场、工厂企业、科研院所、城乡社区等资源，围绕建设'五个中心'和强化'四大功能'、打造'四大品牌'，建设都市农业、先进制造、现代服务、文化创意等劳动实践基地，满足学生多样化、创新性劳动实践需求。"上海中侨职业技术大学依托"心联鑫"区域化党建联建，整合社会资源，围绕都市农业、先进制造、现代服务、文化创意等方面成立劳动育人实践基地，开设相关劳动课程，坚持"开门办劳动教育"的理念，实现党委统一领导、政府统筹推进、全社会共同参与的劳动教育工作机制，发挥不同社会主体的积极性，多元协作办好劳动教育，推动中国特色劳动教育体系现代化。

案例五：海南师范大学构建"G-U-S"协作劳动教育教研模式

海南师范大学成立劳动教育教研团队，构建"G（政府）-U（大学）-S（中小学）协作劳动教育教研模式"，同定安县教育局、平和思源实验学校建设劳动教育创新试验基地。海南师范大学设立劳动教育创新试验基地是紧抓海南自贸港"建设国际教育创新岛，打造新时代中国教育开放发展新标杆"机遇的重要举措，是落实海南省委书记沈晓明提出的"打造海南学生'特色印记'"要求的具体行动，同时体现了学校对"高等师范教育与基础教育深度融合""教师教育振兴行动计划"等的积极推动，是学校"查堵点、破难题、促发展"，开展作风建设的活动之一，旨在把"我为群众办实事"落到实处。

"G-U-S协作劳动教育教研模式"目前已列入100项海南省基础教育优秀教学成果推广项目，充分体现了政府与高校共建教师教育改革与创新试验区的持续深化，硕果累累。劳动教育创新试验基地里小劳作地种植面积达4000余平方米，为促进德智体美劳"五育"融合，实现学生的全面发展提供了广阔平台，奠定了坚实的基础。平和思源实验学校的同学们在劳动中体会到乐趣，掌握了劳动技能的同时培养了动手能力，进一步理解了"谁知盘中餐，粒粒皆辛苦"的深刻内涵，更能在日常生活中践行光盘行动。做到劳动教育与家庭教育、社会教育、实践教育的结合，让同学们真正上好劳动教育这门必修课，成为劳动教育的受益者、劳动精神的传承者，成长为高素质的青年。

以“G-U-S协作劳动教育教研模式”构建劳动教育创新试验基地，不仅仅为当地的学生们提供劳动教育的优质平台，更为海南提供了优质师资的培养基地。自2020年海师与定安合作以来，海师帮助定安建设了优质师资队伍，为当地教育发展做出了突出贡献。近年来，海南师范大学通过组建41个服务海南基础教育学科教学团队，鼓动广大师生深入教育前线，坚持主动担当使命责任，为海南培养优秀师资、引领海南基础教育提供了驱动力。目前有14个团队与定安县10所中小学（幼儿园）合作开展教研活动，其中，就有劳动教育创新试验基地建设这一合作成果。海南师范大学支持定安县平和思源实验学校大力推动劳动教育，促进学生的全方位、高素质发展。

经验启示

海南师范大学贯彻落实教育部《纲要》和海南省相关文件全面落实劳动教育，与当地政府、中小学以“G-U-S协作劳动教育教研模式”合作设立劳动教育创新试验基地，形成共育合力，助力海南劳动教育体系建设，并在劳动教育中发挥主导作用。海南师范大学设立劳动教育创新试验基地有以下三点经验与启示：

长效发展，政府、大学、中小学三方合作共筑教育合力。海南省《关于全面加强新时代大中小学劳动教育的实施意见》明确指出，“要因地制宜制定相关政策措施，明确相关部门职责，切实解决劳动教育实施过程中的统筹协调、社会宣传和资源利用等问题，建立全面实施劳动教育的长效机制。”海南师范大学成立劳动教育教研团队，运用政府、大学、中小学三方的联合教育教研方式，联合定安县教育局、平和思源实验学校共同建设劳动教育创新试验基地，落实了这一意见中提出的建立全社会共同参与劳动教育的协同机制的相关要求，形成共育合力。同时，海南师范大学设立的劳动教育创新试验基地是海南省首个劳动教育创新试验基地，采用G-U-S协作劳动教育教研模式，政府、大学、中小学三方协同合作，具有首创性。

因地制宜，劳动教育创新试验基地建设应结合当地发展特色。海南省《关于全面加强新时代大中小学劳动教育的实施意见》指出，“应培养学生树立正确的劳动价值观和良好的劳动品质，夯实学生担当民族复兴大任、服务海南自由贸易港建设的素质基础。”G–U–S协作劳动教育教研模式紧密结合海南自由贸易港建设这一海南发展的重大历史性机遇，重点关注海南省优质师资缺乏问题，这是对海南发展的精准定位。海南师范大学与定安县教育局、平和思源实验学校合作建设劳动教育创新试验基地，是紧抓海南自贸港“建设国际教育创新岛，打造新时代中国教育开放发展新标杆”机遇的重要举措，是落实“打造海南学生‘特色印记’”要求的具体行动。

着眼当下，打造当地教育新格局，助力劳动教育体系构建。劳动教育基地的构建，不仅仅应当服务于高校的劳动教育体系建设，还应当双向互利，依托构建的劳动教育基地，为当地带来新发展、新气象。海南师范大学与政府、中小学三方协同建设劳动教育创新试验基地，是对实现海南省劳动教育总体目标的有力推动，为当地发展提供驱动力。海南师范大学着力于为海南省达成其《关于全面加强新时代大中小学劳动教育的实施意见》提出的“到2023年，我省劳动教育结构体系和服务体系基本形成，大中小学劳动教育规划设置全面完成，校内学习与校外实践相结合、专项教育与各科教学相融合，体现时代特征和海南自由贸易港发展需要的具有综合性、实践性、开放性、针对性的劳动教育课程体系初步建立”。到2025年，劳动教育支撑保障能力全面提升，劳动教育场地资源、师资队伍、管理制度、社会环境等符合海南自由贸易港建设需要，劳动教育实践活动广泛开展”的目标贡献力量。海南师范大学劳动教育创新试验基地落户中小学，必将推进海南省老滇东教育体系建设稳步发展，推动海南省教育发展目标圆满达成。

案例六：吉林大学打造“全国劳模讲授劳动教育课”教学模式

吉林大学作为高等教育的第一方阵高校，担负着为党育人、为国育才的重大历史使命，学校认真贯彻落实党中央和教育部的有关文件要求，统筹安排、整体推进劳动教育课程建设，共同推进形成劳动教育课程建设体系，落实劳动教育课程建设工作任务，第一时间出台了《吉林大学全面推进劳动教育工作实施方案》，积极创新劳动教育形式，以“全国劳模大讲堂”为平台，打造“全国劳模讲授劳动教育课”教学模式和品牌优势，积极推进全国劳模进校园讲劳动教育课制度化、规范化、常态化。

2021 年 6 月 2 日，吉林大学天和劳动关系研究院举行聘请全国劳模特聘教授仪式暨全国劳模首场劳动教育课。高凤林等 30 名全国劳模受聘为吉林大学特聘教授，30 名受聘的劳动模范来自不同行业，身处不同岗位，他们中既有工业领域的国家技能大师和大国工匠，也有从事高尖端行业的科技工作者。他们在各自岗位上诠释着劳动最光荣这一理念，展现了新时代劳模风采，他们引导新时代大学生挥洒青春热血，矢志劳动奉献，回报祖国人民。全体特聘劳模与吉林大学共同努力，使吉大学子们获取更多的知识，积蓄更强的力量，结出更多的硕果。让勇于创新、争创一流、淡泊名利、甘于奉献的优良品质厚植同学们心中，继承并发扬劳模精神、劳动精神、工匠精神。这是吉林省总工会和吉林大学共同打造新时代劳动教育特色品牌的新实践，也是将劳动教育和党史学习教育相结合的一项重要举措。

劳动教育“第一课”由中华全国总工会兼职副主席、全国劳模、吉林大学天和劳动关系研究院特聘教授高凤林讲授，他以“工匠精神极致追求”为题，从“爱岗敬业、无私奉献”“持续专注、开拓进取”“精益求精、追求极致”“推陈出新、薪火相传”“不忘初心、继续前进”五个方面诠释了工匠精神，分享了自己从一名技校毕业生成长为“大国工匠”的奋斗经历。他结合自己的工作实践，引用了大量案例，教授同学们工匠精神与航天质量的关系，即质量是政治、质量是生命、质量是效益；教授同学们“航天精神”代表的是自力更生，“两弹一星”精神代表的是奉献，“载人航天”精神代表的是担当；教授同学们坚持以人为本、坚持自信；教授同学们党和政府倡导工匠精神，中国制造业转型迫切需要工匠精神；教授同学们要努力增强政治敏锐性、职业敏感性，既要干得好还要能说出来、写出来，知道为什么能干好。他用自己的感人事迹、自身的成长经历来感染学生、影响学生，增加学生对劳动的认识，不断推进劳动教育走深走实。这别开生面的劳动教育课为吉林大学在全国高校劳动教育中当先锋、站排头、创品牌贡献了力量。

吉林大学推动劳动模范、大国工匠进校园，是贯彻落实习近平总书记把劳动教育纳入人才培养全过程重要讲话精神的实际行动。由他们为青年学生讲授劳动教育课，对于传承劳模精神、劳动精神、工匠精神，大力弘扬劳模精神、劳动精神、工匠精神，培养社会主义事业的建设者，具有重大而深远的现实意义。

经验启示

吉林大学认真贯彻落实党中央和教育部的有关文件要求，不断推进劳动教育课程体系建设，制定并出台了《吉林大学全面推进劳动教育工作实施方案》，积极创新劳动教育形式，充分发挥劳动教育育人功能，弘扬劳动精神。吉林大学通过特聘30名劳模授课推进劳动教育工作，有以下三点经验与启示：

以“全国劳模大讲堂”为平台，打造“全国劳模”特色劳动教育师资队伍。《吉林大学全面推进劳动教育工作实施方案》指出：“组建数量充足、相对稳定、专兼结合的劳动教育教师队伍，加强对相关教师的教育和培训力度，提高劳动育人意识和专业化水平。建立劳动课教师特聘制度，聘请具有实践经验的社会专业技术人员、劳动模范等担任兼职教师。”① 吉林大学积极创新劳动教育形式，以“全国劳模大讲堂”为平台，打造“全国劳模讲授劳动教育课”教学模式和品牌优势，积极推进全国劳模进校园讲劳动教育课制度化、规范化、常态化。这一措施有利于充分发挥劳动的育人功能，劳动模范以亲身经历、奋斗历程感染学生、滋养学生心灵，使学生自觉接受劳动教育，投身劳动、热爱劳动，在劳动中实现人生价值。

吉林大学结合自身综合性大学的实际情况，聘请不同行业、不同岗位的劳动模范，满足不同专业劳动教育需要。吉林大学天和劳动关系研究院聘请高凤林等30名全国劳模为吉林大学特聘教授。他们既是国家技能大师、大国工匠、科技工作者、园丁教师、白衣卫士，亦是基层的一线普通干部、领导岗位上的管理者。他们来自不同行业，身处不同岗位，但他们都在各自岗位上诠释劳动最光荣这一理念，展现新时代劳模风采。他们的切身经历是劳动教育最真实、最好的素材，他们的宣讲是激励吉大学子们在劳动中创造价值的精神力量。吉林大学聘请来自不同行业、不同岗位的劳动模范的举措，有助于全面提高学生劳动素养，是劳动教育内容、途径、方式方法的创新。同时，这有利于满足不同专业劳动教育的需要，推动构建体现时代特征、具有吉大特色的综合性劳动教育体系。

赋予劳动教育以劳模精神和工匠精神，让劳动教育活动更具“附加

① 吉林大学．吉林大学全面推进劳动教育工作实施方案［EB/OL］．［2020－12－22］．http：//zsy. jlu. edu. cn/info/1093/4572. htm.

值”。《纲要》明确指出：“依托实习实训，参与真实的生产劳动和服务性劳动，增强职业认同感和劳动自豪感，提升创意物化能力，培育不断探索、精益求精、追求卓越的工匠精神和爱岗敬业的劳动态度，坚信‘三百六十行，行行出状元’，体认劳动不分贵贱，任何职业都很光荣，都能出彩。”[①]吉林大学将培育形成爱岗敬业、艰苦奋斗、勇于创新、甘于奉献的劳模精神，崇尚劳动、热爱劳动的劳动精神，执着专注、精益求精的工匠精神作为推动劳动教育的主要目标之一。将劳模精神、工匠精神融入劳动教育是吉林大学培养学生正确劳动价值观和劳动品质的要求，也是吉林大学对《纲要》“主要围绕劳动精神、劳模精神、工匠精神、劳动组织、劳动安全等方面设计劳动必修课”[②] 等内容的回应与落实。

案例七：西南财经大学探索“5+4+4”大学生劳动教育管理模式

西南财经大学全面贯彻党的教育方针，领会《意见》《纲要》等文件精神，开展新时代劳动教育，五育并举，将劳动纳入人才培养过程，发挥劳动育人的功能。同时，西南财经大学创新劳动教育管理模式，注重教育实效。

西南财经大学在全国深入学习贯彻党的十九届五中全会精神之际，组织“第一届新时代财经高校大学生劳动教育论坛”，着力构建“新时代财经高校大学生劳动教育联盟”。2020 年 11 月 27 日，来自全国 36 所高校的 130 余名领导、专家和青年学生代表参与本次论坛。论坛设有“财经高校大学生劳动教育工作分论坛”“劳动价值论与劳动教育分论坛”和“劳动素养与青年发展分论坛”三个分论坛，各代表对新时代高校劳动教育的重要价值、劳动教育的时代内涵、劳动教育的创新等方面进行了深入的探讨交流。

“新时代财经高校大学生劳动教育联盟”坚持“资源共享、协同创新、

① 中华人民共和国教育部．大中小学劳动教育指导纲要（试行）［EB/OL］．［2020-07-07］．http：//www.moe.gov.cn/srcsite/A26/jcj_kcjcgh/202007/t20200715_472808.html.

② 中华人民共和国教育部．大中小学劳动教育指导纲要（试行）［EB/OL］．［2020-07-07］．http：//www.moe.gov.cn/srcsite/A26/jcj_kcjcgh/202007/t20200715_472808.html.

共谋发展”的理念，构建起新时代财经院校劳动教育共同体、交流合作大平台。论坛上专家就“马克思主义的劳动理论与党的劳动教育方针”“新时代财经高校劳动教育的实践与探索”“新时代高校劳动教育课怎么开、怎么讲”“传承弘扬红色基因，构建‘五个一’劳动教育工作体系”“弘扬劳动精神，彰显劳动价值，大力培养崇尚劳动的卓越财经人才”等主题作专题报告。

西南财经大学将以新时代财经高校大学生劳动教育联盟为契机，把握育人导向，持续打造西财特色“5+4+4”大学生劳动教育品牌，加强组织领导、配强师资队伍、健全考核机制和强化条件保障“四大劳动教育保障体系”，努力培养中国特色社会主义新时代青年。西南财经大学党委书记指出，党的十九届五中全会对构建高质量发展教育体系、实现教育现代化、建成教育强国作出全面部署。高校要把劳动教育放在我国进入社会主义建设新发展阶段、放在贯彻新发展理念、构建新发展格局中去审视和把握，要从党的教育方针，国家现代化建设，建设新文科、引领新财经，教育评价改革等四个维度认识和把握劳动教育的战略地位、本质要求、财经特色与评价导向。要建设好、维护好财经高校大学生劳动教育联盟，结合财经新业态，把握劳动新形态，互联互通、共建共享，共同把新时代大学生劳动教育推向新高度。

经验启示

西南财经大学全面贯彻党的教育方针，领会《意见》《纲要》等文件精神，充分发挥劳动育人功能，培养学生形成正确劳动价值观，全面提升人才素质，通过成立劳动教育联盟创新管理体制机制，具有以下三点经验与启示：

改进管理模式，建立新时代财经高校大学生劳动教育联盟，使劳动教育更贴合财经特色。劳动教育作为我国社会主义教育制度的重要内容，在课程体系中占有重要地位，劳动教育管理体制机制的建立与改革对于开展劳动教育，早日建立劳动教育体系十分重要。包括西南财经大学在内的24所财经高校共同发起成立“新时代财经高校大学生劳动教育联盟”，是劳动教育管理体制机制的创新，对于全面贯彻党的教育方针、精准定位育人方向、建设高校劳动教育管理体制具有重要推动作用。24所财经高校深入交流合作，绵绵发力、久久为功，弘扬劳动精神，引领学生树立马克思主义劳动价值观，探索新时代财经高校劳动教育实践路径，大力培养崇尚劳动的卓越财经人才，为社会主义建设培养更多的可用之才。

创新体制机制，持续打造西财特色“5+4+4”大学生劳动教育管理模式。西南财经大学将以新时代财经高校大学生劳动教育联盟为契机，持续打造西财特色“5+4+4”大学生劳动教育品牌，构建“学校规划督导、学院辅导员引导、班级组织实施、全员参与”的劳动实践管理模式，以劳动价值观为核心，丰富学生劳动体验、提高学生劳动技能、鼓励学生创造劳动价值，形成以劳动为荣的良好劳动氛围，奋力谱写“中国梦·劳动美”的新篇章。

结合财经新业态，把握劳动新形态，把新时代大学生劳动教育推向新高度。新时代财经高校大学生劳动教育联盟坚持“资源共享、协同创新、共谋发展”理念，结合财经新业态，把握劳动新形态，互联互通、共建共享，共同探讨新时代高校劳动教育课怎么开设，探索新时代财经高校劳动教育实践。这是对《纲要》“职业院校、普通高等学校要注重结合产业新业态、劳动新形态，选择现代农业、工业、服务业项目，提升创造性劳动能力”① 等内容的贯彻落实。

案例八：上海财经大学打造“1+7”劳动教育特色模式

上海财经大学认真贯彻全国教育大会精神，深入落实党中央、国务院关于全面加强新时代大中小学劳动教育的部署，立足学校实际，创新工作方法，着力打造体现时代要求、符合育人规律、彰显学校特色的劳动教育模式，提升学生劳动素养，努力培养德智体美劳全面发展的社会主义建设者和接班人。

为深入贯彻党的教育方针，全面落实意见精神，大力提升上海财经大学学生劳动素养，形成体现时代要求、符合育人规律、彰显上海财经大学特色的劳动教育体系，经过前期调研和充分酝酿，2020 年 4 月 27 日，在第 71 个五一国际劳动节来临之际，上海财经大学在国内高校中率先发布详细

① 中华人民共和国教育部．大中小学劳动教育指导纲要（试行）［EB/OL］．［2020-07-07］．http：//www. moe. gov. cn/srcsite/A26/jcj_ kcjcgh/202007/t20200715_ 472808. html.

的劳动教育三年行动计划——《上海财经大学新时代劳动教育行动计划（2020—2023）》（以下简称《行动计划》），全面开启劳动教育新篇章。

加强体制机制建设，将劳动教育纳入人才培养全过程。学校党委建立专人专班，定期进行专题研讨活动，统筹推进劳动设计、考核评价、条件保障等工作，保障劳动教育稳步开展。实施《行动计划》，制定本科生劳动教育培养方案及教育纲领。围绕本校教育计划，实施生活技能培育、社会实践体验、公益志愿服务、合作发展助力、创新创业创造联动、就业能力拓展、劳动文化建设“七大行动”，形成“1+7”劳动教育体系。

丰富劳动教育形式，充分发挥第二课堂育人功能。组织开展“千村调查”项目，在部分定点调查县设立“田间课堂”，以实践行动助力乡村振兴。设立“千村调查劳动日”，规范助教助管助研岗位设置，引导学生走进教学科研管理一线与教师一起奋力耕耘；设立“企业开放日”，引导学生深入企业一线，展开实地调研与劳动实践，提高学生的劳动能力和积极性。开设“帮扶类”“社区类”“会议类”“论坛类”“赛事类”等五大志愿服务项目，制定劳动教育日历，广泛开展公益志愿服务活动。

拓展劳动教育平台，深入推进创新创业教育。依托长三角地区中小微企业共建创新创业平台，建设“智慧学习工厂”，开展创业项目路演和创新创业大赛，每学年定期组织“创新创业实训周”活动，培养学生创新性劳动品质。拓宽“匡时班”组建范围，在学校科技园设立学生创业孵化基地，与校友校董企业共建产教融合实习基地，为学生创业实践和实习实训提供支持。依托“春晖社”等学生社团，组织学生为“校友返校日”“校友大讲堂”“校友职业论坛”等活动提供志愿服务。分类多层次设计“生涯规划月”“职前研习营”等生涯规划类项目，加强学生到基层就业创业引导，帮助学生树立用劳动书写青春的正确就业观。

奏响“三全育人”强音，打造“三位一体”协同育人格局。以家庭为基础、学校为主导、社会为依托，整体协同、深度融合打造“三位一体”育人格局。在家庭推出“亮家劳动一小时”活动，在学校推出“靓丽寝室”“青春食堂”“留给母校一间整洁如初的寝室”“春季卫生劳动周”等活动。建立劳动素养评价机制，以家庭、学校、社会为评价主体，以体力劳动、服务性劳动、创新性劳动为评价内容，以劳动态度、劳动技能、劳动成效为评价指标，将过程和结果、定量和定性、自评和他评相结合，充分发挥评价的育人导向和反馈改进作用。充分利用校报、学校官网、微信微博微视频等平台，推出“身边的劳动者”专题宣传等活动，立体化宣传劳动教育，唱响“劳动光荣、创造伟大”主旋律和最强音。打造“劳模进校园”“工匠面对面”等活动，让学生零距离接触先进典型，切身体悟“幸福是奋斗出来的”，增强劳动积极性、主动性和责任感、自豪感。

经验启示

本案例内容契合《纲要》与《意见》的要求，既落实了《纲要》中高校劳动教育体系规划与建设的实施意见，广泛地开展劳动教育实践，又把握考量《意见》中形成具有综合性、实践性、开放性、针对性的劳动教育课程体系的要求。其在多样化与特色化的劳动实践中体现出诸多宝贵经验，主要体现为以下经验与启示：

关注学生入学教育，全面渗透劳动意识。《中共上海市委、上海市人民政府关于全面加强新时代大中小学劳动教育的实施意见》指出：“涵育丰富的劳动情感，体认劳动不分贵贱，增强对劳动人民的感情，具有服务他人、服务社会的情怀，培养崇尚劳动、热爱劳动、尊重普通劳动者、珍惜劳动成果的情感。培养扎实的劳动能力，掌握劳动基础知识和基本技能……养成主动劳动、坚持劳动的良好习惯。”①

突出趣味性，兼顾科学性与实操性。上海财经大学打造校外劳动场地，丰富劳动类型，并遵循教育发展科学规律，为学生设计不断推进、由简至繁的具体活动。在突出教育措施趣味性的同时，上海财经大学也关注教育活动的科学性与合理性，坚持教育发展规律与学生实际劳动能力和接受能力相契合，制定科学的、有层次的实践项目。考虑到实际教学场景中可能出现片面灌输思想及“假”“大”“空”的问题，上海财经大学设计的劳动项目切实可行、易于上手，便于消除学生抵触心理，从而利于劳动教育的持续开展。

上海财经大学响应政策号召，观照自身实际，创造性地提出了新生劳动意识、劳动品质的“养成式教育”。其于新生入学之初，发布“FOP 新生领航计划”，开展新生宿舍“养成教育”，鼓励引导新生自行安置行李、整

① 上海市政府．中共上海市委、上海市人民政府关于全面加强新时代大中小学劳动教育的实施意见［EB/OL］．［2020-08-27］．https：//www. shanghai. gov. cn/nw44142/20200903/0001-44142_65562. html.

理宿舍，主动参与园区劳动，培育起良好的劳动价值观，养成尊重劳动、热爱劳动的生活态度。入学伊始，学生便逐步培养起对劳动的适应性与主动性。

突破时空局限，实时开设劳动场景。在第71个“五一”国际劳动节来临之际，上海财经大学在国内高校中率先发布详细的劳动教育三年行动计划——《行动计划》。根据《行动计划》内容，上海财经大学实施了以社会劳动为主、志愿性劳动和创新性劳动为核心的实践课程“云超市”，让学生自主选择，线上下单，线下实践。这一做法使得学生在疫情期间也可尽量减少受到时间和地点的束缚，真正做到从全方位坚持与贯彻劳动教育。

案例九：华东师范大学深入探索特色化、可持续性的劳动教育模式

华东师大积极推进劳动教育改革，以落实立德树人为根本任务，通过打造“3L”学习理念、构建课程体系、开发校内外资源、建设评价体系，形成与基础教育的良性互动，深入探索具有华东师大特色的可持续发展的劳动教育模式，以激发大学生创新劳动活力、促进学生全面发展。

在理念上，华东师大打造“3L”学习理念，即理论学习（learn to know），让学生正确认识劳动和劳动教育，树立正确的劳动观；实践学习（learn to do），提高学生劳动能力，使学生形成劳动习惯，塑造劳动品格；劳动创新/教育（learn to innovate/educate），最终能够使学生实现创造性劳动。

在课程体系构建上，学校教务处牵头启动了劳动教育课程建设，通过多种形式，如构建劳动教育课程新结构、推进跨学科融合课程建设、联动大中小学课程等，构建劳动教育课程体系，推动全校劳动教育模式的创新与改革。

华东师大围绕创新创业这一人才培养的重要突破口，加强劳动教育与“双创”实践的融合，通过跨学科的方式将脑力劳动和体力劳动充分融合，推动以“双创”为导向的创新劳动教育培养和以动手劳作为主的传统劳动课程建设。

华东师大也积极推进体育、美育、劳育相融合。比如美术学院将现有课程与篆刻、陶艺、木艺和漆艺等系列课程相融合，其从美术学科角度，使学

生能感受到实物的形状、色彩、艺术性；从物理学科角度，让学生感受制作过程中的温度、力量等；从化学角度，让学生看到化学反应等。这有利于学生在劳动中感受不同学科带来的美，并在美的熏陶下感受劳动的价值。

与此同时，学校依托体育与健康学院，将传统体育课程与生物认知、体育运动与劳动生活融合，系统推动“野外生存生活训练”课程建设。

同时，学校还积极开设劳动实践课程，举办师范生的实习培训和比赛，关注校内外劳动教育资源的开发应用和整合，多元化、灵活化、趣味化推动劳动教育教学。比如，生命科学学院、化学与分子工程学院、生态与环境科学学院携手成立“啄木鸟”安全小卫士队，聚焦高校实验室安全，增强大学生“知识劳动”能力。

孟宪承书院成立劳模·匠心工作室，以居家劳育主题实践活动、校社劳育联动活动和劳动主题教育活动为特色，多渠道开展书院师范生劳动教育。

后勤保障部在食堂、苗圃、宿舍楼等区域建设校园劳动实践基地，并联合各个学院举办劳动志愿者活动，让“爱在华师大”成为一种日常生活实践，并举办师生厨艺比赛、义务植树、美食节等活动。

经验启示

本案例内容契合《纲要》与《意见》的要求，既落实了《纲要》中高校劳动教育体系规划与建设的实施意见，广泛地开展劳动教育实践，又把握考量《意见》中形成具有综合性、实践性、开放性、针对性的劳动教育课程体系的要求。其在多样化与特色化的劳动实践中体现出诸多宝贵经验，主要体现为以下经验与启示：

突出体美第二课堂，补齐劳动教育短板。《纲要》指出应把握劳动教育基本内涵。劳动教育是国民教育体系的重要内容，是学生成长的必要途径，具有树德、增智、强体、育美的综合育人价值。“当前实施劳动教育的重点是在系统的文化知识学习之外，积极组织学生参加劳动实践，培养学生吃苦耐劳的精神品质。”① 为响应国家加强劳动教育的要求，构建符合新时代育人规律的高校劳动教育培养体系，华东师范大学于2019年4月成立了体

① 中华人民共和国教育部．大中小学劳动教育指导纲要（试行）［EB/OL］．［2020-07-07］．http：//www.moe.gov.cn/srcsite/A26/jcj_kcjcgh/202007/t20200715_472808.html.

美劳教育工作推进委员会，负责全面推进学校的体美劳教育工作建设，对第一课堂、第二课堂体美劳教育的开展进行系统规划。此外，该校还积极推进体育、美育、劳育相融合。比如美术学院将现有课程与篆刻、陶艺等系列课程相融合，促进学生增强美的感受，并从中感悟劳动的魅力。同时，学校依托体育与健康学院，将现有体育课程与生物认知、劳动生活与体育运动融合，系统推动“野外生存生活训练”课程建设。总之，华东师范大学针对当前劳动教育实施中片面突出学科知识、思维方法的局限，帮助学生培养审美能力与健全的身心品格，使得学生真正成为新时代劳动能力全面建成的素质型人才。

在实施全过程中重视劳动教育课程体系建设与大中小学课程的衔接。《意见》指明：“设置劳动教育课程。整体优化学校课程设置，将劳动教育纳入中小学国家课程方案和职业院校、普通高等学校人才培养方案，形成具有综合性、实践性、开放性、针对性的劳动教育课程体系。”① 该校一方面构建起教师教育课程群，融合劳动教育理论与实践，衔接中小学课程与劳动教学内容。另一方面，学校在师范生培养方案中增设劳动教育课程目标，开设劳动教育理论、实践课程，举办师范生的实习培训和比赛等活动。华东师范大学将劳动教育作为其通识课程之一，增设“劳动与创造”板块，结合自身师范办学特色，系统化培养本校师范生，为社会输送了系统化培养且具有明显学校特色的人才。

遵循教育发展规律，探索“三维度”特色评价设置体系。华东师范大学从育人的“实践评价”“效果评价”以及“增值评价”三个维度来探索建立劳动教育的客观评价标准。实践评价以学生的出勤率、课堂活跃程度为要点，考察学生的劳动观念、劳动精神和劳动态度；效果评价则借助学生互评、学生自评与教师评价，从而系统掌握学生的劳动能力，并建立学生劳动素质档案，便于教师开展针对性教学，从而提升教学效率。与此同时，学校也在教育教学工作考评机制中加入劳动教育模块，专项督察第一课堂、第二课堂，建立健全绩效考评体制机制，从而推动劳动教育体系建设，促进学校劳动教育全方面高质量发展。

---

① 中共中央国务院关于全面加强新时代大中小学劳动教育的意见［N］. 人民日报，2020-03-27（001）.

案例十：西北农林科技大学构筑“五育融合”视域下“四位一体”劳动教育新模式

在农学大类专业人才培养中，劳动教育具备最天然、最本质的优势，农学院以劳动科学赋能，通过“沉浸式”的劳动教育，串联第一、第二、第三课堂的实践任务，将劳动教育融入德、智、体、美之中，构筑“五育融合”视域下“四位一体”的劳动教育新模式，最终实现学生劳动观念、劳动精神、劳动能力、劳动品质培养的全程渗透、全员参与、全方位介入。

以劳树德：将劳动教育贯穿思政教育。将劳动教育贯穿思政教育全过程，是培养一代代德智体美劳全面发展的社会主义建设者和接班人的本质要求。农学院以建党百年为契机，将劳动教育与“四史”教育深度结合，在每周政治理论学习、党团课和主题班会中开设劳育专题学习，让学生深入领会新时代劳动教育的精神实质和丰富内涵；开设“耕读大讲堂”，邀请行业内外知名专家学者讲课，引导学生正确认识劳动对个体发展、国家建设和民族复兴的推动作用，鼓励学生养成吃苦耐劳的精神品质；副书记、辅导员加入综合素质教育学院劳动教育教研室，在理论课程和日常思政中突出马克思主义劳动观的教学，加强劳动领域的教育研究，树立典型，引导学生形成正确的劳动观。

以劳增智：将劳动教育融入专业教育。在农科类专业人才培养中，劳动教育和劳动实践是重中之重，不可或缺。根据农学大类专业特点，农学院将劳动教育融入专业课程学习中，设立劳动教育教学实践环节，主要以课堂教学、实践教学、讲座沙龙等多种形式开展劳动教学，每个本科生每年的劳动实践课逾50课时；依托学校场站、示范站和现代化农业企业，建立了一批劳动教育和耕读教育实践基地，让学生在劳动实践中增强专业技能和专业本领；根据学生不同的年级特点和认知层次，连续多年开展“小神农多熟种植活动”“小麦和玉米高产竞赛”“三夏生产实习”等专业特色鲜明的劳动实践，并在本科生群体中形成活动竞赛“全覆盖”模式，切实提高学生的劳动能力，让学生在劳动过程中收获颇丰。

以劳强体：将劳动教育与第二课堂相结合。推动劳动教育与社会实践、志愿服务、创新创业等第二课堂有机融合。依托学科优势，结合专业特色，开展“农科学子联合实践行动”“助力春耕夏播生产”“田园使者”等社会劳动实践教育，将理论与实践相结合，让学生在劳动实践中感悟劳动价值；开展志愿服务活动，围绕“乡村振兴”“赛事服务”“社区服务”等各类主题组织校内校外公益活动，尤其在“十四运”志愿服务、疫情防控志愿服务以及“三下乡”社会实践中广泛动员服务保障工作，让学生在志愿服务和劳动实践中淬炼劳动精神；开展创新创业训练行动，依托“挑战杯”“互联网+”等各类学科竞赛开展劳动教育，融入“劳动最光荣”理念，提升学生就业创业能力。

以劳育美：将劳动教育融入文化育人。校园文化是劳动教育的重要载体，要在校园文化中潜移默化地融入劳动意识、劳动品质的培养。农学院持续深耕学院三楼“赵洪璋文化长廊”，日常开展学习赵洪璋院士、王辉教授等老一辈科学家扎根杨凌、服务三农、艰苦奋斗、矢志强农报国的先进事迹活动，引导学生感悟劳模精神，让学生在学习先进劳动典型和自身劳动中，树立担当意识，涵养劳动精神；结合专业特色，开展系列“五谷画”艺术创作大赛，将科研成果转化为艺术展示，增强学生在劳动实践中发现美、感悟美和创造美的能力；结合植树节、劳动节等传统节日，在线上线下双向打造劳动光荣、创造伟大的校园文化，使学生形成正确的劳动观。

经验启示

本案例内容契合《纲要》与《意见》的要求，既落实了《纲要》中高校劳动教育体系规划与建设的实施意见，广泛地开展劳动教育实践，又把握考量《意见》中形成具有综合性、实践性、开放性、针对性的劳动教育课程体系的要求。其在多样化与特色化的劳动实践中体现出诸多宝贵经验，主要体现为以下经验与启示：

突出办校特色与主题，培育现代化对口实践基地。中共陕西省委、陕西省人民政府印发的《关于全面加强新时代大中小学劳动教育的若干措施》中提道：“城镇学校可与本地企业、公共服务机构等协作，建立校外工业体验、商业和服务业实践基地。普通高等学校和职业院校要根据劳动教育需求，多渠道拓展实践场所，在强化校内实习基地建设的基础上，大力拓展校外实习和劳动场所，逐步建立稳定的实习和劳动基地。创建一批省级示范劳动教育实践基地，发挥示范带动作用。”① 西北农林科技大学作为陕西省重点高校，严格落实本省关于劳动教育的指导与要求。依托学科优势，

① 中共陕西委、陕西省人民政府．关于全面加强新时代大中小学劳动教育的若干措施［EB/OL］．［2021-03-30］．http：//www. shaanxi. gov. cn/xw/sxyw/202103/t20210330_ 2158162. html.

结合专业特色，开展“农科学子联合实践行动”“助力春耕夏播生产”“田园使者”等社会劳动实践教育活动，将理论与实践相结合，让学生在劳动实践中感悟劳动价值。西北农林科技大学于农林科技特色中深入挖掘前景专业，顺应现代工业化、信息技术发展大势，打造具有时代特征与本校特色的劳动教育模式。

聚焦学科特色，创设导向型劳动人才。《纲要》指出：“普通高等学校要将劳动教育有机纳入专业教育、创新创业教育，不断深化产教融合，强化劳动锻炼要求，加强高等学校与行业骨干企业、高新企业、中小微企业紧密协同，推动人才培养模式改革。专业类课程主要与服务学习、实习实训、科学实验、社会实践、毕业设计等相结合开展各类劳动实践，注重分析相关劳动形态发展趋势，强化劳动品质培养。”① 西北农林科技大学以培育和服务新时代农业技术、推动新时代工农进步为办校基点，在劳动教育建设体系中努力培养一批以本校专业特色为基础、融注国家与社会对劳动新要求的具有劳动精神与创新素质的人才。

弘扬“西农精神”，构建以校训、校风、教风、学风等为主体的具有农林特色的大学文化体系。《纲要》指出：“学校要将劳动习惯、劳动品质的养成教育融入校园文化建设之中。要通过制定劳动公约、每日劳动常规、学期劳动任务单，采取与劳动教育有关的兴趣小组、社团等组织形式，结合植树节、学雷锋纪念日、五一劳动节、农民丰收节、志愿者日等，开展丰富的劳动主题教育活动，营造劳动光荣、创造伟大的校园文化。”②

“西农精神”作为一种精神意志、一种价值导向、一种文化追求，是西北农林科技大学建校80多来师生践行的一种集体自觉，更成为一种潜在的劳动意识。建设“西农精神”不仅是自身发展的需要，同时也是促进社会进步的需要。“西农精神”是为深入学习贯彻宣传习近平新时代中国特色社会主义思想，切实履行好人才培养、科学研究、社会服务、文化传承创新、国际交流与合作义务的伟大探索与伟大坚守。西北农林科技大学作为新时代致力于“三农事业”突破与进步的一批高等院校之一，在劳动教育建设

① 中华人民共和国教育部．大中小学劳动教育指导纲要（试行）［EB/OL］．［2020-07-07］．http：//www.moe.gov.cn/srcsite/A26/jcj_kcjcgh/202007/t20200715_472808.html.

② 中华人民共和国教育部．大中小学劳动教育指导纲要（试行）［EB/OL］．［2020-07-07］．http：//www.moe.gov.cn/srcsite/A26/jcj_kcjcgh/202007/t20200715_472808.html.

中不仅着眼于农林技术、特色专业的创新，更重视促成劳动教育持续推进、先进文化的培育以及培养服务他人与社会的劳动情怀；突出校园文化活动中的“劳动”特色，使劳动最光荣、最美丽的观念深入人心。

案例十一：北京理工大学创新劳动教育模式，培养“五育并举”人才

北京理工大学机械与车辆学院通过“模块化集成”来实现以劳动教育为牵引的人才培养体系重构，基于具体的、对象明确的劳动实践项目，让学生深入劳动实践场所，获得劳动体验，同时结合课堂理论，形成劳动理念，从而更好地培养德智体美劳全面发展的时代新人。

为了适应不同历史时期的发展要求，对于“培养什么人、怎样培养人、为谁培养人”① 这一根本问题的探讨一直在不断深化，从隐性育人到显性育人，教育事业必须与时代发展相适应。因此，亟须以德智体美劳“五育并举”的融通理念，整合重构全员、全过程、全方位的教育教学资源，腾挪出劳动教育需依托的理论与实践空间，在知行合一的共同语境下，实现劳动教育理论与实践的有机结合，实现课程内容资源共享、运行模式学用结合、培养过程内外联动。

北京理工大学机械与车辆学院本着师生学习共同体的价值成长理念，从顶层设计出发，深挖劳动教育的新时期内核，系统构建适应新时代大学生劳动教育的培养体系及其常态长效体制机制。其以现有专业培养体系为依托，系统梳理各类课程载体，建设劳动教育平台与资源，探索与构建劳动教育体系框架，旨在构建特色鲜明的改革路径和内涵式发展模式。一是明确以“理论学习+项目实践”的模式开展劳动教育课程建设，充分运用实验实践类课程、生产实习、专业服务等集中性实践环节；二是注重围绕创新创业开展劳动教育实践，培养学生应用新知识、新技术、新方法以及创造性解决实际问题的能力；三是通过实践锻炼，让学生体会“劳动最光荣、劳动最崇高、劳动最伟大、劳动最美丽”的深刻道理。

---

① 习近平．思想政治理论课教师座谈会强调：用新时代中国特色社会主义思想铸魂育人　贯彻党的教育方针落实立德树人根本任务［N］．人民日报，2019-03-19（1）．

学院“制造技术基础训练”课程作为传统“金工实习”的当代篇，主要承担着现代制造技术的实践任务，具有劳动教育的“动手实践、出力流汗”的典型特征，是劳动育人的先锋阵地。因此，学院工程训练中心将新开课班级的首堂理论课搬到了实训厂房里。“劳动教育第一课”特别邀请了全国劳动模范、高级技师高凤林为300余名学生讲授他和工匠精神的故事，强调了创造性劳动锻炼和有价值劳动产出的重要意义。

北京理工大学机械与车辆学院在重构专业教育内涵、将劳动教育融入专业培养体系的同时，也使劳动实践的课外大课堂成为立德树人的重要平台。依托现有培养体系科学设计、系统搭建模块化的劳动教育课程体系，建立劳动教育实施、评价体系，并整合师资、教学资源。例如，学校面向全学院开设了“工程实践”必修实践课程，课程以课赛结合为特色，聚焦前沿交叉学科与技术，强调学生系统性思维和动手实践能力，强化学生专业感知，激发学生专业兴趣。

未来，北京理工大学机械与车辆学院将建设可辐射工科专业的系列劳动教育课程，同时构建劳动教育资源库和典型案例库，在思政实践、公益实践、社会实践、创新实践、应用实践等多元立体实践平台中，使“知行合一”理念落地生根。北京理工大学将认真落实立德树人根本任务，加快建设中国特色世界一流大学的步伐，为实现中华民族伟大复兴提供人才支撑。

经验启示

本案例内容契合《纲要》与《意见》的要求，既落实了《纲要》中高校劳动教育体系规划与建设的实施意见，广泛地开展劳动教育实践，又把握考量了《意见》中形成具有综合性、实践性、开放性、针对性的劳动教育课程体系的要求。其在多样化与特色化的劳动实践中体现出诸多宝贵经验，主要体现为以下经验与启示：

顶层重构，知行合一实现人才培养内涵式发展。《意见》指出：“适应科技发展和产业变革，针对劳动新形态，注重新兴技术支撑和社会服务新变化。深化产教融合，改进劳动教育方式。强化诚实合法劳动意识，培养科学精神，提高创造性劳动能力。”① 北京理工大学作为全国高等学校科技

① 中共中央国务院关于全面加强新时代大中小学劳动教育的意见［N］. 人民日报，2020-03-27（001）.

转化和技术转移的首批示范性建设高校，在坚守本校办校初衷与顺应新时代劳动教育创新大势的前提下，创造性地将劳动教育与专业教育、创新创业与劳动意识有机融合，构建出了特色化、科学化，并具有一定示范借鉴意义的劳动教育规划建设体系，实现了本校人才“五育并举”的发展目标，为现代化建设输送高素质、内涵式人才。

打造优质软环境，突出精神价值引领作用。《意见》于“全面构建体现时代特征的劳动教育体系”中强调，“高等学校要注重围绕创新创业，结合学科和专业积极开展实习实训、专业服务、社会实践、勤工助学等，重视新知识、新技术、新工艺、新方法应用，创造性地解决实际问题，使学生增强诚实劳动意识，积累职业经验，提升就业创业能力，树立正确择业观，具有到艰苦地区和行业工作的奋斗精神。”① 北京理工大学结合自身理工办校特色与目标，深挖劳动教育的新时期精神内核，在校园、基地内外科学化体现新时代劳动精神与育人价值，融合劳动教育体系与劳动技术建设，培育学生热爱劳动、实干兴邦的情怀以及吃苦耐劳的精神品质。

系统化模块化设置课程体系，多渠道搭建立体化共享式实践平台。《意见》在规范劳动教育课程设置时提道：“整体优化学校课程设置，将劳动教育纳入中小学国家课程方案和职业院校、普通高等学校人才培养方案。”② 同时，为了实现理论与实践有机协调与高度配合，《意见》同时指出：“大力拓展实践场所，满足各级各类学校多样化劳动实践需求。充分利用现有综合实践基地、青少年校外活动场所、职业院校和普通高等学校劳动实践场所，建立健全开放共享机制。”③ 北京理工大学充分顺应新时代劳动教育发展需求，充分发挥本校理工学科优势，充分把握当下科学技术与社会实践的特色与本质，模块化、系统化地构建劳动教育体系，健全劳动教育实践与评价体系。

① 中共中央国务院关于全面加强新时代大中小学劳动教育的意见［N］. 人民日报，2020-03-27（001）.

② 中共中央国务院关于全面加强新时代大中小学劳动教育的意见［N］. 人民日报，2020-03-27（001）.

③ 中共中央国务院关于全面加强新时代大中小学劳动教育的意见［N］. 人民日报，2020-03-27（001）.

第二部分
国外学校劳动教育典型案例和经验

案例一：俄罗斯“家、校、社”三位一体式劳动教育模式

俄罗斯劳动教育方式多种多样，主要方式有课程教学、家庭劳动、自主服务劳动、社会有益劳动等。

就“工艺学”课程来说，苏联解体后，俄罗斯对苏联的劳动教育取其精华、去其糟粕，在现实基础上进行合理的继承、改革和完善。“工艺学”这门课程自 1993 年以来就被俄罗斯普通学校引入一年级到十一年级的基础课程之中。一直到目前为止，它在俄罗斯中小学劳动教育课程中仍然占据主导地位。引导学生进入信息技术世界的核心，让学生能够灵活运用现代技术设备的基本能力，深通现代工艺，知晓有关职业的内容，能够在此基础上准确地找到自我的职业定位一直以来都是这门课程的核心目标。只有这样，个体从普通教育到中等职业教育、高等教育以及工作这一过程的紧密性、连续性才不会被破坏，学生教育每个环节的过渡才能得到实际保障。“工艺学”这门课是一年级到八年级都需要学习的课程，它作为必修课程被列入联邦基准教学计划，并规定了学习这门课应当所需要的最少时间。其中，一年级到四年级掌握的主要课程是造型、缝制、黏土塑造、粗线工艺品制作技巧以及工艺原理和基本的生产劳动技能。直至五年级会根据学生性别进行合适的教学设计，男生主要以机械设计操作类为主，例如切割金属、操作机床、木工手作等，女生则是以生活艺术类为主，例如剪裁设计、烹饪技巧、装饰艺术等。学生进入九年级以后，“工艺学”就可根据地方教育机构灵活变通，加入地方特色了。十到十一年级则根据学校要求以多种多样的呈现形式纳入地方性的教育机构的可变范围之内，即从国家提供的农业工艺学、信息工艺学、工业工艺学中进行选择，作为实施工艺学的可能方案。九至十一年级的“工艺学”以小组会议活动、单元活动、辩论赛、运动赛等形式展开。这旨在培养学生的职业选择意识，发展所选职业的专业知识和特定技能。此外，地方机构和地区的能力及需求也被“工艺学”这门学科考虑在内，以便提供多样化选择机制。

除了联邦规定的固定课程这种教学方式外，“工艺学”课程的开展形式还可以是地方教育机构根据实地情况自由地开展教学活动。俄罗斯的地方教育机构分为城市班和乡村班。城市的“工艺学”开班规模在 25 人及以

上，乡村的则是 20 人及以上，课程内容主要是以认知劳动、生产工作劳动、解决技艺应用类问题、文献查找使用以及模型结构的制作与设计等为主。

除“工艺学”课程外，俄罗斯还注重劳动教育与民族文化相融合，开展一系列和国家、区域特色相关的必修课程，例如传统手工艺、母语、民族运动、区域地理和历史等。劳动教育和民族文化相融合的方式为俄罗斯培养了一批有高度民族自觉、高度文化自信而又吃苦耐劳的人才。

在课堂之外，俄罗斯劳动教育同样重视社会有益劳动及其对学生进行生产过程中的就业指导，其中养兽员、鱼品加工专家、畜牧员等职业在就业指导中占有相当重要的位置。部分高年级的学生可以在父母的工作地进行相应的劳动实践，女生则更倾向于毛皮加工等针线活和家务事。俄罗斯相关就业指导的开展为学生个人职业化、社会化奠定了基石。

在家庭劳动教育方面，早在 1977 年，苏联宪法第六十六条规定：“苏联公民必须关心子女教育，教育他们参加有益于社会的劳动，把他们培养成社会主义社会名副其实的成员。”① 从法律角度把家庭劳动教育摆在较高位置。由于地理环境影响，俄罗斯家庭劳动教育鼓励孩子接触自然，重视身体锻炼。在俄罗斯，零下数十摄氏度天气里家长推着婴儿车带孩子出门的现象司空见惯。此外，老年人积累的生活经验是俄罗斯家庭劳动教育的丰富资料。从幼儿时期开始，孩子们就被要求做力所能及的任务，培养耐心、毅力、独立等优秀品质，从而达到综合育人的目标。

经验启示

完善课程管理制度，体现学校的自主性。在纵向上，俄罗斯普通教育机构在不同层级的管理模式不尽相同。总体而言，俄罗斯普通教育机构主要由联邦主体及其下属区域及学校或者教育机构三大部分组成。俄罗斯联邦政府不断完善其有关教育的法律体系，制定专门的教育政策规划，同时也在不断明确联邦、国家-区域、学校或教育机构这几个不同主体的应承担的责任，确保整个体系流程分工明确、权责清晰。而国家只是提供了一套示范性的教学计划、教材、教参，这样既保障了俄罗斯劳动教育的基本水平，又不影响学校和老师的自主性。除此之外，《联邦教学计划》规定，“造型艺术与美工劳动”这门综合性较高的课程是否需要在一、二年级时就

① 刘庆华. 苏联宪法学习文件选编 1 ［M］. 武汉：中南政法学院，1986：102.

向学生讲授需要由当地的教育机构自主决定，像九年级这样的高年级关于“工艺学”的课时也同样由教育机构负责安排，确保学生能够做好专业性训练的提前准备。这点在《意见》中同样也有体现。《意见》指出，坚持因地制宜。依据各地区和学校实际，结合当地在自然、经济、文化等方面条件，充分挖掘有用资源，宜工则工、宜农则农，采取多种方式开展劳动教育，避免“一刀切”。① 只有充分发挥好地方自主性，国家的劳动教育才能百花齐放、百家争鸣。

运用信息技术手段，实现教育资源的整合。在信息化时代，俄罗斯的劳动教育中也处处体现着信息技术的作用，以先进的信息技术来达到优化“工艺学”课程的目的。俄罗斯联邦教育部颁布的1559号命令中明确规定电子版的教材成为不可或缺的重要书籍，每一所学校都必须具备，并明确学校应与互联网多媒体等一类网络信息元素相互交流补充。同时，为有效落实“工艺学”课程，学校、家庭、社会资源应当被有效利用，形成一个有机整体。其他的公共资源，例如科技园、博物馆、其他教育机构组织等也可被利用于工艺学的教学。例如，在中等专科学校和中等技术学校学习的学生可以参观与自己专业相关的企业，提前了解、熟悉未来的工作地点和环境。

强化课程内容更新，促进培养理念现代化。俄罗斯教育目前首先需要解决的问题为教学内容的更新和“工艺学”教学方式的改进。学校的教育内容和方式必须随着时代的变化而发生转变，紧跟潮流步伐，不断给予学生新知识、新技能，锻炼学生的自主创新性思维，给学生提供活力满满的生活。尊重发展规律，按照现实变化而改进，“工艺学”才初步形成了自我的空间定位和自我认同。与此同时，课程内容依据全球标准和不同区域的发展而涉及媒体广告、智能互联网、机器人控制、数字化技术等领域。在培养理念方面，通过项目探究、创意设计、公益活动等多元化课堂形式，充分融合劳动教育与作品创制，培养学生创新能力、自主发展能力、创新思维等个人素质，促进学生整体发展。

重视家庭劳动教育，体现家庭的先导性。家庭教育是人受到教育的起始点，家长是第一批教育者。俄罗斯充分重视家庭劳动教育在个人成长中

① 中共中央国务院关于全面加强新时代大中小学劳动教育的意见［N］．人民日报，2020-03-27（001）．

的作用，“从娃娃抓起”，从小培养孩子亲近自然、吃苦耐劳等优秀品质，让孩子在劳动中获得家庭主人翁意识，提升其家庭责任感。此外，家庭劳动教育还和校园劳动教育相衔接，实现与学校教育理念和要求的统一。

案例二：德国建设内容多元、形式多样的学校劳动教育课程体系

德国职业教育体系以“双元制”为特色，而德国普通学校的劳动教育作为职业教育的基础性阶段，着重培养学生的劳动观念、劳动技能及职业责任感，其“劳作学校思想”对其他国家劳动教育理论建构与发展产生了深远的影响。

21 世纪，德国学校劳动教育的目标开始转向人的全面和谐发展，教育内容开始凸显数字化和计算机化的特点，并逐步建立了以经济、劳动、技术和职业计划为主的学校工作课程。以行为为主导的德国劳动教育的主要教学理念是使所有的人都能充分地投入到项目的创作中，并在老师的引导下实现技术的教学。这样，通过典型的专业设计，可以让学员的头脑和手联系配合更加密切，从而获取相应的技能、知识和经验。德国的劳动教育历史悠久，其实际工作经历十分丰富。尽管各联邦州实行了教育自主，但各个层次的学校的劳动课制度却有很多共同点，其课程设置的重点是：培养以解决学生的职业和生活问题为目的的工作技能；内容涉及家政、技术、经济、职业等方面；教学设置突出综合性、模块化和多领域化等特点。

德国高职教育的实践活动以培养高职教育专业的实践人才为目标。常用的教学方式有：传统授课、传统小班研讨会、实践课、学校教学实践、伴随式教学论研讨会、伴随式学校教学实践研讨会、校园企业/工场中的企业实践教学。职业教育课教学通常采取的教学方式有：教师讲授、正反主题辩论、头脑风暴、专家访谈、案例分析、角色扮演、项目教学、未来车间操作、校园企业和企业实践等。

本专业的教学目的是培养学生的职业技能和生活技能。职业教育承担着对学生进行经济、生态、技术和社会职业基本知识传授的重要任务，它既是职业培训的目标，也是面向各类学生的职业教育。各州关于劳动教育的特定课程目的，尽管有不同的说法，但都是以提高学生的综合工作能力

为主要目的，即专业知识能力、方法能力、判断能力、决策能力、社交能力和行为能力。行为是六种技能中的重要组成部分，它的发展取决于其他五种技能的有效开发。只有具备了行为能力，学生们在实际的生产与生活中，才能够进行知识的转移与转化，从而提升个人的劳动能力。

总的来说，大部分的联邦州综合中学、实科中学和重点中学都有专业的就业培训。其中包括家政、技术、经济、职业四个方面：①家政（家庭生活，日常消费，家庭饮食，采购和废弃物处理，烹饪和裁剪，家庭财务和税收）；②技术（家电技术、常用计算机软件、社交媒体应用等）；③经济学（国民经济学基础、企业经济学基础、商品流通、商品贸易、生态环境、经济学以及其他）；④职业（劳动的内涵和价值）、职业责任（劳动与产品生产过程）、职业选择（职业实习）、劳动保护（劳动保护）。虽然各个联邦州的学校特定的教学计划存在着差异，但其主要的教学目标是：在劳动、家政、经济、技术（信息技术、计算机技术）领域培养学生能力。例如，由北部莱茵威斯特法伦州制定的《主要中等学校的劳动课》，其目的是提高学生的劳动技能，涵盖家政、技术、经济三大专业，根据七、八、九、十年级的不同，对人生与事业的发展进行了详细的分类，确定了其工作的发展趋势，并通过多种形式的知识和技能培训，使其能够灵活地应用多种技能。

教学设置突出综合性、模块化和多领域化等特点。德国中小学的劳动课设置具有综合性、模块化、跨学科化等特点，是一门将技术、家政、经济、职业相结合的综合性学科。德国七至十年级的劳工教育是一项综合性的学科，结合劳动学、社会学、资讯科技、家政学、物理及化学等学科，使学生能够全面应用各类学科的知识，并能够有效地处理社会中的实际问题。与以往的模块化课程相比，教师可以根据专业的不同来组织和编排教学，将家政学、社会学、营养学、经济等方面的知识有机结合，使其能够全面地解决生活、工作中遇到的问题，不再是孤立地学习某一门学科的知识，从而全面理解经济、技术对于日常生活的影响，积极培养个体对于经济、技术的劳动价值观，拓展个体的问题解决能力、合作协调能力以及创新能力。

经验启示

德国中小学的劳动课教学目标明确，涉及面广，教学内容突出综合性、模块化、跨学科化等特点，对德国的实践进行总结，可以为发展和落实我国中小学劳动教育的实践提出新的思路。德国大学在课程实施模式上具有显著的行动能力导向。建设基于能力本位的教师教育课程体系既是时代的要求，更是教师教育内在发展的需要。国内高校现行的劳动课程体系中往往缺失了对这一部分的考量。学校教学实践环节和项目式教学都为国内劳动教育师范课程体系建设提供了方法上的指导。

加强教育引导，提高大学生的工作素质。《意见》强调："坚持党的领导，围绕培养担当民族复兴大任的时代新人，着力提升学生的综合素质，促进学生全面发展、健康成长。"① 通过对劳动者的劳动观念的培育和劳动素质的提升，可以使人的综合素质得到进一步的提升。德国职业教育课的教学目的是：以提高学生的综合劳动素质为指导，以人为本，而非以其他为对象。在信息数字化的今天，我国的劳动法课程应该加强对大学生的劳动观念的培育，并在这一背景下，使其与社会、经济的发展相互协调，以使其更好地适应新的生活方式和新的生产方式。

创新劳动法教学模式。《意见》提出："根据学生身体发育情况，科学设计课内外劳动项目，采取灵活多样形式，激发学生劳动的内在需求和动力。统筹安排课内外时间，可采用集中与分散相结合的方式。组织实施好劳动周，小学低中年级以校园劳动为主，小学高年级和中学可适当走向社会、参与集中劳动，高等学校要组织学生走向社会、以校外劳动锻炼为主。"② 我国的传统教育方式较为单一化，大多采取课堂授课的方式，让学员自觉地听、说、学。德国的学校劳动教育主要包括家政、技术、经济、职业四个方面，把实习与常规的教学相融合，使传统的授课方式发生了变化，使学生的学习积极性和动手能力得到了极大的提高。我国的劳动法教学不仅要在课堂上进行，而且要向课堂以外拓展，要加大实践性教学的比重，充分实施综合性的实践性教学，使其更具特色。在课堂上要运用多样的学习方式，如个人活动、小组合作探究、知识问答、设计竞赛等。

---

① 中共中央国务院关于全面加强新时代大中小学劳动教育的意见［N］. 人民日报，2020-03-27（001）.

② 中共中央国务院关于全面加强新时代大中小学劳动教育的意见［N］. 人民日报，2020-03-27（001）.

实施综合教学，将不同的学科知识相结合。《意见》提出：“整体优化学校课程设置，将劳动教育纳入中小学国家课程方案和职业院校、普通高等学校人才培养方案，形成具有综合性、实践性、开放性、针对性的劳动教育课程体系。”① 德国劳动教育的教学模式具有综合性、模块性和跨学科性，以结合劳动学、信息技术学、家政学、物理、化学等学科的综合性学科为主，以全面的劳动技能为主，而非单纯地学一门学科。为了适应当今世界的需要，我们必须引入复合性的专业技术，将不同的专业知识相结合，强化与其他专业的联系，使学生能够应用不同的专业知识来解决问题，从而提升其劳动技能。

案例三：芬兰“做中学”理念贯穿劳动技术课程

19 世纪末，芬兰将劳动教育引入到基础教育课程与教学活动中。历经一百多年的发展，芬兰的劳动技术课程已形成较成熟和稳定的课程体系。作为国家基础教育的核心课程，劳动技术课程始终坚持弘扬传统与融合创新相结合的理念，不断完善其课程设置、主要内容和实施路径。

（一）基于“做中学”的课程实施理念

“做中学”一直是芬兰劳动技术课程实施的主流方式。芬兰的劳动技术课程植根于构建主义学习理论，其核心论点是：人们在制作（构建）某物时思考和行为之间有着强大的相互作用，由此可以达到最佳学习效果。而有学者则提出，仅“做事”仍无法达到最佳学习效果，学习者需要将他们的行为和经验联系起来，通过反思来理解他们亲历的事物。根据“整体教学”理念，所有学科都具有整体性及相关性，能够整合为一个整体进行教学。由此，跨学科或单学科课程都应包括自主探究、合作交流、反思内化、评价完善四个部分，并在课程实施过程中注重各部分的完整性及连贯性，以便更好地实践“做中学”。

（二）注重整体工艺过程的课程实施模式

基于“整体教学”理念，芬兰开创了劳动教育的整体工艺课程，主

① 中共中央国务院关于全面加强新时代大中小学劳动教育的意见［N］．人民日报，2020-03-27（001）．

要内容包括构思、设计、制造及评价四个部分。构思阶段以课程为主，课程以围坐形式开展，教师用头脑风暴法引导学生创建自己或团队的主题，主题是开放的，大多数来源于学生的日常生活和文化形式，如国家遗产、传统、创建未来、自然、历史、诗歌、媒体等；设计阶段是整体工艺中最重要的阶段，此阶段是内部想法转换的过程，学生通过利用视觉、嗅觉和听觉亲自感受，从不同的材料中获得灵感，在教师的引导和帮助之下融合信息和通信技术，检索整个工艺实施所需要的信息，预测制作过程中可能出现的问题以及预设解决问题的方案；制作是实现设计、将新技能融入原有技能中的过程，学生在制作过程中激发探究问题的兴趣，在材料、方法和工具知识的基础上习得新的技能，学生的制作过程也是创新的过程；评价是整体工艺的核心部分，在评价环节中除了评价手工制品还包括整个实施过程以及反思元认知和技能。整体工艺把学生的创造力整合到整个过程中，同时培养了学生的观察能力、视觉思维、识别和操作能力，体现了“做中学”的新内涵。

（三）以“学校为中心”的课程实施网络

劳动技术课程在专门的课室里进行，手工艺教室分成“软手工艺”教室以及“硬手工艺”教室：“软手工艺”教室为纺织课程提供织布机、缝纫机、布匹、毛线等设备及材料；“硬手工艺”教室犹如设备齐全的生产车间，配备了各种车床、机械、切割、3D 打印、工业磨砂机等设备以及木材、金属、电子教学的构造工具等硬性材料。每间学校都配有“厨房教室”，一般是两间，一间厨房有 6 个灶台，“厨房教室”内配备了教师工作台、餐桌、盥洗室等，为学生提供真实的“做中学”体验式场景。

芬兰校内教育环境为劳动技术课程提供了有力支持，而校外教育环境更是公平、优质教育的后盾。芬兰国家教育委员会鼓励各地方政府独立开展校外教育，也可以与其他主管部门合作开展校外教育。此外，允许从公共或私人服务提供商购买成熟的活动模式进行校外教育。特别是芬兰校外教育中增润班及校外其他活动的参与率高达 41% 和 30%，校外增润班为基础教育阶段学生提供“户外冒险”“音乐俱乐部”等非学术性主题课程，其中手工艺、烹饪等主题都与劳动技术课程相关；农场、锻冶工坊、学校、科学中心、体育场、博物馆等公共或私人场所都与学校协同开展校外活动。以罗瓦涅米市的皮尔克科学中心为例，其通过开展模拟伐木机械、机器人项目等为学生提供真实的情境化劳动技术教学环境，逐渐形成以“学校为中心”的劳动技术教育学习资源网络，满足学生实践能力发展的需要。

经验启示

芬兰的劳动技术教育通过开放的主题、全面的跨学科学习方法和基于情境化的学习环境来实施，强调整体工艺的教学过程，旨在全面培养学生的创造力、批判思维及解决实际问题的能力。芬兰劳动技术课程实施对我国劳动教育课程改革具有重要借鉴意义，主要经验与启示如下：

坚持“做中学”的课程实施理念。《意见》指出：“符合学生年龄特点，以体力劳动为主，注意手脑并用、安全适度，强化实践体验，让学生亲历劳动过程，提升育人实效性。”① “做中学”意在让学生亲历过程，强化实践体验。学生们动手完成课程内容，从“做中学”中开阔眼界，增长见识，学以致用，切实解决实际问题。芬兰把“做中学”作为劳动技术课程实施的主流方式，由此经验反观我国劳动教育课程设置，应将课程内容具体落地，从实践中提高学生的综合能力，让学生自主运用多种方式和方法，通过尝试性地解决问题来发展劳动能力。

开创整体课程模式。《纲要》指出：劳动教育的关键环节项目实践要“强化规划设计意识，充分发挥学生的主动性、积极性、创造性，引导学生对项目实践进行整体构思，综合运用所学知识、技术，不断优化行动方案”②。芬兰注重整体工艺过程的课程实施模式，整个过程包括构思、设计、制造及评价四个部分。学生通过“做中学”来培养创新思维和动手能力。由此可见，我国劳动教育课程应开创整体课程模式，以学生为中心，指向学生的深度学习，完善构思、设计、制造及评价四大板块的内容，培养学生未来独立自主和创新实践能力。

提供情境化学习环境。《纲要》指出：“加快建设校内劳动教育场所和校外劳动教育实践基地，加强学校劳动教育设施建设。”③ 芬兰为劳动技术课程配备了校内专门的“软手工艺”教室、“硬手工艺”教室、“厨房教室”等，为学生提供真实的体验式场景和情境化学习环境，为全面实施劳

① 中共中央国务院关于全面加强新时代大中小学劳动教育的意见［N］. 北京：人民日报，2020：1.

② 教育部. 大中小学劳动教育指导纲要（试行）［J］. 教育科学论坛，2020-08-30：7.

③ 教育部. 大中小学劳动教育指导纲要（试行）［J］. 教育科学论坛，2020-08-30：10.

动教育提供了条件保障。由此可见，我国应加快专用教室建设的步伐，建设具有指定功能的功用性教室，为学生提供劳动教育课程的情境化学习环境，为提升学生的劳动素养提供有力资源支持。

案例四：美国工作型文理学院伯利亚学院构建“劳动-学习-服务”劳动教育模式

1831 年，美国建立了国家艺术与科学学会推广体能工作联合会，规定每位同学每日必须从事数个钟头的体力工作，这既能让他们有充足的工作时间，养成好的工作作风，又能减少学费，减轻家庭负担。美国伯利亚学院是优秀的职业学校，也是最好的文科院校，学生们对自己的学校经验非常满意，特别是在为就业做好准备的基础上。

（一）观念：以身体和精神测量的全面人教学

伯利亚学院的劳动教学是一种超越了“实践”的理念，即以身体和精神去测量劳动。劳动教育在伯利亚学院的教学项目中，历来被视为“硬核”，其重要性不亚于职业课程。学校把职业教育与劳动教育有机地联系起来，把脑力劳动和身体劳动有机地联系起来，目的是培养学生智力、身体素质、审美素质、情感素质和精神素质，并能够做出实际的工作，从而实现全方位的教育。科学与精神、实用与实践，一直是学校最宝贵的精神财富。学生通过学习、劳动和为附近的居民服务，从而得到充分的发展，并在劳动中积累了丰富的劳动经验。

杜威和皮亚杰的教学思想使伯利亚学院的劳动教学观念得以继承，将职业教学与劳动教学有机结合，提倡教学深度，提倡自然教学，注重与环境的交流，注重师生之间的交流，而非由情境向学生传达知识。在伯利亚学院，就业合同是入学的必要条件，四年内必须进行劳工培训，而工作是学校的主要内容。

（二）目的：逐步提高劳工素质

职业教育的具体目的与成果，从低到高依次划分为 6 个等级。本课程的目的一是：培养并运用 6 个软件能力（出勤、责任心、团队合作、主动性、尊重、学习），并在工作中学习；期望效果：在工作中，学员具有准时出勤、责任心强、团队合作、主动、尊重、终身学习等优良品质。目的二：开发并运用劳工–学习–服务（WLS）的基本能力，并在责任和工作范围内进行培训；期望的效果：在工作时，学员们会展现他们在工作中所表现出的特殊能力和工作态度。目的三：开发和运用四项基本的通用课程（写作、演讲、研究和批评性思考）；期望效果：在工作中，学员能够表现出与自己的工作相适应的文字技能，准确地传达信息、表达思想和观点，并能够发现支撑他们工作进程的资料和观点，对工作环境进行分析和阐释。教学目的四：在他们的专业和爱好范围内从事工作；期望效果：培养出与自己职业及个人爱好有关的技术及职业观念。目的五：WLS 在各领域都有较强的技能和较强的责任心；期望成绩：学员有升入四、五、六级的机会。

（三）工作方式：连接劳工–学习–服务

伯利业学院将学习、劳动和社区服务有机地融合在了一块，使学生能够充分地参与到生产劳动、专业学习、职业探索和自我发展中去，使学生学习成绩优异，努力工作，为社区服务，为以后的工作和人生做好充分的准备。

在专业学习和工作表现方面，学生不仅要完成一项职业训练，还要完成十多个钟头的工作。与职业成绩表不一样，职业技能培训有专门的、丰富的成绩报告，这是一个大学生取得本科学历的必要条件。伯利亚学院把文科和劳工结合起来，它的宗旨是：向贫困人口提供同等的受教育的机会，并在未来获得就业的机会。除劳工和职业培训之外，伯利亚学院也提供多种服务型的教学方案，超过 50% 的学生在完成毕业之前就已经开始工作，另外 10% 的学员则从事于学术实践。

大学生在完成学校任务时，所参与的劳工层次与所修的课程内容是相符合的。从初级阶段到高级职业阶段，将工作与学习实践相结合。新生进入学校后，一般都会得到一些“较低级别”的工作岗位，比如食堂服务或者是装饰学校。

学习基础的工作技巧，比如，准时、沟通能力和团队协作能力。在满足现有水平的工作需求后，学生可以获得更高层次的工作和相应的专业学习。

（四）实行：设立两位教师，根据能力分配学员

劳工辅导与职业辅导教师合作，改进其劳工培训方案，给予学生辅导，并探讨最优的工作方式。教师不应该要求学生掌握全部有关的知识和技术

来胜任这个职位，而是要在培养学生们能力的同时把他们的能力与工作劳动结合起来，发挥出应有的积极作用。比如，劳工教育可以为跨学院式的课堂和教学带来回馈，而在劳工辅导教师提出要改进学生的书写及其他交流技能时，传统的人文课程教师则会将这些回馈纳入课堂中并加以实践。

WLS 水平的确定是以工作的类型和学生的爱好为基础的，不受工作时间和工作单位数量的影响。当他们从事能力要求较高的工作（独立性、责任感、判断力等）时，他们的地位就会得到提升。劳工指导员一般会参照 WLS 级别的需求及工作说明来安排。如果一年级的新生是 WLS 的初学者，他们的工作特点是具有很强的组织能力和很高的完成程度，一般他们的工作能力也比较弱，经常是重复或者定期的，并且需要得到直接的引导。

（五）评价：通用性和个性化的一致性

对大学生的工作评价分为基础评价与人格评价两大类，并根据这些评价结果建立大学生的工作表现记录表。

对大学生的劳动能力进行初步评价，主要分为依据合同期限进行的中期评价和最后的评价。劳工顾问评估包括七大核心方面：出勤、责任心、团队合作、主动性、尊重、学习和具体的工作（根据不同的岗位说明）。人格测验是对工作环境下的具体工作进行评定。人格评价是针对要求更高技术或专业知识，存在其他符合安全性因素的情况，以及独特的组织架构。①

经验启示

劳动教育的目的是促使学生形成正确的劳动价值观，确立正确的劳动观点、积极的劳动态度，热爱劳动和尊重劳动人民；养成良好的劳动素养，有一定劳动知识与技能、形成良好的劳动习惯。美国伯利亚学院秉持劳育目标，采用“劳动-学习-服务”的教育模式进行工作型劳动教育。其具有以下三点经验与启示：

重视劳动德育作用，提升学生道德水平与协同能力。《意见》中提出：“落实全国教育大会精神，坚持立德树人，坚持培育和践行社会主义核心价

① 詹青龙，李银铃．美国工作型文理学院劳动教育的模式与实施：以伯利亚学院为例［J］．教育部职业技术教育中心研究所，2021（21）：59-64.

值观。”①杜威曾说：“劳动受人推崇，为社会服务是很受人赞赏的道德理想。”②在劳动中能够培养学生为社会服务的意识，实现道德的提升；劳动不是单个人的活动，而是社会关系中的一种协同活动，在劳动教育中学生形成协同关系，体验协同劳动的力量，提升协同工作能力，这些在伯利亚学院劳动教育指导原则的第三、四点中得到充分体现。国内各院校要牢牢把握劳动教育的育人导向，保证劳动教育的质与量，大力发展集体劳动教育，保证学生德与能的双向发展。

创建多级劳动评价体系，依据评价等级开展针对性劳动教育。《意见》中提出：“根据教育目标，针对不同学段、类型学生特点，以日常生活劳动、生产劳动和服务性劳动为主要内容开展劳动教育。”③不同学段的学生所需的劳动能力不同，同一学段的学生也会因为个人差异而在劳动能力水平上出现差异，准确评估每一位学生的劳动能力是加强劳动教育针对性的前提。伯利亚学院 WLS 等级划分制度，根据劳动的性质和学生的兴趣，结合学生的技能水平、独立性、责任感、判断力等因素将学生划分为六级，根据 WLS 等级的要求和职位描述分配劳动导师进行精准教育。集体性的劳动必不可少，适合自身水平的劳动教育也同样重要，国内各校应定期评估每位学生的劳动素质，形成动态评价体系，加强劳动教育的目的性与针对性。

串联学习、劳动与服务，拓展社会面的劳动教育。《纲要》中提出：“中小学要推动建立以学校为主导、家庭为基础、社区为依托的协同实施机制，形成共育合力。”④“职业院校、普通高等学校要建立学校负责规划设计，行业企业社会机构主要负责业务指导，双方共同管理的劳动教育实施机制。”⑤劳动教育的目的之一就是使学生具备在社会上工作的能力，要实现这一目的就要从终端的社会面出发。伯利亚学院将学习、劳动和社区服

① 中共中央国务院关于全面加强新时代大中小学劳动教育的意见［N］. 人民日报，2020-03-27（001）.

② 杜威. 杜威教育论著选［M］. 赵祥麟，王承旭译. 上海：华东师范大学出版社，1981：220.

③ 中共中央国务院关于全面加强新时代大中小学劳动教育的意见［N］. 人民日报，2020-03-27（001）.

④ 中华人民共和国教育部. 大中小学劳动教育指导纲要（试行）［EB/OL］.［2020-07-07］. http：//www.moe.gov.cn/srcsite/A26/jcj_kcjcgh/202007/t20200715_472808.html.

⑤ 中华人民共和国教育部. 大中小学劳动教育指导纲要（试行）［EB/OL］.［2020-07-07］. http：//www.moe.gov.cn/srcsite/A26/jcj_kcjcgh/202007/t20200715_472808.html.

务活动结合在一起，为学生提供全方位的劳动体验，实现生产劳动、专业学习、职业探索和个人发展有机结合，为就业与生活做好准备。串联起学习、劳动与服务就要做到以专业知识为基础，以劳动为媒介，以现实的社会场景为场所，加强教育与劳动之间的连续性。

案例五：日本打造“融入式”劳动教育模式

日本融入式的劳动教育主要具有两大特色。第一，融家庭、学校与社会于一体，对学生开展劳动教育；第二，将劳动教育融入其他课程中而非独立设置劳动课程。

表 1　日本“融入式”劳动教育课程的实施

劳动教育目的	劳动教育实施
养成热爱劳动的习惯	中、小学道德课程
获得劳动知识与技能	知识课程→社会、公民课 技能课程→技术、家政课
参与劳动实践与体验	综合学习（自然、社会、就业等各种体验）、 特别活动（班级、志愿等各种活动）

在日本，劳动教育有三个不同的实施主体，分别是学校、家庭与区域社会。[①] 家庭劳动教育的主要方式是家务劳动。根据政府的数据，到 2013 年为止，80% 以上的日本学龄期孩子在家里做各种家务活。而在我国，“家政课”“道德课”则起到了“劳动性”的作用，日本的一些高校则以《学习指导要领》为中心，将劳动的相关知识和技术灌输到了学生对工作的热情中。社区实践则是以社区为单位开展的职业技能培训的一种形式。

尽管日本《学习指导要领》没有单独开设“劳动教育”的教学大纲，但并不能否认其重要性；与此形成鲜明对比的是，在许多其他课程和活动中，以融入、隐藏的方式体现了劳动课的“融入式”，特别是“家政课”和“道德课”。

① 王文静．“三驾马车”拉动日本劳动教育［J］．上海教育，2020，08：17-20.

在日本，从小学高年级至初中都有家政课的设置，目的在于培养学生在家庭生活中所需要具备的劳动素养。众多劳动教育的相关内容便隐藏在不同阶段的家政课的课程要求中。例如，劳动的技术教育便隐藏在初中家政课的“技术”板块，包含了“材料加工”“生物培养”“信息”等劳动技术教育的任务。[1] 而劳动教育中的劳动体验要求也能够在课程的学习时间中得以实现。

在日本，培养“爱劳动的态度”则是道德课的首要目标，这也符合了《教育基本法》提出的教育目标——培养个人爱劳动的习惯。道德课力求形成儿童对劳动的了解并逐步形成热爱劳动的态度。与家政课类似，不同年龄阶段的“道德课”落实劳动教育的不同要求：

表2　不同年龄阶段的“道德课”落实了劳动教育的不同要要求

1—2 年级	受教育者能够感受到劳动的美好，并参与劳动
3—4 年级	受教育者能够理解劳动的重要性，并形成积极参与劳动的意愿
5—6 年级	受教育者能够深入体验劳动带来的意义，能主动为集体做出贡献
中学	受教育者能够深入思考劳动的尊贵意义，养成用劳动为社会作出贡献的观念

日本的社会体验活动也是劳动教育实施的又一着力点，这些社会活动以市町村的教育委员会为首，由家长、PTA（家长联合会）、NPO、民间企业、文体团体、社会教育机构等构成的地区学校协作组织。在此期间，学校和地区学校活动协作组织形成合作关系，共同提供丰富多样的体验活动。这些体验活动分为以下三类：

表3　社会体验活动的分类

第一类——“生活文化体验活动”	日常：放学后举行的游戏活动 节日：地区与学校举办的社团活动、节日活动、野游等
第二类——“自然体验活动”	登山、野营等野外活动
第三类——“社会体验活动”	职场体验、志愿活动和实习工作等

① 王文静．“三驾马车”拉动日本劳动教育［J］．上海教育，2020，08：17-20.

日本的劳动教育离不开地区、家庭、学校、社会民间团体与企业等的协作。各种各样的自然、社会、文化体验的活动能够让儿童逐步形成自身的劳动观、职业观，进而培养儿童的自理能力、规则意识、社会性、交流与协作能力，儿童能够在结束校园生活后更好地走向社会。

而从区域自身而言，组织这样的劳动教育体验活动是大有裨益的。地区学校活动协作组织提供的企业、商业街体验活动能够让儿童提早接触职业生活，激发儿童对各类职业的兴趣，从而促进人才的培养，进一步充实了本地区人才的储备；同时通过儿童对本地区环境与风土人文的接触，如学生通过参与地区的大型活动、节日、大型祭典等进行志愿服务，既能够了解当地文化，又能够加深儿童对本地区的乡土感情，进而留住人才；在社区活动中发现社区建设的问题，进而为社区发展出谋划策，从而增强自身的主人翁意识。

经验启示

东北师范大学张德伟教授将劳动教育分为两种类型：其一是重视劳动教育与经济、生产、职业的关联及其效果，单独开设劳动教育课程，如俄罗斯、德国、法国；其二是不特别注重劳动教育的经济效果，侧重于其人格陶冶功能，不单独开设劳动教育课程，而将劳动教育寓于学校的各项教育教学活动之中。[①] 日本融劳动教育于家政课、道德课中，不设置单独的劳动课，并依托社会各界开展劳动体验活动，即为第二种劳动教育的典例。

日本在劳动教育中注重劳动态度的养成，并且形成了较好的学习层次建构，融劳动教育于无形。整体而言，该国案例具有以下经验与启示：

“融入式”劳动教育为劳动教育课程建构提质提效。就目前而言，《纲要》和《意见》都提出了劳动课程建构的要求。如《纲要》明确提出：“在大中小学设立劳动教育必修课程。中小学劳动教育课平均每周不少于1课时，用于活动策划、技能指导、练习实践、总结交流等。”[②] 除“建设劳动课来开展劳动教育”的方法外，日本劳动教育为我们提供了一种新的思路，即在其他课程中融入劳动教育技能与相关理念。在中国，中小学同样

① 张德伟．国际中小学劳动教育初探［J］．中国德育，2015，16：39-44.

② 中华人民共和国教育部．大中小学劳动教育指导纲要（试行）［EB/OL］．［2020-07-07］．http：//www. moe. gov. cn/srcsite/A26/jcj_ kcjcgh/202007/t20200715_ 472808. html.

有与日本“道德课”近似的“道德与法治”课程。即便“家政课”之类的技能课未在中国中小学的课表中，但中小学丰富的社团活动实则可以打造“家政社团”等技能类社团，中国的“社团课”抑或是“社团活动”，实则较日本的“家政课”而言拥有更多的发展空间与创新性，与劳动教育中的劳动技能学习等要求能够更好结合。在原本课程安排的基础上活用其他课程的时间来融入劳动教育的理念与活动，实则是劳动教育提质提效的优质手段。

以“劳动态度”作为阶梯式培养核心。《纲要》在“劳动教育的总体目标”中明确指出培育积极的劳动精神。领会“幸福是奋斗出来的”内涵与意义，继承中华民族勤俭节约、敬业奉献的优良传统，弘扬开拓创新、砥砺奋进的时代精神。“养成良好的劳动习惯和品质。能够自觉自愿、认真负责、安全规范、坚持不懈地参与劳动，形成诚实守信、吃苦耐劳的品质。”① 这些都是日本劳动教育课程内容“劳动知识与技能”“勤劳态度”“劳动实践与体验”中“勤劳态度”的教育要求。在日本，“劳动态度”的培养是阶梯式的，循序渐进的道德课对1—2年级、3—4年级、5—6年级的学生分别提出了“感受劳动美好、学会参与劳动”“理解劳动的重要性，并形成积极参与劳动的意愿”“体验劳动带来的意义，主动为集体做出贡献”。由此可见，“劳动态度”的养成需要对不同学段的学生因势利导，阶梯式建构，才能卓有成效。

地区学校活动协作组织为劳动体验活动带来新思路。在日本，PTA（家长联合会）、NPO、家长、文体团体、民间企业、社会教育机构等构成了地区学校活动协作组织，这些团体以及其成员为日本的劳动体验活动构建了一个大平台。就目前而言，中国的劳动教育体验活动大多是学校-企业或者学校-村庄的“单对单”联系，劳动教育体验活动的组织、策划、联络大多由学校承担，学校压力过大；但活动的组织权又在学校手中，劳动实践基地缺乏能动性，若能构建起独立运作、由不同代表组成的“地区学校活动协作组织”，让学校、家长、企业、当地政府、社会组织共担责任，定能将劳动教育活动开展得有声有色。

① 中华人民共和国教育部．大中小学劳动教育指导纲要（试行）［EB/OL］．［2020-07-07］．http：//www.moe.gov.cn/srcsite/A26/jcj_ kjcgh/202007/t20200715_ 472808.html.

案例六：古巴“学习与生活、劳动与生产相结合”的劳动教育模式

古巴的劳动教育很早就开始了。古巴教育部于1964年提出了“教育手工业”的目标，把劳动教育纳入中小学的教学内容，建立崇尚劳动、尊重劳动人民的行为准则，把劳动教育融入基础教育，把劳动生产实践与书本理论知识相结合，形成具有劳动特色的新型教育理念，培养学生成为懂劳动、会劳动的实用型人才。总体来说，古巴的劳动教育既是以技术为主导，也是以实际为基础的。

到目前为止，古巴的乡村小学依然实行“半工半读”的方式，即提供知识课程，并让他们完成诸如割甘蔗、采摘咖啡和烟叶等农业工作；每学期45天，学生必须确保一天3个钟头从事农事。这样，就可以实现“自给自足”，也就是减少了校舍本身的资金压力，而且大部分的毕业生都掌握了有关的技术，从而为古巴的乡村建设培养了大量的实际应用人员。把“知识型”与“农学”的教学模式有机地融合在一起，使“职业教学”与“职业的教学活动”得到了充分的体现。

另外，20世纪60年代早期，古巴政府还通过在一些机构部门开办了短期的、自由的专业培训课程来促进开展劳动教育，这些培训周期从十到十多天到数个月不等。同时，古巴政府还把主要精力放在了对农民进行技术培训上。在古巴，其就业培训的目的与工作或工作技巧相结合，因此在社会上很受欢迎，不仅可以帮助他们快速地掌握一种技术，还可以帮助他们发展自己的事业。

古巴把爱国精神和劳动教育结合起来。在初等生阶段，古巴各学校都开设了有关爱国主义的课程，对马列主义的革命学说进行了强化。在初中时期开展爱国主义和马克思主义者的教育，使学生能够从历史唯物主义、政治经济学和教育学的基本理论中汲取有关的知识，从而使他们在不知不觉中获得对劳动的认同。①

① 张依，李梦雨．古巴中小学劳动教育进程、经验及启示［J］．西部学刊，2021，16：124-127.

在古巴，企业与学校的合作是以兴办“企事业单位技术学校”的方式进行的。这种由企事业单位开设的技术学校办学经费由企业自行负担，并实行生产与学习相结合的教学模式，同时通过“以校养校”的方式即利用师生的生产劳动成果来弥补教育经费的支出。古巴社会通过这种方式培养了不计其数的技术工人，加强了劳动教育的实用性，同时为古巴经济注入活力。

在劳动教育评价体系建设上，古巴教育部于 2014 年 11 月 12 日颁布《学校课程评价方案》，明确了各学段课程的评价办法，规定小学劳动教育课程的考评以形成性评价为主，教师需从劳动规划、劳动实施、劳动安全卫生意识、劳动成果四方面出发，依据其劳动表现，对学生的劳动情况按照优秀、良好、合格、不合格依次给予等级式评价。在劳动规划方面，教师需通过评价学生自主选择、准备、组织适当的劳动材料和工具的能力，以及自主规划和组织劳动活动的能力，把握学生的劳动整体意识树立的情况；劳动实施方面，教师需评价学生在各类劳动活动中表现出的实际操作能力；劳动安全卫生意识方面，教师需评价学生对各类劳动的安全卫生准则的遵守情况；劳动成果方面，教师需从不同维度出发，将学生的劳动作品与标准模型进行对比，同时就其作品的美观度、对标准模型的创造性改造程度以及学生在劳动时表现出的勤俭节约态度、与同伴的合作情况、维护公共秩序情况等多个层面进行综合评价。

形成性评价在学生的劳动过程中展开，对学生操作过程进行针对性的、及时有效的反馈，提高学生的劳动效率，评价侧重学生通过劳动实践活动形成的操作能力及其展现出的劳动素养，而不是以书面考试的形式进行。[①] 以这种形式设置评价体系，有利于充分发挥评价的激励作用与调节作用，帮助学生及时修正自己在劳动操作过程中的错误，完善不足之处，最终，评价结果以定性总结的方式计入总成绩，不设具体分数，在减小学生压力的同时为其升入下一阶段进一步接受劳动教育打下良好基础。

① 谢晓霖，王飞．古巴小学劳动教育课程构建的经验与启示［J］．教育参考，2021，06：49-55.

经验启示

古巴劳动教育起步早、发展全面，且具有极强的实用导向，具有“对各类学生的全范围覆盖”“劳动教育成果用于支付教育经费”“注重劳动教育师资的系统培养”① 三大特点。此外，古巴的劳动教育基地建设与评价体系构建皆为其亮点。尽管古巴在经济发展水平、城乡比率方面与我国有较大的差距，其劳动教育更多的是要求契合本国生产发展的要求，但也恰恰是这一份“实在”，解答了劳动教育何以助力社会经济的问题。整体而言，古巴劳动教育具有以下经验与启示：

建立“以校养校”的职工实习基地，在校内和校外进行劳动。在古巴，各种类型的学校都建立起了相关的教学场地，例如小学有自己的花园，而在初中，有校内的工厂和农场。大学生参加农业劳动的主要内容是参加诸如烟草、咖啡种植等农业生产工作。通过实践，大学生获得了丰富的劳动果实，取得了显著的经济效果。在这个学习的进程中，他们亲身体验到了“用自己的手去创造无限的可能”和“自己的劳动成果是最甜美的”。此外，在室外或家中开展适当的职业教育课，对增强大学生的体质具有积极的意义，而且与生理发展的基本原则相一致。在劳作中进行身体工作，可以消除劳累，增强体质；同时也可以锻炼同学的实际操作能力和协调性。而在国内，对“走出去”的劳工教育还存在着不足。为此，我们可以参考古巴劳动教育的思想，加强校园劳动、公益劳动、家务劳动、社区劳动等多种形式的劳动，让劳动“动起来”，在不知不觉中提高学生的体质。

而“企业职业技术学院”作为校内职业技能培训基地，利用企业的资源，安排专人指导，进行定向培育，让学生通过实际生产生活直接接触企业事业单位的运营生产，使劳动教育更加贴近现实生活。而企业和事业单位通过“学徒”的方式来增加就业、提高生产率、实现资金自给，从而为自己树立了良好的品牌形象。

就目前而言，当下校企劳动教育实践基地企业的建设更多地用于“参观”“学习”，企业大多秉持着承担社会责任的理念提供服务，但作为社会经济的细胞，若能以劳动教育实践为企业带来效益，校企劳动教育实践关

① 庄坚佷，高磊．劳动教育的国外模式与课程实施［J］．思想政治课教学，2021，02：77-81.

系便能越发稳固。

古巴政府变劳动教育为技术学习大舞台、融劳动价值于爱国主义教育。劳动始终与技术紧密相连，让学生在劳动中获得一技之长也是我国劳动教育的重要目的。古巴政府通过开设短期培训班的模式开展劳动教育，既能够让学生拥有宝贵的职业体验，又能够让学生迅速掌握一门实用技术，在潜移默化中将职业生涯规划融入劳动教育。此外，劳动教育的开展除了要“脚踏实地”更需“仰望星空”——学习有关劳动的相关理论，理解“何为劳动，为何劳动”。作为社会主义国家，古巴政府在爱国主义教育和马列主义的学习课堂中让学生从历史唯物主义、政治经济学和教育学原理中汲取对劳动价值观塑造的相关内容，潜移默化地加深学生对劳动教育的认同感，为劳动教育的进一步开展打下精神根基。

多维度全方位的评价体系建设。古巴劳动教育的评价体系分为“劳动规划、劳动实施、劳动安全卫生意识、劳动成果”四大板块。国内劳动教育评价体系的建设相较于古巴而言，加强了对“劳动实施”与“劳动成果”的评价，但又缺乏了对“劳动规划”“劳动安全卫生意识”的评价。古巴劳动教育评价体系中“劳动规划”指向学生“自主规划和组织劳动活动的能力”，对于当下国内劳动教育实践活动为学校或企业策划组织，学生参与活动而非设计活动的问题的解决具有很大的借鉴意义。“劳动安全卫生意识”指向学生对各类劳动的安全卫生准则的遵守情况。《纲要》明确指出了学校对劳动教育安全的要求，要求学校要把劳动安全教育与管理作为组织实施的必要内容，强化劳动安全意识，建立健全安全教育与管理并重的劳动安全保障体系，但对受教育的主体——学生并没有就遵守各类劳动的安全卫生准则建立一套行而有效的约束体系。而若将“劳动安全卫生意识”纳入劳动教育评价体系中，则能够加强学生在劳动教育实践中的安全意识，并进行约束。

在劳动规划方面，教师需评价学生自主选择、准备、组织适当的劳动材料和工具的能力，以及把握学生的劳动整体意识树立的情况；劳动实施方面，教师需评价学生在各类劳动活动中表现出的实际操作能力；劳动安全卫生意识方面，教师需评价学生对各类劳动的安全卫生准则的遵守情况；劳动成果方面，教师需从不同维度出发，将学生的劳动作品与标准模型进行对比，同时就其作品的美观度、对标准模型的创造性改造程度以及学生在劳动时表现出的勤俭节约态度、与同伴的合作情况、维护公共秩序情况等多个层面进行综合评价。

案例七：英国以“设计与技术”课程为主体的劳动教育

在19世纪80年代末的新教育运动中，英国所建立的新学校较传统学校更加重视劳动教育和体育锻炼。20世纪，英国劳动教育中“为未来就业做准备”的职业教育色彩越来越浓厚。21世纪，随着互联网、信息技术乃至人工智能的飞速发展，社会对劳动技能的要求越来越高。英国的劳动教育经历了“劳作向手工–工艺–技术”的转变，从偏体力转向体脑结合或更多偏脑力，从简单的低水平技能转向复杂的高水平技能，最终发展成为劳动技术教育。①

作为英国12门国家课程之一，“设计与技术”课程是一门有趣的、具有复杂历史的、源于传统工艺的、联系制造业和工业实践的、结合设计工作并融合新兴科技的学科。② 学生在广泛的学科如数学、科学、工程、计算机和艺术等知识基础之上，基于社会和他人的需求、愿望和价值观，利用创意和想象，设计和制造真实的、有用的产品，以解决生活中的实际问题和改变人们的生活状况。③ 英国“设计与技术”课程内容分为设计、制作、技术、评估四个方面，并将“设计”放在课程学习的首位，说明该课程更加侧重学生智育、创新意识和创新能力的培养，学生也通过“评估”锻炼了欣赏和语言表达的能力，培养了学生自信、勇敢和谦虚的良好品质。

在课程建构方面，“设计与技术”课程有多层次的课程目标。2013年9月，《英国国家课程》中指出，“设计与技术”课程旨在强调：第一，提高学生所需的技术、实践的专业知识和创造力，培养学生自信地完成日常任务的能力；第二，培养学生理解和应用知识、技术的能力，以便设计和制造高质量的产品为广大用户所接受；第三，批评、评估和测试学生的想法、产品以及工作情况；第四，了解和运用营养的原则，学习如何烹饪。

在实践活动方面，英国的“设计与技术”课程强调实践性，以灵活多样的实践活动，把所学到的设计和技术理论知识加以转化和拓展，以培养学生的创造性思维，提高他们的组织协调能力和解决实际问题的能力，使

---

① 石佩．英国劳动教育为未来工作生活做准备［J］．上海教育，2020，08：13–16.

② 杨紫薇．中小学阶段英国“设计与技术”课程和我国劳动教育课程的比较研究［D］．哈尔滨师范大学，2022.

③ 徐静，柏毅．英国技术与设计教育发展概述［A］．柏毅．儿童早期发展前沿研究国际会议论文集［C］．南京：东南大学出版社，2019（9）：353.

学生适应社会发展，增强社会的使命感和责任感。与此同时，实践活动也促进了家校社的协同育人。

英国紧跟时代步伐和国情需要，从2000年至今已经发布了四版“设计与技术”课程改革文件。除此之外，英国学校在符合国家课程标准和指导要求下，对“设计与技术”课程进行周密的长期规划，以确保学生在中小学阶段能够学习到全面均衡的课程。英国“设计与技术”课程的校外实践为了让学生更加直观地了解科学、走进“设计与技术”课程、走出校园增加社会职业体验感，每年都会举办多种科学实践活动，例如英国科学节，向他们普及科学技术知识并介绍最新的科研成果，具体形式包括学术讲座、报告会和展会等。英国最著名的公学——哈罗公学，会定期带领学生去科技馆、博物馆等实地参观，它还拥有一个实践农场可以对学生进行劳动教育，学生们可以在农场里体验放牧牛群、挤奶和接生小牛等劳动。

此外，英国“设计与技术”课程还具有完备的课程评价体系。形成性评价、学生评价、自我评价和考试评价等是教师常用的评价手段。其中形成性评价贯穿劳动教育课堂的全过程，老师可以发起或参与全体活动，以激发讨论、问答、听学生讨论的内容、鼓励学生解释其想法和决策、设定“课堂反馈条”等很多自然生成的评价的机会，并利用这些机会，全面了解学生知识、理解和技能的掌握程度。学生评价要求学生找出同班同学一个做得好的点，一个要改进的点，并提出下一步需要做的事情。每个学生从一个特定的角度，评论他人的工作，例如评估者、创造者，通过让学生承担不同帽子所代表的身份，从不同的视角进行评价。考试评价除考查学生的技术理论之外还对每一位学生解决问题的能力进行考查，需要学习者应用他们所学设计和制造原型与产品的知识、理解及技能展示他们更高的思维技能来解决问题，在劳动教育的同时激发学生思维创造、解决问题的能力。

经验启示

英国中小学“设计与技术”课程和我国劳动教育课程的目标、内容及价值取向相似，具有可比性。两者皆为中小学阶段的课程，以提高学生劳动能力为目的，要求培养学生的知识、技能和社会责任感，并注重理论和实践相结合以解决现实中的问题。因此，比较中国劳动教育课程与英国“设计与技术”课程，对我国劳动教育课程的实施具有借鉴意义。整体而言，其具有以下经验与启示：

采用多样化的课程评价。英国中小学“设计与技术”课程教师评价方式多种多样，有形成性评价、学生评价、自我评价和考试评价等，并且这些评价具有不同的导向。形成性评价保障劳动教育全过程是“双向互动”而不是“单向灌输”；学生评价则能够培养学生换位思考能力；考试评价力求理论与实践、理论与技术相结合，突出对学生问题解决能力的评价，起到了过程性评价和结果性评价相结合的作用。就目前而言，我国中小学“劳动技术”课程的评价方式多为结果性评价，即大多将期末作业的成果作为评价的“大头”，即便希望提高过程性评价的比重，但也会因“学生劳动教育课程上课时间不充裕，很难在课上完成课业作品，多数是在家完成任务，教师无法直接且完整地参与学生创作过程”等问题难以进行清晰的过程性评价。因此，在紧促的课堂时间内，能否形成积极有效的“双向互动”是过程性评价能否落到实处的重中之重。

与时代接轨，加大劳动教育的“科技感”。英国“设计与技术”课程相对于目前我国开展的劳动教育课程有着“操作能力更高、难度更大、科技感更强”的优势，侧重于产品的制作和生活中实际问题的解决，并通过频繁而有效的课改保证课程内容的时代性和革新性。劳动教育应随着时代的进步不断更新学习内容、技术手段和学习设备，以适应社会发展的需要，在中小学的劳动课中，应当能够让学生有机会感知前沿的劳动技术，如计算机编程、网页制作等。而我国劳动教育课程手工操作大多受限于课堂，教材内容多为织毛线、编绳、栽培小型植物等。我国中小学劳动教育课程涉及生活常识、简单劳动技能、科学知识普及、农业生产劳动、工业生产劳动等方面，涉及知识范围虽广，但难度较低，劳动教育课程的教材也相对较少。在课程内容方面，课程知识点呈现横向发展趋势，知识宽泛、通俗易懂，需要动手操作的技能要求不高，很少要求独立或者合作设计并制作产品，脱离实际生活，缺乏对学生创新意识的培养。因此，劳动教育课程建设应基于学生身心发展特点，实现横向与纵向发展的结合，增设有挑战性、有趣味性、符合时代特点的课程内容，并且适度增加实践部分，有机结合其他学科的理论知识，理论联系实际，培养学生设计并制作能够解决实际生活问题的产品的能力，提高创新力，增强社会责任感。①

---

① 杨紫薇. 中小学阶段英国“设计与技术”课程和我国劳动教育课程的比较研究［D］. 哈尔滨师范大学，2022.

第三部分
中国传统文化视域下劳动教育的当代启示

案例一：小农经济下耕读传家的劳动教育模式

清末名臣曾国藩将耕读教育作为治家的根本，强调“以耕读二字为本，乃是长久之计”。所谓“耕”，即从事农业生产；“读”，即接受文化教育。“耕读传家”是指把农耕劳作纳入教育的范畴，与今天的劳动教育所强调的加强生产劳动教育不谋而合。

耕读传家的教育模式产生于男耕女织的小农经济下，将农业生产与文化教育相结合是对当时经济条件的回应。耕读教育在我国早已有之，在先秦时期，就已经有了士子躬耕的记载。三国时期的诸葛亮、南北朝时期的思想家颜之推等人也十分重视耕读结合。唐代也不乏耕读的事例，如时人有诗云“儒翁九十余，旧向此山居……但有子孙在，带经还荷锄”[①]。到了宋代，耕读教育逐渐走向鼎盛，“耕读”二字联合，并作为专词应运而生。宋仁宗实行劝耕政策，耕读教育成为当时重要的教育理念。明末清初理学家张履祥在“耕读教育”思想史上占有举足轻重的地位。他认为，士人以耕为耻，“只缘制科文艺取士，故竞趋浮末，遂至耻非所耻耳”[②]，他很重视“耕”与“读”的结合，提出无论为农为士者，均须耕读相兼。曾国藩更是在家书中多次强调耕读传家。这表明当时不仅把农耕劳作纳入教育的范畴，而且把生活起居和日常礼仪等也纳入教育的内容[③]。

现在，“以耕养家”“以读兴家”“耕读相兼”都已成为中华优秀传统文化的重要组成部分，对开展新时代劳动教育具有重要的参考价值和借鉴意义。2021 年 8 月 26 日，为进一步贯彻习近平总书记有关教育的讲话精神，教育部出台《加强和改进涉农高校耕读教育工作方案》，贯彻《意见》《中共中央国务院关于全面推进乡村振兴加快农业农村现代化的意见》，进一步完善涉农院校的耕读教育，努力培育“知农、爱农”的新型人才。这一方案提出了：掌握耕读教育的基本内涵、构建耕读教育课程教材体系、

① 彭定求．御定全唐诗简编（中册）［M］．海口：海南出版社，2014：1398.

② 张履祥．杨园先生全集（卷 47）［M］．陈祖武，点校．北京：中华书局，2002：1351－1353.

③ 邵彦敏，李静．“以耕读二字为本，乃是长久之计”——中国传统耕读教育浅谈［J］．月读，2022，08：58-61.

拓宽实践教学场所、建设专兼结合的耕读教育教师队伍、加强耕读传家五大工作措施，这既是加强和改善涉农院校耕读教育的重要实践，也是探讨中国优秀传统教育特色的劳动教育新形式的一种重要实践。

经验启示

在男耕女织的小农经济下，耕读传家的劳动教育模式将农业教育与劳动生产相结合，并在教育中大力宣扬农耕劳动的作用，农业生产劳动甚至受到国家、社会与家庭三方面的关注。耕读相兼的教育模式对于加强新时代高校劳动教育建设具有以下三点经验启示：

重视生产劳动，开展符合学生年龄特点的体力劳动。《意见》指出："要遵循教育规律。符合学生年龄特点，以体力劳动为主，注意手脑并用、安全适度，强化实践体验，让学生亲历劳动过程，提升育人实效性。"① 我国是农业大国，农业是国民经济建设和发展的基础产业。开展劳动教育，不能忽略农业生产方面的知识教授与实践开展。在新时代，各高校要结合学院特色、专业特色，同时适应科技发展和产业变革，针对劳动新形态，注重新兴技术支撑和社会服务新变化，开展符合学生年龄特点的体力劳动，提升学生综合素质和创造性劳动能力，促进学生德智体美劳全面发展，引导学生树立正确的劳动价值观，以劳动为荣，珍惜他人劳动成果，提高自身劳动技能。

挖掘家庭、学校、社会三方面协同育人潜力，形成协同育人格局。古代耕读传家的教育模式，随着思想家的推动变得家喻户晓并逐渐深入人心，成为国家、社会、家庭以及学校教育的共识。教育部颁布的《意见》也指出："要整合家庭、学校、社会各方面力量开展劳动教育。同时，积极引导家长树立正确劳动观念并配合学校开展劳动教育。"② 由此，要不断提高家庭、学校、社会的劳动育人意识，努力在全社会形成崇尚劳动、热爱劳动的良好氛围，构建协同育人格局，将劳动教育纳入人才培养的全过程。

高校明确政策导向，培养知农爱农新型人才，助力乡村振兴，加快农业农村现代化。《加强和改进涉农高校耕读教育工作方案》指出："要把握

---

① 中共中央国务院关于全面加强新时代大中小学劳动教育的意见［N］. 人民日报，2020-03-27（001）.

② 中共中央国务院关于全面加强新时代大中小学劳动教育的意见［N］. 人民日报，2020-03-27（001）.

耕读教育的基本内涵。耕读教育不仅是亦耕亦读的教育方式，也是情怀使命、价值追求、生命与人文艺术教育的重要途径。涉农高校加强耕读教育要以扎根三农为关键、以培养知行合一为重点，既要强化学生耕读文化学习，增强学生爱国爱民之情怀，又要把教育教学与农业生产实际相结合，着力提升学生专业知识水平和现场分析问题、解决问题的能力。”① 这是对涉农高校进行耕读教育的指导，也是对涉农高校如何开展新时代劳动教育的方法指引。在加强耕读教育方面，方案还提出了构建耕读教育课程教材体系、多渠道拓展实践教学场所、建设专兼结合的耕读教育教师队伍、加强耕读传家校园文化建设四项任务举措。涉农高校要将耕读教育与劳动教育相结合，明确政策导向，培养新型农业人才，助力乡村振兴，加快农业农村现代化，推动现代化国家建设。

案例二：传统劳动教育与礼仪制度结合

在中国的传统文化中，中国人向来把劳动作为美德，以劳动为荣，并产生出许多佳话。历史上的古诗很多都是以劳动、务农为题材，或是描述自给自足的田园生活，或是歌颂农民的辛苦劳动。中国古人把劳动作为必备技能，除平民百姓家必须学习与掌握劳动技能外，不少世家大族同样要求自己的孩子掌握劳动技能，可概括为“洒扫应对”。“洒”即洒水，“扫”即扫地，“应对”意为酬答、应对，指人与人之间的言语、礼貌和态度。正所谓“洒扫应对，酬答宾客”。“洒扫”不只是洒水扫地，还泛指家务事，它涵盖了人们在日常生活中基本的劳动需求与行为。“应对”也不只是酬答、应对，更重要的是指待人接物方面，如孩子与老师、大人、朋友讲话的礼貌态度、规矩等。“洒扫、应对、进退”是指做打扫等家务，知晓迎送客人的礼节，是传统劳动教育与日常生活礼仪、规范相结合的典型事例。古人通过“洒扫应对”教育孩子知晓礼仪、行为举止合乎规范。

“洒扫应对，进退周旋”历来为古人重视，有着悠久历史。宋代朱熹在《〈大学章句〉序》中言：“人生八岁，则自王公以下，至于庶人之子弟，皆

① 中华人民共和国教育部．加强和改进涉农高校耕读教育工作方案［EB/OL］．［2021-08-26］．http：//www. moe. gov. cn/srcsite/A08/s7056/202109/t20210916_ 563719. html.

入小学，而教之以洒扫应对进退之节，礼乐射御书数之文。”① 其意思是从王公到普通百姓的孩子，到八岁的时候，都要上小学学习。教学的主要课程是洒水、扫地、应答、接待，以及与人交流、办理简单事情的礼仪，并学习礼法、乐舞、射箭、驾车、书法和算术六种知识。元代刘壎在《隐居通议·理学一》中也指出：“朱氏之学则主於下学上达，必由洒扫应对而驯至於精义入神。”② 明朝王廷相在《慎言·作圣》也言：“圣人之道，贯彻上下，自洒扫应对，以至均平天下，其事理一也。”③

“洒扫应对”是“心体俱用”的劳动教育，是做人的行为准则和礼仪的基本体现，它不仅是一种修身的方式，也是养心的手段，对个人身心的全面发展具有积极的作用，是中华传统文化的精粹。④

经验启示

“洒扫应对”通过礼仪制度渗透劳动教育，强化劳动意识、规范意识，将劳动教育与礼仪制度结合，在劳动中培养孩子的待人接物能力，提升育人实效性。“心体俱用”真正做到了全面提高综合素质，让孩子全面发展、健康成长。传统劳动教育“洒扫应对”的教育方法具有以下三点经验启示：

与礼仪制度相结合，开展“心体俱用”的劳动教育，促进学生全面发展。传统文化中“洒扫应对”的劳动教育其实也是“心体俱用”的劳动教育，将体验劳动、经历劳动实践与待人接物的处世礼仪、规范联系在一起，在提升学生劳动能力、培养正确劳动价值观的同时，有助于帮助学生做到约束自己，尊重他人，为他人着想，与他人轻松愉快地交往，在一定程度上真正做到促进学生的全面发展。开展新时代劳动教育，要从优秀传统文化中汲取养分。在劳动实践过程中，无论是日常生活劳动、生产劳动还是服务性劳动，都要合理融入中华优秀传统礼仪文化。在劳动实践过程中，知晓礼仪与规范；在提升劳动能力过程中，与人为善，尊重他人，学会搭建友好沟通交流的桥梁；在树立正确劳动价值观的过程中，理解“己所不欲，勿施于人”这一礼仪精髓。“心体俱用”提升劳动育人实效性，促进学

① 朱熹．大学章句序［A］．四书章句集注［C］．北京：中华书局，1983：1.

② 刘壎．隐居通议［M］．北京：商务印书馆，民国二十六年（1937）.

③ 王廷相．慎言·雅述全译［M］．冒怀辛，译注．成都：巴蜀书社，2009：255.

④ 陈珊珊，张旸．中华传统哲学中的劳动思想智慧及其教育传承［J］．教育学术月刊，2021，12：95-101.

生全面健康发展，形成正确价值观。

发挥劳动教育综合育人价值，与德育相融合，涵养学生道德品质。遵守一定的、约定俗成的礼仪制度、习俗规范的行为常被认为是有道德的行为。换言之，学习、知晓并遵守礼仪制度是体现道德的一种方式。传统的“洒扫应对”的教育模式，将劳动实践与礼仪学习联系在一起，提升学生劳动能力的同时有助于涵养学生道德品质、修身养性，在新时代仍有重要的借鉴意义。《意见》指出：“要把劳动教育纳入人才培养全过程，贯通大中小学各学段，贯穿家庭、学校、社会各方面，与德育、智育、体育、美育相融合，紧密结合经济社会发展变化和学生生活实际，积极探索具有中国特色的劳动教育模式，创新体制机制，注重教育实效，实现知行合一。”① 因此，开展新时代劳动教育，要将劳育与德育相结合，重视涵养学生道德品质，改善学生劳动精神面貌与道德面貌，培养高质量的社会主义建设者和接班人。

学校要发挥在劳动教育中的主导作用，开展多样化的劳动教育。据记载，古代自王公贵族到普通百姓都很重视培养孩子“洒扫应对”的能力，除家庭教育外，学校也会教授“洒扫应对”的劳动教育。《意见》也指出：“学校要发挥在劳动教育中的主导作用。学校要切实承担劳动教育主体责任，明确实施机构和人员，开齐开足劳动教育课程，不得挤占、挪用劳动实践时间。明确学校劳动教育要求，着重引导学生形成马克思主义劳动观，系统学习掌握必要的劳动技能。根据学生身体发育情况，科学设计课内外劳动项目，采取灵活多样形式，激发学生劳动的内在需求和动力。统筹安排课内外时间，可采用集中与分散相结合的方式。组织实施好劳动周，小学低中年级以校园劳动为主，小学高年级和中学可适当走向社会、参与集中劳动，高等学校要组织学生走向社会、以校外劳动锻炼为主。”② 新时代大中小学要全面贯彻党的教育方针，承担起劳动教育的责任，发挥好主导作用，把握育人导向，开展丰富多样的劳动教育实践活动。

① 中共中央国务院关于全面加强新时代大中小学劳动教育的意见［N］. 人民日报，2020-03-27（001）.

② 中共中央国务院关于全面加强新时代大中小学劳动教育的意见［N］. 人民日报，2020-03-27（001）.

案例三：传统劳动教育与家训家风结合

中华民族历来注重家庭、家训、家风。家训是家庭对子孙立身处世、持家治业的教诲，对个人的教养、原则都有着重要的约束作用。家风指的是家庭或家族世代相传的风尚、生活作风，是给世代家族成员树立的价值准则。家训、家风是中国传统文化的重要组成部分，也是家庭生活的重要组成部分。家训、家风等的约束教导是古代开展传统劳动教育的重要方式，将劳动教育与家训家风相结合是独具中华特色的劳动思想。

中华优秀传统文化提倡劳动与学习相结合的教育理念，从“耕读传家”“勤俭持家”到“洒扫应对”等，不断在礼仪制度、家风家训中渗透劳动教育，强调劳动的育人功能，发挥劳动独特的教育价值，引导家庭成员形成尊重劳动、崇尚劳动、热爱劳动的良好习惯。朱柏庐的《朱子家训》、颜之推的《颜氏家训》以及曾国藩的《曾文正公家书》等相关内容都彰显出对劳动教育的重视。《朱子家训》中用“一粥一饭当思来之不易”劝导后世体恤劳动者，理解劳动人民的艰辛，珍惜劳动成果，告诫后代以俭养德、以俭养廉。《颜氏家训》也教育后人要尊重劳动、热爱劳动，强调劳动在社会发展中的极端重要性。[①] 曾国藩重视劳动传家，提倡劳动家风，除“耕读传家”外，他还告诫家人要勤于劳动：“吾家累世以来，孝弟勤俭。辅臣公以上吾不及见，竟希公、星冈公皆未明即起，竟日无片刻暇逸。”[②] “勤字功夫，第一贵早起，第二贵有恒；凡将相无种，圣贤豪杰亦无种，只要人肯立志，都可以做得到的。”[③] 除此之外，诸葛亮的《诫子书》、司马光的《训俭示康》等都十分重视在家风家训中渗透劳动教育，提升孩子劳动能力，树立正确的劳动价值观。

“传统家风家训中蕴藏着丰富的劳动精神，比如，业无贵贱，侍亲尽道，崇俭习劳，幼仪立德等，把中华传统美德——孝、礼、勤、俭与劳动

---

① 宋吉玲，尤宝媛．中华优秀传统文化在劳动教育中的价值及其实现［J］．教育探索，2022，02：1-5.

② 曾国藩．曾国藩家书（上）［M］．北京：东方出版社，2014：417.

③ 曾国藩．曾国藩家书［M］．北京：北京燕山出版社，2010：207.

教育紧密地联系在一起。传承优良的传统家庭教诲，不仅是培养和继承中华民族崇尚劳动、尊重劳动传统的最直接、最有效的途径和手段，而且是培养和指导孩子们努力劳动、诚实劳动、创造性劳动的重要途径。”① 开展新时代劳动教育，我们要总结学习传统家风家训中丰富的、独具特色的劳动思想，助力劳动教育体系建设，培养优秀的社会主义建设者和接班人。

经验启示

家庭是一个人的第一所学校。家风、家训作为一个家庭生活的重要组成部分，作为中国传统文化的重要组成部分，对个人的成长发展起着重要的作用。我们要学习其中的优秀部分，为开展新时代劳动教育增加文化底蕴。传统劳动教育与家风家训相结合具有以下三点经验启示：

家庭是劳动教育的基础，家长要给孩子以示范引导。《意见》指出：“家庭要发挥在劳动教育中的基础作用。注重抓住衣食住行等日常生活中的劳动实践机会，鼓励孩子自觉参与、自己动手，随时随地、坚持不懈进行劳动，掌握洗衣做饭等必要的家务劳动技能，每年有针对性地学会 1 至 2 项生活技能。鼓励学校（家委会）和社区等组织开展学生生活技能展示活动。学生参加家务劳动和掌握生活技能的情况，要按年度记入学生综合素质档案。鼓励孩子利用节假日参加各种社会劳动。家庭要树立崇尚劳动的良好家风，家长要通过日常生活的言传身教、潜移默化，让孩子养成从小爱劳动的好习惯。”② 家庭在劳动教育中发挥基础作用，对于帮助学生树立正确的劳动价值观，培养尊重劳动、热爱劳动的品质十分重要。因此，开展新时代劳动教育，要从传统劳动教育中汲取养分，发挥传统劳动教育中身体力行的劳动示范作用、榜样作用。家长作为孩子的第一任老师，要承担起劳动教育的重要责任，通过日常生活的言传身教、潜移默化，让孩子养成从小爱劳动的好习惯，帮助孩子扣好劳动教育的扣子。

要继承优良传统，彰显时代特征，增加劳动教育的文化底蕴与时代感。传统家风家训中蕴藏着业无贵贱、侍亲尽道、崇俭习劳、幼仪立身等劳动精神，融合了职业平等观、孝道、勤劳节俭等美好品性。新时代，在继承

① 徐海娇．劳动教育的价值守望——传统家风家训中的劳动精神及其时代价值［J］．新教师，2020，07：11-13.

② 中共中央国务院关于全面加强新时代大中小学劳动教育的意见［N］．人民日报，2020-03-27（001）.

孝、礼、勤、俭等中华传统美德的同时，要赋予新的时代特色，将劳模精神、工匠精神、“三牛”精神、抗疫精神等融入家风家训，融入新时代劳动教育，增强劳动教育的时代性，培养高质量的全面发展的社会主义事业的建设者和接班人，助力社会主义现代化强国建设。

社会要加强宣传，引导家长树立正确劳动观念，在全社会形成崇尚劳动的氛围。朱柏庐的《朱子家训》、诸葛亮的《诫子书》、司马光的《训俭示康》、颜之推的《颜氏家训》以及曾国藩的《曾文正公家书》等有关家训家风的著作流传至今，影响了一代又一代的家庭建设。在古代，普通百姓追捧、学习为官者与名人的家训，在更新自身观念的同时，也有利于推动社会向前发展。《意见》指出：“切实加强劳动教育的组织实施，要加强宣传引导。引导家长树立正确劳动观念，支持配合学校开展劳动教育。鼓励和支持创作更多以歌颂普通劳动者为主题的优秀作品，大力宣传辛勤劳动、诚实劳动、创造性劳动的典型人物和事迹，弘扬劳动光荣、创造伟大的主旋律，旗帜鲜明地反对一切不劳而获、贪图享乐、崇尚暴富的错误观念，营造全社会关心和支持劳动教育的良好氛围。”① 为保证劳动教育在家庭、学校的顺利开展，在全社会形成关心和支持劳动教育的良好氛围，要加强对典型人物、典型事迹、精彩劳育思想、开展劳动教育优秀的个人与家庭的宣传。

案例四：传统劳动教育中的规范和制度建设

“中国传统劳动教育虽然没有专门的机构来推行，但中华民族却能够形成勤劳的优良传统，其中一个重要的原因是中国有一套传统劳动教育的规范和制度。”② 它不仅体现在传统礼仪制度中，也体现在人们的日常生活中，并成为人们的一种生活习惯。传统劳动教育制度十分注重合农时、合年龄的劳动，并开展顺应季节、符合孩子年龄阶段的劳动教育。

① 中共中央国务院关于全面加强新时代大中小学劳动教育的意见［N］. 人民日报，2020-03-27（001）.

② 崔海亮，白梦姣. 中国传统文化中的劳动教育及其当代价值［J］. 教育与教学研究，2021，35（04）：17-27.

《礼记》等经典中的一些关于劳动教育的规范，规定了人们日常生活中劳动教育的具体内容。每个人在每天的什么时候应该从事什么样的劳动，在传统礼仪制度中都能找到根据，比如《礼记》中的《月令》就是一篇按照一年四季、十二个月的时令来安排祭祀、农业生产等活动的文章。《月令》规定，在孟春之月的元日，“天子亲载耒耜，措之参保介之御间，帅三公、九卿、诸侯、大夫，躬耕帝藉”①。孟春，即春季的首月，春季分三个月，第一月为孟春，第二月为仲春，第三月为季春。孟春相当于农历的正月。孟春之月的元日即是正月初一。在孟春元日进行农耕祭祀仪式后，随即着手开展农耕的准备工作。在孟夏之月，即农历的四月，农民要进行收麦养蚕等农事活动。这种制度按照自然规律、根据季节推移来安排相应的农业劳动②，在当代仍有较大的启发和借鉴作用。

经验启示

中国传统劳动教育规范和制度，是古代中国人民的劳动思想结晶，是合农时、合年龄、合发展的独具中国特色的劳动教育思想。在它的指导下，中华民族形成了崇尚劳动、勤奋劳动的优良传统。传统劳动教育的规范和制度对于制定新时代劳动教育的制度与规范、开展新时代劳动教育、早日实现建成德智体美劳全面培养的教育体系的目标具有以下三点经验启示：

遵循教育规律，把握时代潮流。《礼记》中的《月令》记载了传统劳动教育按照自然规律，根据季节推移来安排相应的农业劳动，体现了传统劳动教育制度响应国家重农抑商政策、注重顺应时令、遵循“以农为本”“为政之术，务农为先”的思想。新时代高校制定劳动教育相关制度时，要响应国家政策号召，顺应国家发展潮流，体现时代特征，注意把握劳动新形态，开展培养担当民族复兴大任的时代新人的劳动教育。同时，新时代大中小学开展劳动教育，制订劳动教育方案时，要结合国家政策导向、学校实际状况与学院特色，从多个角度出发，提升制度可操作性。涉农高校要认识到国家三农问题与乡村振兴战略的重要性，结合本校实际，明确政策导向，以劳育人，培养新型农业人才，助力乡村振兴，加快农业农村现代化，

① 贾太宏．礼记通释［M］．北京：西苑出版社，2016：186.

② 崔海亮，白梦姣．中国传统文化中的劳动教育及其当代价值［J］．教育与教学研究，2021，35（04）：17-27.

推动现代化国家建设。职业院校开展劳动教育要结合专业人才培养，增强学生职业荣誉感，提高职业技能水平，为社会主义强国建设输送高质量人才。

社会要加强宣传引导，在全社会的范围内普及劳动教育的理念和实践。《意见》指出："大力宣传辛勤劳动、诚实劳动、创造性劳动的典型人物和事迹，弘扬劳动光荣、创造伟大的主旋律，旗帜鲜明地反对一切不劳而获、贪图享乐、崇尚暴富的错误观念，营造全社会关心和支持劳动教育的良好氛围。"① 要想加快建成劳动教育体系，就要以社会为抓手，在全社会形成尊重劳动、热爱劳动的氛围。这也有利于提高家庭、学校的劳动教育意识，家庭能够更好发挥在劳动教育中的基础作用，学生家长积极引导学生参加日常生活劳动，帮助学生养成良好劳动习惯；学校能够更好发挥在劳动教育中的主导作用，加快师资队伍建设、实践基地建设等等。同时，在全社会的范围内普及劳动教育的理念和实践，增强对劳动人民的感情，有助于培养更多奉献社会、报效祖国、担当民族复兴大任的时代新人。

参考中国传统劳动教育制度设计，新时代劳动教育要融入中华优秀传统文化。中华优秀传统文化中的劳动教育思想是开展新时代劳动教育的重要资源，对于开展新时代大中小学劳动教育，加强劳动教育制度建设具有重要的指导意义和启发作用。《纲要》指出："中小学道德与法治（思想政治)、语文、历史、艺术等学科要纳入歌颂劳模、歌颂普通劳动者的选文选材，纳入阐释勤劳、节俭、艰苦奋斗等中华民族优良传统的内容，加强对学生辛勤劳动、诚实劳动、合法劳动等方面的教育。"② 因此，新时代开展劳动教育要从传统劳动教育思想中汲取养分，新时代劳动教育制度建设也要从传统劳动教育制度与规范中吸收精华。《月令》记载了传统劳动教育按照自然规律、根据季节推移来安排相应的农业劳动的内容，新时代高校开展劳动教育也可以根据季节或者二十四节气组织劳动实践活动，探索出一条独具中国特色特别是中华优秀传统文化特色的劳动教育之路。各高校在培养学生正确劳动价值观和良好劳动品质的同时，要激发学生对中华优秀传统文化的兴趣，赋予新时代劳动教育以文化底蕴。

① 中共中央国务院关于全面加强新时代大中小学劳动教育的意见［N］．人民日报，2020-03-27（001）．

② 中华人民共和国教育部．大中小学劳动教育指导纲要（试行）［EB/OL］．［2020-07-07］．http：//www. moe. gov. cn/srcsite/A26/jcj_ kcjcgh/202007/t20200715_ 472808. html.

案例五：传统劳动教育教材与读物的编写

中国的传统劳动思想之所以能根植于人们的心中，离不开多种形式的教科书。中国传统的家训和诗歌都有关于劳动教育的内容，比如《三字经》《弟子规》《千字文》等，都有关于劳动的知识，而且大部分都言简意赅，易于记忆，久而久之，就会被人所理解与接受。这些蒙学书籍中有关劳动的知识很轻易地就传到了每一个家庭。

对于知识积累较少的人可以通过民间歌谣和俗话来进行劳动教学。在有些边远地区，很多人即使不会读，也会背诵有关劳作的歌谣和俗话，例如："一年之计莫如种谷，十年之计莫如树木"① "绿了荒山头，干沟清水流"② "田不冬耕不收，马无夜草不肥"③ 等。这些农谚用一种简单、形象的文字，把农活的实际情况总结出来，并以口传的方式流传。

在历史长河中，从宋朝起，便有了一种新型的劳动教学方式，即《劝农文》和《耕织图》。二者以简单易懂、形象生动的方式讲解了农业生产的基本常识，实现了对农民进行职业技能培训的目标。真德秀在福建泉州任县令时，所著《劝农文》中有一段话："我生田间，习知稼穑，身居黄堂，以在阡陌。十月不雨，则忧旱干；五日之雨，又虞水患。"《耕织图》中，描写了唐代的稻米种植和丝绸织造的工艺。宋仁宗时期，在宫内墙上画出了农民的农作情景，以显示农民种田的艰辛和农业的重要性。直到清代，《耕织图》仍保存在宫廷中。《耕织图》流传至今，其内涵更加丰富，是普及农耕技术和开展生产性劳动教育的主要手段。《耕织图》在朝鲜、日本也有广泛的传播，由此可以看出它的影响力。④

---

① 王纪云，罗自立．对偶句民俗格言辞典［M］．海口：海南出版社，1992：307.

② 刘振超，方枝荣，王志华．盛京谣谚［M］．沈阳：沈阳出版社，2018：342.

③ 刘振铎．谚语词典［M］．长春：北方妇女儿童出版社，2002：456.

④ 崔海亮，白梦姣．中国传统文化中的劳动教育及其当代价值［J］．教育与教学研究，2021，35（04）：17-27.

经验启示

传统劳动教育在编写教材与读物时，注意遵循教育规律与学生年龄特点，同时，采用诗歌、民谣、谚语等多种形式推广劳动教育。新时代编写劳动教育读本，不仅要借鉴传统劳动教育读本中蕴含着的丰富的劳动教育资源与素材，更要注意丰富劳动教育形式，引导学生树立正确的劳动价值观，培养担当民族复兴大任的时代新人。传统劳动教育教材与读物的编写与传播，对于新时代全面加强大中小学劳动教育具有以下三点经验启示：

根据学生年龄阶段，编写符合学生年龄特点的教材与读物。传统劳动教育在《三字经》《弟子规》《千字文》这些蒙学读物中规定了劳动教育的相关内容，这些内容简洁，易于朗读，很快被普及到千家万户。《意见》指出："根据教育目标，针对不同学段、类型学生特点，以日常生活劳动、生产劳动和服务性劳动为主要内容开展劳动教育。小学低年级要注重围绕劳动意识的启蒙，让学生学习日常生活自理，感知劳动乐趣，知道人人都要劳动。"①《纲要》也指出："基于劳动教育教学的实际需要，省级教育行政部门明确中小学劳动实践指导手册编写要求，体现'一纲多本'，满足不同地区学校的多样化需求。"② 因此，新时代劳动教育读本的编写要按照孩子年龄特点，遵循教育规律，有针对性地推广劳动教育，满足多样化需要。

善于借鉴传统教材与读物、民谣、谚语、诗歌等劳动教育资源，赋予新时代劳动教育以文化底蕴。中国传统劳动教育能够深入人心，与各种不同类型的教材分不开，中国传统家训、诗歌里面均有劳动教育的内容。新时代全面加强大中小学劳动教育，要善于借鉴传统劳动教育的做法，从传统家训、诗歌、民谣与谚语中汲取劳动教育的养分，充分利用传统劳动教育资源与素材，赋予新时代劳动教育以文化底蕴。编写劳动教育读本，要以习近平新时代中国特色社会主义思想为指导，全面贯彻党的教育方针，发挥劳动育人功能。同时，读本要融入传统劳动教育思想，传承优良传统，发挥传统劳动教育思想优势，培育积极的劳动精神，助力学生早日养成良好的劳动习惯。

---

① 中共中央国务院关于全面加强新时代大中小学劳动教育的意见［N］．人民日报，2020-03-27（001）

② 中华人民共和国教育部．大中小学劳动教育指导纲要（试行）［EB/OL］．［2020-07-07］．http：//www. moe. gov. cn/srcsite/A26/jcj_ kcjcgh/202007/t20200715_ 472808. html.

借鉴传统劳动教育做法，采用多种方式进行宣传教育。传统劳动教育通过教材与读物编写、民谣、谚语、诗歌等多种方式传播推广劳动教育。《意见》指出，加强劳动教育的组织实施要“积极宣传企事业单位和社会机构提供劳动教育服务的先进事迹。注重挖掘在抗疫救灾等重大事件中涌现出来的典型人物和事迹，大力宣传不畏艰难、百折不挠、敢于担当的高尚品格。鼓励和支持创作更多以歌颂普通劳动者为主题的优秀作品”[①]。因而，加强新时代劳动教育，要注意采用多种方式进行推广教育。特别是在互联网背景下，信息互联互通，传播速度更快，要提高教育读本的可传播性，使得教材与读物的覆盖面更广，让积极开展劳动教育的思想辐射到更多的人，加快推进劳动教育体系建设。

案例六：传统劳动教育坚持人与自然和谐相处的绿色劳动观

古代中国以农业为主体的经济产业形式，使得劳动突出了关注自然、保护自然的特质。道家遵循自然规律的“逍遥”思想，倡导劳动中人与自然和谐相处的和合思想，休耕轮作制以及“不涸泽而渔，不焚林而猎”[②] 的可持续发展思想，无不透露出古人追求人与自然和谐相处的绿色劳动观。[③]

习近平总书记说：“绿水青山就是金山银山。”[④] 党的十九届五中全会更将“生态文明建设实现新进步”确立为我国“十四五”时期经济社会发展主要目标之一，强调“推动绿色发展，促进人与自然和谐共生”，这与古代追求人与自然和谐相处的绿色劳动观不谋而合。

在新时代背景下，生态文明成为继农业文明、工业文明之后政治、经济与文化发展的重要方向。劳动是人塑造生态的根本方式，生态劳动是生态文明建设的重要基础，面向生态正义构建生态劳动教育体系是新时代劳

① 中共中央国务院关于全面加强新时代大中小学劳动教育的意见［N］．人民日报，2020-03-27（001）．

② 文心工作室．淮南子［M］．上海：上海三联书店，2019：259.

③ 段晋云，韩升．习近平关于劳动教育重要论述的生成逻辑、科学内涵与实践路径［J］．邓小平研究，2022，03：16-28.

④ 习近平．习近平总书记系列重要讲话读本：绿水青山就是金山银山——关于大力推进生态文明建设［N］．人民日报，2014-07-17（12）．

动教育的重要使命。[①] 因此，新时代全面加强大中小学劳动教育，要深入贯彻习近平总书记关于教育的重要论述，全面贯彻党的教育方针，加快构建德智体美劳全面培养的教育体系；同时，要从中华优秀传统思想中汲取养分，借鉴传统劳动教育思想资源，为新时代开展劳动教育提速增质；学习借鉴传统劳动教育关注自然、保护自然的特质，遵循自然规律，倡导人与自然和谐共生，坚持可持续发展，将劳动教育与生态文明宣传相结合，建设生态劳动教育体系，让新时代劳动教育迸发新的活力。

经验启示

传统劳动教育关注自然、保护自然，倡导劳动中人与自然和谐相处的和合思想，坚持人与自然和谐相处的绿色劳动观，对加强新时代劳动教育具有启迪意义与借鉴作用。学习传统劳动教育绿色劳动观，具有以下三点经验启示：

涉农高校要将劳动教育与生态文明宣传相结合，培养学生绿色劳动观。习近平总书记强调“绿水青山就是金山银山”[②]。生态文明建设要坚持绿色发展，促进人与自然和谐共生。涉农高校在开展学生下乡劳动实践过程中，要积极宣传绿色发展思想，倡导可持续发展，汲取中华优秀传统劳动思想的精髓，以传统绿色劳动观育人，将劳动教育与生态文明宣传相结合，从农业农村的长远发展考量，助力国家乡村振兴，加快农业农村现代化，推动现代化国家建设。教育部印发的《加强和改进涉农高校耕读教育工作方案》指出，加强和改进涉农高校耕读教育工作“要把握育人导向，着力培养知农爱农新型人才，将农林专业的课堂开设到广袤的田野上，促进学生知识、能力、素质有机融合，培养学生解决农业农村复杂问题的综合能力”[③]。知农爱农新型人才，一定是懂得可持续发展，坚持人与自然和谐共生的农林人才。

学校要组织绿色发展主题的劳动教育，营造人与自然和谐共处的校园

---

① 李政林．面向生态正义的生态劳动教育［J］．苏州大学学报（教育科学版），2021，9（04）：72-79.

② 习近平．习近平总书记系列重要讲话读本：绿水青山就是金山银山——关于大力推进生态文明建设［N］．人民日报，2014-07-17（12）.

③ 中华人民共和国教育部．加强和改进涉农高校耕读教育工作方案［EB/OL］．［2021-08-26］．http：//www.moe.gov.cn/srcsite/A08/s7056/202109/t20210916_563719.html.

文化氛围。新时代加强大中小学劳动教育要汲取中华优秀传统劳动思想的精髓，将优秀精神文化融入劳动教育，学习并推广传统劳动教育，坚持人与自然和谐相处的绿色劳动观，以文化人，以劳育人，使学生树立正确的劳动价值观。《意见》指出："在校园文化建设中强化劳动文化。学校要将劳动习惯、劳动品质的养成教育融入校园文化建设之中。"① 为传承传统绿色劳动观，大中小学要在绿色的校园环境中开展劳动和生态教育，将生态文明建设融入校园文化，组织绿色发展主题的劳动教育活动，在劳动实践中培养学生生态文明意识、环保意识，促使学生养成爱护环境、保护环境的良好习惯，将劳动教育与生态文明教育深度融合，营造人与自然和谐共处的校园文化氛围。

新时代劳动教育要与时俱进，在全社会形成绿色劳动的良好氛围。生态文明建设是当今社会发展不可忽视的一部分，党的十九届五中全会将"生态文明建设实现新进步"确立为我国"十四五"时期经济社会发展主要目标之一，强调"推动绿色发展，促进人与自然和谐共生"。新时代劳动教育要注重当代性，坚持与时俱进，将劳动教育与生态文明教育相结合，开展贴近生活、回归自然的劳动实践活动。在进行与自然紧密相关的劳动时，坚持人与自然和谐共生的思想，秉持绿色发展、可持续发展理念，领悟劳动的意义。新时代劳动教育要与时俱进，就要加强社会的宣传与引导，在全社会形成辛勤劳动、诚实劳动、创造性劳动、绿色劳动、生态劳动的良好氛围，助力生态劳动教育体系建设，从而为社会发展培养更多高质量的建设者和接班人。

案例七：传统劳动思想强调辛勤、诚实、创造性劳动

传统的劳作观念提倡勤劳。在中国古代，关于"吃苦耐劳、持之以恒"这一问题，有很多的论述，其中曾国藩是论述最为详细的一位，而且对当代也有很大的影响。在这一领域，他有以下几个重要的看法：第一，"勤"。古代的勤劳之言不可胜数，政客告诫子孙要勤于政事，学者教育子孙要努

① 中共中央国务院关于全面加强新时代大中小学劳动教育的意见［N］．人民日报，2020-03-27（001）．

力学习，而母亲则教育自己的子女要努力工作。曾国藩多次在家信中解释了勤俭的原则，他鼓励长子纪泽：“家之兴衰，人之穷通，皆于勤惰卜之。泽儿习勤有恒，则诸弟七八人皆学样矣。”① 他相信勤劳的人会“兴”“通”，懒惰的人会“衰”“穷”。要达到勤，就要坚持下去。第二，“早”。曾国藩在对爷爷星冈公的家训进行了归纳后，形成了“早起”的概念，这也是曾国藩“勤”观中一个很大的方面。曾国藩认为，“少睡多做”是一种“人之精力充沛”的表现。所以，他将早起当作一种重要的教育方式。曾国藩的这种看法，在早期的一些教育文献中比较常见。

传统的劳动观提倡“诚信”。第一，诚信工作要注重实际工作。孟子关于拔苗助长的比喻，形象地嘲弄了一些不老实工作，但又希望获得胜利的人。要想让秧苗茁壮成长，就必须脚踏实地地浇水，不能一株株地把秧苗给拔高，眼看着幼苗长高了不少，可是最后都枯萎了。可以说，这个寓言既是对“不诚信”的批判，也是孟子倡导“诚信”的一种体现。第二，诚信工作尚力行，忌空谈。重视习行，注重实践，是中国古代的一种重要思潮。但是，在我国的实际工作中，却有许多懒惰和脱离实际说大话的情况。就拿六朝的一些文人来说，他们的才智很高，但当他们做实际工作的时候，就“多无所堪”。他们习惯于空谈，沉湎于空谈，对实事漠不关心，对灾荒、灾厄一无所闻，对农夫的苦痛一无所知，所以很难“应世经务”。颜之推概括说：“治官则不了，营家则不办，皆优闲之过也。”② 这是对南朝名士不劳而获，没有真才实学的猛烈批评。

传统的劳动观是以创新为核心的。第一，在工作中掌握和使用东西的规律。墨子是中国古代的一位大科学家，他不但注重生产劳动，更注重从生产活动中发掘科学规律，并把这些科学规律应用到实际工作之中。他说：“负而不挠，说在胜。”此处，“负”即“担”，亦即“衡木”。“挠”的本义为“曲木”，此处延伸为“物体倾斜”。“胜”的含义是“承受”、“胜任”。整个句子的意思是，用平衡木做支撑，有一个中心，这样衡木就不会有倾斜。这是由于两边的材料都是一样的，所以才能保持平衡。墨子利用这个原则，创造了一种叫作“橘子”的提水器具，极大地节约了人力。第二，在工作中进行创新的探究。清代政治家，清圣祖康熙，在中国的历史上也

---

① （清）李鸿章．曾国藩家书注释［M］．贾太宏，译注．北京：西苑出版社，2016：616.

② 颜之推．颜氏家训译注　精编本［M］．北京：商务印书馆，2016：109.

是一位博览群书的大学者，他出版了《耕织图》并在国内发行。他通过仔细地观察，对粮食种植有了新的收获：“丰泽园所种之稻，偶得穗，较他穗先熟，因种之，遂比别稻早收。若南方和暖之地，可望一年两获。”① 这句诗体现了他对种子育种的一次创新。

经验启示

传统劳动思想强调辛勤劳动、诚实劳动、创造性劳动。习近平总书记也曾强调：“要在学生中弘扬劳动精神，教育引导学生崇尚劳动、尊重劳动，懂得劳动最光荣、劳动最崇高、劳动最伟大、劳动最美丽的道理，长大后能够辛勤劳动、诚实劳动、创造性劳动。”② 牢记习近平总书记的嘱托与教诲，结合《意见》《纲要》等政策性文件，吸收借鉴传统劳动思想的精华，具有以下三点经验启示：

对传统劳动思想去粗取精，取精用宏，实现对传统劳动思想创造性转化和创新性发展。传统劳动思想强调辛勤劳动、诚实劳动、创造性劳动，是中华优秀传统文化的重要组成部分，对于开展新时代劳动教育具有借鉴意义与启迪作用。在新时代，我们要吸收传统劳动思想中的精华，在以劳育人的同时实现以文化人，提高劳动教育实践育人的有效性。《意见》指出，新时代劳动教育“要明确劳动教育总体目标。通过劳动教育，使学生能够理解和形成马克思主义劳动观，牢固树立劳动最光荣、劳动最崇高、劳动最伟大、劳动最美丽的观念；体会劳动创造美好生活，体认劳动不分贵贱，热爱劳动，尊重普通劳动者，培养勤俭、奋斗、创新、奉献的劳动精神；具备满足生存发展需要的基本劳动能力，形成良好劳动习惯”③。在新时代，实现对传统劳动思想创造性转化和创新性发展，有助于探索出一条独具中国特色的劳动教育之路，帮助学生树立正确的劳动价值观。

推进中华优秀传统劳动思想进校园，在校园文化建设中强化劳动文化，

---

① （清）康熙．庭训格言几暇格物编［M］．陈生玺，贾乃谦，注释．杭州：浙江古籍出版社，2013：85.

② 习近平．坚持中国特色社会主义教育发展道路培养德智体美劳全面发展的社会主义建设者和接班人［N］．人民日报，2018-09-11（01）．

③ 中共中央国务院关于全面加强新时代大中小学劳动教育的意见［N］．人民日报，2020-03-27（001）．

以文化人。《纲要》指出："在校园文化建设中强化劳动文化。"① 新时代开展劳动教育要将辛勤劳动、诚实劳动、创造性劳动的优秀传统劳动思想融进校园文化建设中，以文化人，引导学生尊重劳动、崇尚劳动，懂得劳动最光荣、劳动最崇高、劳动最伟大、劳动最美丽的道理，让学生在长大后能够辛勤劳动、诚实劳动、创造性劳动。

推动中华优秀传统文化进课堂，在学科专业中有机渗透传统劳动教育思想。新时代，要重视中华优秀传统文化与劳动实践课程结合，在学科专业中有机渗透辛勤劳动、诚实劳动、创造性劳动的思想，加强对学生辛勤劳动、诚实劳动、合法劳动等方面的教育。《纲要》指出："在中小学德育、法制、语文、历史、艺术等学科应着重纳入劳动创造人本身、劳动创造历史、劳动创造世界、劳动不分贵贱等马克思主义劳动观，纳入歌颂劳模、歌颂普通劳动者的选文选材，纳入阐释勤劳、节俭、艰苦奋斗等中华民族优秀传统的内容，加强对学生辛勤劳动、诚实劳动、合法劳动等方面的教育。数学、理科、地理、技术、体育与健康等学科应重视对大学生的科学态度、行为规范、效率和创造性的教育。"② 因此，新时代开展劳动教育，推动辛勤劳动、诚实劳动、创造性劳动等中华优秀传统劳动思想进课堂，与学科专业、劳动实践结合是十分必要的。

案例八：习近平新时代劳动教育观中的传统文化渊源

习近平新时代的劳动教育思想与中华优秀传统文化有着密切的关系。中华优秀的传统文化，是中华民族精神的源泉，是习近平新时代的"共同记忆"，也是其深刻的文化底蕴和历史依据。中华文明是世界历史上唯一没有间断过的一种文明形式，中华优秀传统文化早已深深融入马克思主义中国化的思想成果当中，而习近平总书记"新时代的劳动教育思想"则是将中国人民的劳动实际融入"新时代"的理念和语言中，体现出了鲜明的中国化和民族化特征。中国共产党是中华优秀传统文化的忠实接班人和改革

---

① 中华人民共和国教育部．大中小学劳动教育指导纲要（试行）［EB/OL］．［2020-07-07］. http：//www. moe. gov. cn/srcsite/A26/jcj_ kcjcgh/202007/t20200715_ 472808. html.

② 中华人民共和国教育部．大中小学劳动教育指导纲要（试行）［EB/OL］．［2020-07-07］. http：//www. moe. gov. cn/srcsite/A26/jcj_ kcjcgh/202007/t20200715_ 472808. html.

家，通过创造性的转化和创新性的发展道路，促进了国家和社会的深度融合，从而使其具有鲜明的民族性。习近平新时代的劳动教育观念，不仅是对传统的劳动观念的传承，也是对“重智轻劳”的批评，同时也是对“重知识、轻劳”的认识。

在中国的传统文化里，中国人一向很注重劳作，并将其视为一种美德。中国人民聪明、勤劳、热爱劳动、自强不息，对劳动的重视程度很高。上古时代，有关于嫘祖教蚕、织衣，神农氏教人耕作，有巢教人造树筑巢等神话，提倡生产劳动的教化；春秋时期的墨家，是尊敬劳动与工人的代表；汉代重农抑商，实行“与民休息、无为而治”① 的方针，以减少人民的劳动负荷，关心人民的权利，从而巩固了民族的稳定；唐朝和宋代，人们对劳动和工人的重视程度越来越高，“昼出耕田夜绩麻”② 形象地表现了劳动场景，“粒粒皆辛苦”③ 饱含着珍惜劳动成果的情感。“晨兴理荒秽，戴月荷锄归”④ “忧劳可以兴国，逸豫可以亡身”⑤ 诸如此类的诗词和故事，为习近平新时代的劳动教育思想奠定了历史基础，也为其智力惠泽了充足的养分。

“习劳”是中国古代先民必须具备的道德品质。“夫童蒙之学，始于衣服冠履，次及言语步趋，次及洒扫涓洁，次及读书文字，及有杂细事宜，皆所当知。”“洒扫涓洁”⑥ 是朱熹在《童蒙须知》中所作的一章，儿童教育应先学会日常生活自理，再学会如何读书写字。曾国藩在《诫子书》中说：“若农夫织妇终岁勤动，以成数石之粟数尺之布，而富贵之家终岁逸乐，不营一业，而食必珍馐，衣必锦绣，酣豢高眠，一呼百诺，此天下最不平之事，鬼神所不许也，其能久乎？古之圣君贤相，盖无时不以勤劳自励。”⑦ 但“勤学而知之”“勤学而神勤”的优良传统，在当今的劳动教学中仍是较为缺乏的。“重智轻劳”的思想也是我国传统文化中一种普遍的思想，“学以致用”“用心良苦、劳苦为乐”的思想，产生了许多反面的情形，

---

① 刘海藩．资治新鉴·上·中国古代政治家决策得失［M］．北京：中央文献出版社，2006：25.

② 王怀让．中小学生常用古诗词采英［M］．郑州：文心出版社，1988：105.

③ 丁凤来．唐诗深度导读［M］．苏州：苏州大学出版社，2012：290.

④ 余建忠．中国古代名诗词译赏［M］．昆明：云南大学出版社，2011：51.

⑤ 张泰．传统文化与人生智慧丛书　齐家智慧［M］．杭州：浙江人民出版社，2017：56.

⑥ （宋）朱熹．童蒙须知、名贤集［M］．孟琢，彭著东，译注．北京：中华书局，2013：19.

⑦ 曾国藩．挺经·冰鉴［M］．北京：中国友谊出版公司，2014：99.

导致了诸如不会劳动、轻视劳动、不珍惜劳动成果等排斥劳动的现象，进而失去对劳动美德的追求和劳动者应有社会地位的尊重。传统文化关于劳动教育的正反两方面的事例与经验、教训，被习近平总书记选择性地加以批判和传承。

经验启示

中华民族自古就有尊重劳动、崇尚劳动的优良传统，我国古代朴素的劳动人民用其勤劳的双手创造了源远流长、博大精深的中华文明，劳动创造贯穿于我国文明发展的历史进程，对于推动我国古代生产力的发展、社会文明形态的转变发挥着至关重要的作用。而在古代，劳动教育也占据着十分重要的位置，我国古代人民将“习劳”作为必备品德和第一要义，将最基本的“洒扫”作为劳动第一课。从远古时期神农教人耒耜耕作等传说故事的流传到战国时期墨家提倡尊重劳动和劳动者，再到唐宋时期一系列关于劳动的诗歌典故如雨后春笋般涌现，这些无一不表达了我国古代劳动人民对于劳动的热爱、尊崇以及对于劳动教育的重视。而在当下，一些不珍惜劳动成果、劳动意识淡薄、不尊重劳动者的现象还时有发生，为此，从中华传统文化中汲取劳动教育的相关经验启示显得尤为重要。学习习近平新时代劳动教育思想具有以下三点经验启示：

深入推进劳动教育课程向幼儿展开，让劳动教育从娃娃抓起。我国古代劳动人民十分重视童蒙初学阶段的劳动教育，将劳动教育中最基本的“洒扫”作为劳动教育的第一课，让学生从小就爱劳动、会劳动，养成良好的劳动习惯和尊重劳动、劳动光荣的价值观念，这样做无疑是在孩童们纯净的心灵中种下一颗热爱劳动、劳动伟大的种子，对其以后的人生将会产生不可估量的影响。朱熹在其著作《童蒙须知》中专门列有“洒扫涓洁”①一章，曾国藩在《诫子书》中也明确表明勤恳劳动的重要性和必要性。新时代的劳动教育必须从娃娃抓起，要完善建设针对幼儿时期的劳动教育相关课程，编写适合幼儿孩童阅读的劳动教材，注重从小培养其劳动意识、劳动能力、劳动习惯，树立其正确的劳动价值观念。

注重引用劳动教育相关诗歌典故，将劳动教育贯穿到学生们的学习生

① （宋）朱熹．童蒙须知·名贤集［M］．孟琢，彭著东，译注．北京：中华书局，2013：19.

活中。我国自远古时期就有神农教人耒耜耕作等传说故事，远古时期的人们广泛传播这些故事，推崇生产劳动的教育。唐宋时期，涌现出了一系列赞美劳动的诗歌、典故，为当下劳动教育提供了历史养料。“耕读传家久”“习劳则神钦”，古代劳动人民极为重视劳动，自己动手，丰衣足食，将劳动作为谋生的手段，一边辛勤劳动，一边读书学习，耕读结合，形成了自强不息的耕读文化。在新时代的劳动教育当中，我们要汲取古代劳动人民推动劳动教育的相关经验，在进行劳动教育的过程中要注重引用与劳动相关的诗歌典故，让学生们在每天的学习之余进行一定的劳动，使劳动与学生们的学习相结合，营造人人想劳动、人人会劳动、人人爱劳动的美好氛围，润物细无声地加深劳动教育对学生们的积极影响。

五育并举，共同推进，发挥劳动教育推动人的全面发展的作用。我国传统文化中既有精华，也有糟粕，而我们要做的就是汲取精华、摒弃糟粕。在我国古代的劳动教育过程中，“重智轻劳”现象也广泛存在，由于“学而优则仕”等一些不合理观念的误导，我国古代的劳动教育中也出现了一些反面情况，造成了一些不良后果。因此在当下新时代的劳动教育中，我们必须吸取前人的经验教训，深入推进劳育、智育、德育、美育、体育共同推进，只有这样，才能在最大程度上发挥劳动育人效果，推动学生们全面均衡发展。

案例九：传统劳动教育与社会规范紧密结合①

劳动与教育的有机统一体现了把“劳动”当作教学工具和教学目的的双重内涵，是实现“劳动”的基础。首先，劳动是一种教学工具，它的作用在于实现学生的全面发展，也就是实现德、智、体、美、劳全方位发展的教学目标；其次，劳动是教育的对象，它的社会意义是指向别人的，只要在劳动中树立正确的价值观念，培养人积极的劳动态度，就能使人的工作与社会关系更加协调。

中华优秀传统文化秉承了“劳动与学习”的思想，把劳动教育融入礼

① 宋吉玲，尤宝媛．中华优秀传统文化在劳动教育中的价值及其实现［J］．教育探索，2022（2）：1-5.

仪制度和家训之中，突出了劳动的教养作用，如“夫民劳则思，思则善心生”[①]“习于事而有所寄，故不妄动”[②]，认为只要持之以恒，心中就会有一种希望，就会产生一种精神上的和谐，从而使人的道德修养得到提高，这就是以劳树德。“方其知之而行之未及，则知尚浅”[③]，提倡把所学的学问与实际工作有机地联系起来，通过实际工作来提高自己的认识，增加自己的技能，并注重通过劳动来提高自己的智力。《颜氏家训》阐述了劳动对人类发展的重要作用，教导子孙要尊重劳动，热爱劳动；《朱子家训》则着重于“一粥一饭当思来之不易”[④]，教导子孙要懂得劳动的辛苦，爱护劳动成果，警示后代以俭养德、以俭养廉。它包含着尊重劳动、崇尚劳动的思想，注重劳动对个体的综合发展、社会的协调与发展的作用，充分体现了中华优秀传统文化对劳动教育的作用。

经验启示

中华优秀传统文化是中华民族的精神文明宝库，同时也是当下新时代我国实行劳动教育的历史根据和珍贵资源。在我国的传统文化中，勤于劳动是我国的优良传统，我国古人在进行劳动教育时，坚持将劳动与学习相结合，让人们在学习新知识的同时，感悟劳动所带来的价值，帮助其树立正确的劳动意识与劳动观念，同时，又强调人们将所学过的知识运用于实践，知行合一、相互促进，增强劳动自觉性。在中华优秀传统文化中，劳动教育不仅是学校的事情，家庭在其中也扮演着一个非常重要的角色，一个家族的家风家训往往传达了这个家族对于劳动以及劳动教育的重视，例如，著名的《颜氏家训》《朱子家训》等。这些古代的劳动教育的相关做法时至今日仍然具有重大的借鉴意义，从这些古代的做法中汲取经验启示，对于推进新时代下的劳动教育、提升劳动教育的育人效果具有重要作用。总的来说，具有以下三点经验启示：

坚持将劳动与学习相结合，培育学生良好品德。“夫民劳则思，思则善

---

① 方建新．中国家风［M］．北京：中国电影出版社，2017：44.

② 颜元．颜元集：下册［M］．北京：中华书局，1987：646.

③ （宋）黎清德．朱子语类［M］．南京：凤凰出版社，2013：44.

④ 聂小晴．中华名句智慧［M］．南昌：江西美术出版社，2019：48.

心生”① “习于事而有所寄，故不妄动”② 都说明了人们的劳动对于人们内心善念的产生起着重大的作用。人们通过在劳动和学习的过程中双向互动，自觉树立正确的劳动意识以及劳动观念，进而培育良好的品德。在中华优秀传统文化中，劳动与学习相结合的教育理念占据着非常重要的一部分。古人特别强调劳动的育人功能，认为人们在劳动中加以思考、有所寄托之后，邪念就不会产生，人心才会向善。在新时代的劳动教育中，我们也必须将学生们的劳动与其学习相结合，让其在劳动中积极学习，同时在学习中感悟劳动所带来的价值，从而帮助其树立正确的劳动价值观，推动其形成良好的思想品德。

提倡学以致用，相互促进，提升劳动育人效果。“方其知之而行之未及，则知尚浅”③ “纸上得来终觉浅，绝知此事要躬行”④，人们在将自己所学知识运用于实际的劳动实践中时，会在一定程度上加深自己对所学知识的体会和理解。我国古人提倡将所学知识与劳动实践相结合，在劳动实践中加深认识、收获成长，从而充分发挥劳动实践的育人功能。在当下新时代的劳动教育中，要让学生们能够在劳动实践中运用到自己所学的知识，这样不仅可以提升劳动实践的质量和效果，而且也可以让学生们在劳动实践中加深对自己所学知识的理解和感悟，在帮助树立正确的劳动观念及劳动态度的同时，提高其学习能力。

注重发挥家庭在劳动教育中的作用，合力提升劳动教育实际效果。在中华优秀传统文化中，家风家训是一个家族对于本族后人所提出的处世准则，具有重大的启发及教育意义。我国古代的家风家训非常重视对于后代的劳动意识以及劳动品质的培养，如著名的《颜氏家训》《朱子家训》等，都告诫后人要树立正确的劳动观念，热爱劳动、尊重劳动、珍惜劳动成果。《意见》明确指出：“加强政府统筹，拓宽劳动教育途径，整合家庭、学校、社会各方面力量。”⑤ 家庭是人生的第一课堂，对于学生劳动习惯、劳动品质的养成起着至关重要的作用，在新时代的劳动教育中，我们要强化综合

① 方建新. 中国家风［M］. 北京：中国电影出版社，2017：44.

② 颜元. 颜元集：下册［M］. 北京：中华书局，1987：646.

③ （宋）黎清德. 朱子语类［M］. 南京：凤凰出版社，2013：44.

④ 姚远方. 半部论语治天下［M］. 北京：北京工业出版社，2016：8.

⑤ 中共中央国务院关于全面加强新时代大中小学劳动教育的意见［N］. 人民日报，2020-03-27（001）.

实施，充分发挥家庭在劳动教育中的作用，构建家庭、学校、社会协同育人格局，让学生受益终身。

案例十：传统劳动教育的有效举措

中国的传统文化包含着丰富的劳动教育理念，并有较为明确的劳动教育方法以及不断开展的劳动教育活动，其理论与实践为中华民族勤劳善良、艰苦朴素的优良民族性格的塑造起到了很大的促进作用。中国传统的劳动教育思想和方法对当代的劳动教育的开展具有一定的指导意义，传统的劳动教育理念与中国的社会现实也有着密切的联系。但我们决不能盲目地把它复制到现代劳动教学中去，而是要在马克思劳动观念的指引下，对其进行科学的改造。从当代大学生劳动教育的实际出发，探讨我国传统的劳动教学对当代的劳动教学价值。

（一）“耕读”与“农学”相融合

中国家庭一般有“耕读”的传统，他们在农闲时间里，通过阅读来获得知识。正如前面提到的，在历代私人学校中，始终存在着“耕读合一”的劳作教育的历史。清代张履祥认为，农学与读书既是必须又是切实可行的，他批判了农学不可兼得的观点：“人言耕读不能相兼，非也。人只坐无所事事，闲荡过日，及妄求非分，营营朝夕，看得读书是人事外事；又为文字章句之家，穷年累岁，而不得休息，故以耕为俗末，劳苦不可堪之事，患其分心。若专勤农桑，以供赋役，给衣食，而绝妄为；以其余闲读书修身，尽优游也。”① 这指的是关于耕种和阅读之间的联系，有两种误解：一种是劳碌之后闲着，成天思考怎样去投机取巧，将阅读看成是公事以外的微不足道的事情；二是一门心思扑在藏书丛中，埋头钻研经文，以读书为主要目的，视农业为粗陋之物。张履祥相信，将农业与阅读相融合，既有利于国家，亦有利于家庭，也有利于个人。若是用心耕种，不但可以为国家提供赋税，也可以保证自己一家人的生活所需，还可以防止一些不道德的事情发生。若在闲暇之余，看一看，便能知其事，使人自立。读书与耕耘相融，受益良多。张履祥的“耕学”思想，尽管不是主流，但是，“耕

① 张履祥．补农书校释［M］．北京：农业出版社，1983：154.

读”的结合，在中国的农牧业发展中发挥了重要的作用，如张履祥和徐光启等，就是“耕读”的典型代表，他们将长期的农业实践经验转化为科学的理论，用以引导和促进农村的发展。

当今，随着社会的分工日益细化，尽管“耕读”与“耕学”相融合的教学方式已不再可行，但“耕读”与“耕学”相融合的教学思想仍有其可取之处。在教学实践中要把“教化”和“生产性”结合起来，也可以从“农学”的教学中得到启示。例如，可以让学生在课后做一些自己能做的家庭劳动和社区劳动，既可以使他们的身体得到锻炼，也可以使他们的劳动能力得到提高，使他们能够“强化劳动与社会的关系”，了解劳动的艰难，从而树立尊重劳动、尊重他人劳动成果的思想，在劳动的过程当中达到涵养道德的目的。

（二）提高人民群众素质的劳动法

在中国，尽管没有特别的职业学校来进行传统的劳动教学，但是中国人民仍然保持着勤劳的良好的传统，这与中国传统的劳动法和劳动教育体系有着密切关系。

正如前面提到的，《礼记》等典籍都有关于劳动的教育标准，对人民的劳动教育进行了详细的阐述。《月令》中，孟春之月，“天子亲载耒耜，措之参保介之御间，帅三公、九卿、诸侯、大夫，躬耕帝藉”[①]，在这一月，“王布农事，命田舍东郊，皆修封疆，……五谷所殖，以教道民，必躬亲之。田事既饬，先定准直，农乃不惑”[②]。在孟春元日举行了一次农业祭祀之后，马上就开始了农业的筹备工作。孟夏之交，“天子劳农劝民，毋或失时。命司徒巡行县鄙，命农勉作，毋休于都”“农乃登麦，天子乃以彘尝麦”“蚕事毕，后妃献茧”[③]。孟夏之月，也就是每年的四月份，农夫们要做一些农活，比如收割和饲养桑蚕。这个系统是依照自然法则和四季变化来进行的。

教育机构可参照中国的劳改体制，针对各年龄阶段的劳动者特征制定具体的劳动法和建议，使其有法可依、有例可依。此外，我们还可以印制劳动教育的小册子和口号，并在有关单位进行发放和发布。社会团体也可

① （西汉）戴圣．礼记［M］．贾太宏，译注．北京：西苑出版社，2016：186.
② （西汉）戴圣．礼记［M］．贾太宏，译注．北京：西苑出版社，2016：186.
③ （西汉）戴圣．礼记［M］．贾太宏，译注．北京：西苑出版社，2016：196.

以开展有关的工作教育，并引导他们主动参与到工作中来。发动全社会共同努力，广泛宣传劳教准则，开展劳教工作，把劳教思想和工作实际推广到整个社区。

（三）树立劳动模范的榜样

实践是劳动的一项重要行为，实践有利于促进劳动教育。颜之推提倡关爱孩子与培养孩子相结合，注重家长对孩子的模范作用。《颜氏家训·治家》说："夫风化者，自上而行于下者也，自先而施于后者也。是以父不慈则子不孝，兄不友则弟不恭，夫不义则妇不顺矣。"① 这句话的意思是实行教育，从上到下，带头做榜样。要培养孩子对工作的热情，父母要身体力行地做好工作，做好家庭的榜样。明朝时期的徐光启，不但教授学生们识字，而且还亲自参加农业的生产实践，进行了多种农业试验。晚清时期的曾国藩，更是这方面的榜样。他虽忙于军事事务，却也经常在课余的时间里读书，做些力所能及的劳动，他的劳动和节俭使他成为孩子们的楷模。曾家在曾国藩的影响下，养成了勤俭持家的优良传统，家业繁荣昌盛，子孙辈出。在古代的礼制中，皇帝和诸侯也要参与到生产中来，并通过盛大的祭祀来向全国宣告，增强人民对劳动的关注。皇帝的劳力当然也起到了表率的效果，这对整个社会的工作和教化都是有益的。

榜样的力量是无限的，正是因为有了这样的模范，中国的传统劳动教育才能在中国的土地上悄无声息地传播。在中国劳模的榜样作用下，我们今天要努力推广劳模的工作。就像我们国家一年一度的劳动模范评选活动，就是为了表彰先进，从而在全国范围内产生一种激励作用，让人们更加踊跃地参与到劳动中来。在家里，父母要带头，要主动地干家事，要为子女树立良好的表率，要养成一个良好的劳动习惯。

（四）著名的劳教书籍

中国的传统劳改思想之所以能根植于人们心中，离不开多种形式的教学材料。中国传统的家训、诗词中都有劳作的成分，而《三字经》《弟子规》《千字文》等书籍也有关于劳作的内容，比如《三字经》就有："稻粱菽，麦黍稷。此六谷，人所食。"②《弟子规》中有一句话："房室清，墙壁

① 颜之推．颜氏家训赏析［M］．南宁：广西民族出版社，1999：29.
② 王应麟．三字经［M］．北京：北京教育出版社，2012：45.

净。几案洁，笔砚正。”① 《千字文》中有一句话：“治本于农，务兹稼穑。载南亩，我艺黍稷。”② 这些规则简洁，易于记住，经久不衰，易于被同学们所理解。这些蒙学书籍中有关劳动的知识就很轻易地就传到了每一个家庭。

经验启示

中华民族自古就养成了勤劳善良、艰苦朴素的美好品质，从上古时期以来的各个朝代，都坚持以农立国的基本国策，极为重视农业劳动在社会发展中的作用。在中华文明的历史长河中，经典著作、诗歌谚语、家风家训等都有劳动教育的相关内容，我国古代传统的耕读结合的劳动教育模式、普及大众的劳动教育规范、身体力行的劳动教育典范、脍炙人口的劳动教育读本，都是我国古人推进劳动教育的途径，其为新时代的劳动教育提供了有益的借鉴，具体有以下四点经验启示：

于劳动教育中弘扬新时代的耕读精神，使劳动成为学生的常态行为。在我国传统文化中，耕读结合的劳动教育传统占据着重要的地位，我国古代的普通劳动人民非常重视一边耕作谋生、一边读书修身的优良传统，耕读结合成为我国古代推进劳动教育的重要途径，这种劳动教育模式也推动了我国古代社会的发展和文明的进步。著名农业科学家徐光启就是耕读结合的典范，其著作《农政全书》全面总结了农业生产的先进经验和技术，极大推动了农业的进步和社会的发展。然而随着时代的发展与变化，我国古代的耕读结合的模式已不适应于当下，但其中所蕴含的耕读结合的思想与精神却仍值得我们去借鉴。在新时代的劳动教育中，我们要让劳动成为学生们的常态行为，让学生们在学习之余从事一定量的生产劳动、生活劳动等，帮助其养成良好的劳动习惯，让劳动精神内化于心、外化于行。

推动劳动教育规范具体化，提升劳动教育实施效果。中华民族之所以能够形成勤于劳动的美好品德，其中一个重要原因是其有一整套与劳动教育相关的制度和规范，例如，我国古代《礼记》等一些经典著作中就规定了人们在日常生活中劳动教育的具体内容，它阐释了人们在什么时候应该从事什么样的劳动，指引着人们的日常劳动，推动劳动教育付诸实际，使

---

① 李毓秀．弟子规 增广贤文 声律启蒙 幼学琼林［M］．成都：四川文艺出版社，2013：14.

② 周兴嗣．千字文［M］．成都：四川美术出版社，2005：94.

人们在日复一日的劳动中养成勤于劳动的美好品质。在新时代的劳动教育中，我们可以具体问题具体分析，根据不同的学生学段、年龄的特点，制定具体的符合其成长阶段的劳动教育相关意见和举措，这样可以在最大程度上避免劳动教育流于形式，使劳动教育的相关举措真正贯彻落实到每一位同学，从而帮助其养成良好的劳动习惯。

充分发挥“领头雁效应”，深入推进劳动教育大众化。我国古代上到帝王将相，下到布衣百姓，都十分重视劳动教育中劳动典范的引领带动作用。例如，颜之推创作的《颜氏家训》中就非常重视父母对子女的引领示范作用；明代著名的农业科学家徐光启在教学生读书种地的同时，还亲自参与农业劳动，为学生们作出表率；古代的帝王也定期举行隆重的仪式来昭示天下及时开展生产劳作，以此在全社会推行劳动教育，强化农业劳动的重要性，营造良好的劳动氛围。而在新时代的劳动教育中，我们可以大力弘扬劳模精神、工匠精神等，宣讲劳模事迹和平凡劳动者的感人故事，充分发挥示范效应，让学生们近距离感受劳动的伟大、劳动的光荣，帮助其树立正确的劳动意识及劳动观念，推动劳动教育普及，进而在全社会形成尊重劳动、热爱劳动的美好氛围。

从劳动教育读本、教材入手，创新劳动教育宣传方式。在我国古代，针对不同类型的受众有不同类型的“教材”，对于处于蒙学阶段的孩童来说，有《三字经》《弟子规》《千字文》这些便于记忆、诵读的读本教材；对于偏远山区的农民来说，有关于劳动教育的民谣、谚语以对其生产劳动进行指导。宋代以来，劳动教育的宣传形式更为多样，出现了一些关于劳动教育的文章和图画，例如《劝农文》《耕织图》等成为传播农业科学知识、推广普及劳动教育的重要方式，一些甚至在海外也颇有影响。在新时代的劳动教育中，我们可以借鉴古代劳动教育的相关做法，推动劳动教育的读本教材简洁化，提高其接纳度和阅读率，还可以利用宣传栏、图画等形式推动劳动教育在人民大众中普及开来，使劳动教育落到实处。

参考文献

[1] 中共江苏省委江苏省人民政府. 中共江苏省委江苏省人民政府关于全面加强新时代大中小学劳动教育的实施意见 [EB/OL]. [2020-07-07]. http: //www. moe. gov. cn/srcsite/A26/jcj_ kcjcgh/202007/t20200715_ 472808. html.

[2] 中华人民共和国教育部. 大中小学劳动教育指导纲要(试行) [EB/OL]. [2020-07-07]. http: //www. moe. gov. cn/srcsite/A26/jcj_ kcjcgh/202007/t20200715_ 472808. html.

[3] 浙江省教育厅. 浙江省大中小学劳动教育实施指南 [EB/OL]. [2020-01-20]. http: //jyt. zj. gov. cn/art/2022/1/20/art_ 1532974_ 58924599. html.

[4] 江西省教育厅. 中共江西省委江西省人民政府关于全面加强新时代大中小学劳动教育的实施意见 [EB/OL]. [2022-05-10]. http: //jyt. jiangxi. gov. cn/art/2022/5/10/art_ 68922_ 3952411. html.

[5] 西南大学. 西南大学关于修订2022版本科人才培养方案的指导意见 [EB/OL]. [2022-03-14]. http: //xxgk. swu. edu. cn/info/1092/3351. htm.

[6] 北碚区加强特色劳动教育培育学生劳动素养 [EB/OL]. [2020-05-22]. http: //jw. cq. gov. cn/zwxx_ 209/bmdt/qxxx/202005/t20200522_ 7471474. html.

[7] 中共陕西省委 陕西省人民政府. 关于全面加强新时代大中小劳动教育的若干措施 [EB/OL]. [2021-03-30]. http: //www. shaanxi. gov. cn/xw/sxyw/202103/t20210330_ 2158162. html.

[8] 山东交通学院. 打造"大思政"格局下"劳动教育+"育人模式. [EB/OL]. [2021-12-24]. http: //www. dangjian. com/shouye/zhuanti/

zhuantiku/wodesizhengke/jingyanzuofa/202112/t20211224_ 6273865. shtml.

[9] 西南石油大学．学科专业特色为劳动教育赋能．[EB/OL]．[2021-12-14]．https：//www. swpu. edu. cn/news/info/2520/6563. htm.

[10] 中华人民共和国教育部．上海财经大学打造劳动教育特色模式[EB/OL]．[2020-06-19]．http：//www. moe. gov. cn/jyb_ xwfb/s6192/s133/s172/202006/t20200619_ 467042. html.

[11] 中共上海市委、上海市人民政府．中共上海市委、上海市人民政府关于全面加强新时代大中小学劳动教育的实施意见[EB/OL]．[2020-09-01]．http：//edu. sh. gov. cn/zcjd_ qmjqxsd/20200901/3e97db5e32 ce4380aa5010b58017c491. html.

[12] 中共贵州省委办公厅　贵州省人民政府办公厅．关于全面加强新时代大中小学劳动教育的实施方案的通知[EB/OL]．[2022-02-08]．http：//www. guizhou. gov. cn/zwgk/zcfg/swygwj/202202/t2022020 8 _ 72478818. html.

[13] 山东省教育厅．关于深化基础教育改革全面提高中小学教育质量的意见[EB/OL]．[2020-07-15]．http：//edu. shandong. gov. cn/art/2020/7/15/art_ 124275_ 9304845. html.

[14] 中共云南省委、云南省人民政府．关于全面加强新时代大中小学劳动教育的实施意见[EB/OL]．[2020-11-13]．www. yn. gov. cn/zwgk/zfgb/2020/2020d23q/swszflfwj/202101/t20210113_ 215597. html.

[15] 中共江苏省委、江苏省人民政府．关于全面加强新时代大中小学劳动教育的实施意见[EB/OL]．[2021-02-07]．http：//jyj. suzhou. gov. cn/szjyj/ljzcwj/202210/f605d17556c04d47aa1baa748e43d677. shtml.

[16] 安徽省教育厅．关于印发安徽省普通本科高等学校劳动教育实施细则（试行）[EB/OL]．[2020-01-04]．https：//www. bengbu. gov. cn/public/22571/49625571. html.

[17] 江苏大学．关于全面加强新时代劳动教育的实施意见[EB/OL]．[2020-12-09]．https：//jdzc. ujs. edu. cn/_ _ local/4/26/EA/738C7A34765C551A3AF88ED7D54_ 368B373E_ 5349B. pdf.

[18] 北方民族大学．北方民族大学关于深入开展劳动教育工作实施方案[EB/OL]．[2020-07-31]．https：//xsc. nmu. edu. cn/info/1002/2072. htm.

［19］中华人民共和国教育部．上海交通大学多措并举加强劳动教育［EB/OL］．［2021－09－06］．http：//www. moe. gov. cn/jyb_ xwfb/s6192/s133/s166/202109/t20210906_ 559548. html.

［20］北京邮电大学．北京邮电大学关于印发新时代大学生劳动教育实施方案（试行）的通知［EB/OL］．［2021－09－30］．https：//science. bupt. edu. cn/info/1167/3011. htm.

［21］吉林大学．吉林大学全面推进劳动教育工作实施方案［EB/OL］．［2020-12-22］．http：//zsy. jlu. edu. cn/info/1093/4572. htm.

［22］中华人民共和国教育部．加强和改进涉农高校耕读教育工作方案［EB/OL］．［2021－08－26］．http：//www. moe. gov. cn/srcsite/A08/s7056/202109/t20210916_ 563719. html.

［23］中共中央国务院关于全面加强新时代大中小学劳动教育的意见［N］．人民日报，2020-03-27（001）．

［24］国家主席习近平发表二〇一八年新年贺词［N］．人民日报，2018-01-01（01）．

［25］习近平．思想政治理论课教师座谈会强调：用新时代中国特色社会主义思想铸魂育人　贯彻党的教育方针落实立德树人根本任务［N］．人民日报，2019-03-19（1）．

［26］习近平．习近平总书记系列重要讲话读本：绿水青山就是金山银山——关于大力推进生态文明建设［N］．人民日报，2014-07-17（12）．

［27］习近平．坚持中国特色社会主义教育发展道路培养德智体美劳全面发展的社会主义建设者和接班人［N］．人民日报，2018-09-11（01）．

［28］朱熹．大学章句序［A］．四书章句集注［C］．北京：中华书局，1983.

［29］左丘明．左传［M］．湖南：岳麓书社出版社，1988.

［30］陈祖美，高利华．中华经典好诗词　陆游集　唐宋卷［M］．郑州：河南文艺出版社，2018.

［31］刘庆华．苏联宪法学习文件选编 1［M］．武汉：中南政法学院，1986.

［32］杜威．杜威教育论著选［M］．赵祥麟，王承旭译．上海：华东师范大学出版社，1981.

［33］彭定求．御定全唐诗简编（中册）［M］．海口：海南出版

社，2014.

[34] 张履祥．杨园先生全集（卷47）[M]．陈祖武，点校．北京：中华书局，2002.

[35] 刘壎．隐居通议 [M]．北京：商务印书馆，民国二十六年(1937)．

[36] 王廷相．慎言·雅述全译 [M]．冒怀辛，译注．成都：巴蜀书社，2009.

[37] 曾国藩．曾国藩家书 [M]．北京：北京燕山出版社，2010.

[38] 贾太宏．礼记通释 [M]．北京：西苑出版社，2016.

[39] 王纪云，罗自立．对偶句民俗格言辞典 [M]．海口：海南出版社，1992.

[40] 刘振超，方枝荣，王志华．盛京谣谚 [M]．沈阳：沈阳出版社，2018.

[41] 刘振铎．谚语词典 [M]．长春：北方妇女儿童出版社，2002.

[42] 文心工作室．淮南子 [M]．上海：上海三联书店，2019.

[43]（清）李鸿章．曾国藩家书注释 [M]．贾太宏，译注．北京：西苑出版社，2016.

[44] 颜之推．颜氏家训译注　精编本 [M]．北京：商务印书馆，2016.

[45]（清）康熙．庭训格言几暇格物编 [M]．陈生玺，贾乃谦，注释．杭州：浙江古籍出版社，2013.

[46] 刘海藩．资治新鉴·上·中国古代政治家决策得失 [M]．北京：中央文献出版社，2006.

[47] 王怀让．中小学生常用古诗词采英 [M]．郑州：文心出版社，1988.

[48] 丁凤来．唐诗深度导读 [M]．苏州：苏州大学出版社，2012.

[49] 余建忠．中国古代名诗词译赏 [M]．昆明：云南大学出版社，2011.

[50] 张泰．传统文化与人生智慧丛书　齐家智慧 [M]．杭州：浙江人民出版社，2017.

[51]（宋）朱熹．童蒙须知、名贤集 [M]．孟琢，彭著东，译注．北京：中华书局，2013.

［52］曾国藩．挺经·冰鉴［M］．北京：中国友谊出版公司，2014：99.

［53］方建新．中国家风［M］．北京：中国电影出版社，2017.

［54］颜元．颜元集：下册［M］．北京：中华书局，1987.

［55］（宋）黎清德．朱子语类［M］．南京：凤凰出版社，2013.

［56］聂小晴．中华名句智慧［M］．南昌：江西美术出版社，2019.

［57］姚远方．半部论语治天下［M］．北京：北京工业出版社，2016.

［58］张履祥．补农书校释［M］．北京：农业出版社，1983.

［59］（西汉）戴圣．礼记［M］．贾太宏，译注．北京：西苑出版社，2016.

［60］颜之推．颜氏家训赏析［M］．南宁：广西民族出版社，1999.

［61］王应麟．三字经［M］．北京：北京教育出版社，2012.

［62］李毓秀．弟子规　增广贤文　声律启蒙　幼学琼林［M］．成都：四川文艺出版社，2013.

［63］周兴嗣．千字文［M］．成都：四川美术出版社，2005.

［64］曲霞，李珂．高校劳动教育必修课程规范化建设探析［J］．中国高教研究，2022（6）：91-96.

［65］马喜宁．新时代劳动教育与高校思想政治教育有机融合的路径探析［J］．中国劳动关系学院学报，2020，34（6）：58.

［66］习近平．习近平给中国劳动关系学院劳模本科班学员的回信［J］．人民政坛，2018（5）：1.

［67］教育部．大中小学劳动教育指导纲要（试行）［J］．教育科学论坛，2020-08-30：7.

［68］詹青龙，李银铃．美国工作型文理学院劳动教育的模式与实施：以伯利亚学院为例［J］．教育部职业技术教育中心研究所，2021（21）：59-64.

［69］王文静．“三驾马车”拉动日本劳动教育［J］．上海教育，2020，08：17-20.

［70］张德伟．国际中小学劳动教育初探［J］．中国德育，2015，16：39-44.

［71］张依，李梦雨．古巴中小学劳动教育进程、经验及启示［J］．西部学刊，2021，16：124-127.

［72］谢晓霖，王飞．古巴小学劳动教育课程构建的经验与启示［J］．教育参考，2021，06：49–55.

［73］庄坚伥，高磊．劳动教育的国外模式与课程实施［J］．思想政治课教学，2021，02：77–81.

［74］石佩．英国劳动教育为未来工作生活做准备［J］．上海教育，2020，08：13–16.

［75］杨紫薇．中小学阶段英国“设计与技术”课程和我国劳动教育课程的比较研究［D］．哈尔滨师范大学，2022.

［76］邵彦敏，李静．“以耕读二字为本，乃是长久之计”——中国传统耕读教育浅谈［J］．月读，2022，08：58–61.

［77］陈珊珊，张旸．中华传统哲学中的劳动思想智慧及其教育传承［J］．教育学术月刊，2021，12：95–101.

［78］宋吉玲，尤宝媛．中华优秀传统文化在劳动教育中的价值及其实现［J］．教育探索，2022，02：1–5.

［79］徐海娇．劳动教育的价值守望——传统家风家训中的劳动精神及其时代价值［J］．新教师，2020，07：11–13.

［80］崔海亮，白梦姣．中国传统文化中的劳动教育及其当代价值［J］．教育与教学研究，2021，35（04）：17–27.

［81］段晋云，韩升．习近平关于劳动教育重要论述的生成逻辑、科学内涵与实践路径［J］．邓小平研究，2022，03：16–28.

［82］李政林．面向生态正义的生态劳动教育［J］．苏州大学学报（教育科学版），2021，9（04）：72–79.

［83］宋吉玲，尤宝媛．中华优秀传统文化在劳动教育中的价值及其实现［J］．教育探索，2022（2）：1–5.

［84］徐静，柏毅．英国技术与设计教育发展概述［A］．柏毅．儿童早期发展前沿研究国际会议论文集［C］．南京：东南大学出版社，2019.

图书在版编目（CIP）数据

劳动开创未来：新时代高校劳动教育典型案例评析/张晶等著. —合肥：合肥工业大学出版社，2024.1
ISBN 978-7-5650-6120-2

Ⅰ.①劳… Ⅱ.①张… Ⅲ.①劳动教育—教案（教育）—高等学校 Ⅳ.①G40-015

中国版本图书馆 CIP 数据核字（2022）第 176823 号

劳动开创未来：新时代高校劳动教育典型案例评析

张 晶 等著　　责任编辑 孙南洋

出 版	合肥工业大学出版社	版 次	2024 年 1 月第 1 版
地 址	合肥市屯溪路 193 号	印 次	2024 年 1 月第 1 次印刷
邮 编	230009	开 本	710 毫米×1010 毫米 1/16
电 话	人文社科出版中心：0551-62903200	印 张	14.25
	营销与储运管理中心：0551-62903198	字 数	233 千字
网 址	www.hfutpress.com.cn	印 刷	安徽联众印刷有限公司
E-mail	hfutpress@163.com	发 行	全国新华书店

ISBN 978-7-5650-6120-2　　定价：49.00 元